帝王治国策

冯俊科 著

中国青年出版社

（京）新登字083号

图书在版编目（CIP）数据

帝王治国策/冯化平著．——北京：中国青年出版社，2014.3

ISBN 978-7-5153-2204-9

Ⅰ.①帝… Ⅱ.①冯… Ⅲ.①帝王－政治－谋略－中国－古代

Ⅳ.①D691

中国版本图书馆CIP数据核字（2014）第048563号

责任编辑：

出版发行：中国青年出版社

社　　址：北京东四12条21号（邮编100708）

网　　址：www.cyp.com.cn

门市电话：（010）57350370

编辑部电话：（010）57350401

印　　刷：三河市世纪兴源印刷有限公司

经　　销：新华书店

开　　本：700×1000　1/16

印　　张：19

插　　页：2

字　　数：260千字

版　　次：2014年4月北京第1版

印　　次：2014年4月河北第1次印刷

定　　价：45.00元

本图书如有印装质量问题，请凭购书发票与质检部联系调换　联系电话：010-57350337

【目录】

秦始皇嬴政

——开创帝制　业传千秋

公元前 11 世纪，周武王灭商，建立了西周王朝。由于周王实行了“封诸侯、建藩卫”的政治制度，数百年之后，诸侯坐大，藩镇割据，霸主迭兴，到了春秋时期，华夏土地上出现了 170 多个国家。又经过两百多年的霸政兼并，剩下了 20 多个诸侯国，其中以秦、齐、楚、魏、韩、赵、燕最为强大，号称“七雄”。七雄并立，混战不休，史称这个时期为“战国”。

战国时期，战争之频繁，杀戮之残酷，破坏之严重，为历史所罕见。孟子在《离娄》中说：“争地以战，杀人盈野；争城以战，杀人盈城”。公元前 260 年的长平之战，秦将白起一次就活埋了赵国俘虏四十多万。即使平时无战争，但诸侯国之间，关卡林立，戒备森严。遇到大旱之年，相互抢水，“东周欲为稻，西周不放水”。遇到雨涝之年，各国筑堤自利，决川淹邻，加上货币不同，度量衡各异，商品交换非常困难。所有这一切，给人民的生命财产、生产发展以及商品经济，都带来了极大的破坏。因此，结束混战状态，实现华夏民族的统一，已成为历史发展的客观要求。

公元前 221 年，秦王政以其雄才大略和铁的手腕，经过近十年的苦心征战，内除嫪毒、吕不韦两大政敌集团，外灭齐、魏、韩、赵、燕、楚等六大强国，终于结束了长达七、八百年之久的分裂状态，建立了第一个一统天下的封建帝国——秦王朝，完成了统一大业，为中华民族的繁荣昌盛，立下了千秋不灭的巨大功绩。

悠悠千年中华史，秦王朝是建立的第一个中央集权制国家，秦王政是第一个登上皇帝宝座的帝王，他所采用的帝王统治之术，为后来的历代帝王所仿效、借鉴，他所开创的帝王之业，一直影响了中国历史数千年。我们今天研究秦王政所建立的帝制机构，统治手段，对于了解中国的历史和现状，无论在治理国家、管理社会以及发展经济等方面，依然有着十分重要的作用。

建立帝制机构

帝号与皇权

秦王政在灭六国之前，被称为“秦王”。“王”本是周天子的称号。后来，各国诸侯争夺天下，都相继称王。现在秦王政尽灭六国，已不再是一国之王，他的统治地区已经不止秦国，那么，这位居于七国之尊的秦王政，究竟应该有一个什么样的“帝号”？应该具有多大的权力？

公元前 221 年，全国刚刚统一，秦王政就召集丞相王绾、御史大夫冯劫、廷尉李斯等人，在御前会上开始了“议帝号”之事。会上，有人认为，“古有天皇、地皇、泰皇，泰皇最贵”，建议秦王政称“泰皇”。有人附和道：古有五帝，而秦王政的功绩为“五帝所不及”。秦王政也自认为他“德兼三皇，功过五帝”。因此，取“皇帝”为号，他就是中国第一个皇帝——始皇帝。并规定其后世，按子、孙世系排列，为“二世、三世、至千万世，传之无穷”。

从此之后，“皇帝”一词就成为封建地主阶级最高政治代表的称号，并为历代封建王朝所沿用。

与此同时，群臣们又建议：从今以后，改“命”为“制”，改“令”

为“诏”，天子自称为“朕”。皇帝具有至高无上的权力，从中央到地方的主要官吏，都由皇帝任免，都要按皇帝的意志办事，军权也集中到皇帝一人之手，没有皇帝的虎符，任何人不得调动军队。为了保证皇权的实行和中央集权制的贯彻，群臣们又讨论制定出了中央行政组织和地方行政组织，由此建立了一整套帝制机构。

中央行政机构

中央行政机构以皇帝为首，下设三公、九卿，即三公九卿制。

三公为丞相、太尉和御史大夫。

丞相：是中央行政机构的首长，统领百官，协助皇帝处理全国政务。国家大事由丞相总领朝廷大臣集议和上奏。秦朝设左、右丞相，以右为尊。

大尉：是中央行政机构中的军事首长，协助皇帝掌管全国军事，但他不能发兵、调兵，须有皇帝的虎符，才能有权指挥军队。

御史大夫：是皇帝的秘书长，皇帝的命令、国家的法律，经常由他转交丞相颁布。他负责掌管图书、律令和文书，监察各级官吏。

九卿，为三公之下所设，是具体掌握各方面事务的官吏。

奉常：掌管宗庙祭祀礼仪，兼任皇帝侍从，其属官有太乐、太宰、太祝、太史、太卜、太医等。

郎中令：掌管皇帝的安全保卫工作，其属官有大夫、郎中、谒者。

卫尉：掌管宫门的警卫，是宫殿的警卫队长。

太仆：掌管皇帝使用的车马，是皇帝仆从的官长。

廷尉：掌管司法，是全国的最高司法长官，负责审理全国重大案件。

典客：掌管接待宾客的礼仪，负责少数民族事务。

宗正：掌管皇室宗族名籍。

治粟内史：掌管全国财税收入和财政开支，是全国最高财务长官。

少府：掌管山海池泽的税收以及皇帝的生活供应，兼管宫廷手工业。

三公九卿，都有自己的一套机构，处理日常工作，大事总汇于丞相，最后由皇帝裁决。

地方行政机构

地方行政机构主要由郡、县、乡、亭、里组成，即郡县制。

郡：中央属下的地方区域，郡有守、尉和监御史。守是一郡的最高长官，总管一郡政务。尉是守的助手，主管一郡的军队。监御史是中央派遣的监察官员，负责督察郡中的官吏。

县：郡属下的地方区域，主要长官有令或长，万户以上的县叫令，万户以下的县叫长。令、长之下有丞、尉。丞是令、长的助理，尉是一县的军事长官。

乡：一县之内分若干乡，每乡设有三老、啬夫、游侥等官吏。“三老掌教化，啬夫职听讼，收赋税，游侥循禁贼盗”《汉书·百官公卿表》。就是说，三老是当地的总头目，负责对人民进行封建礼教的教育。啬夫负责审问案件，征收赋税，游侥负责地方治安。

亭：一般一乡设十亭，亭有亭长和求盗。

里：一亭有十里，里设里正和监门小吏。

里下还有最基层的组织什和伍。十家为什，有什长，五家为伍，有伍长。

秦始皇在全国范围内设置的这套帝制机构，好像一张庞大的权力之网，从中央到地方，从郡到县，从县到乡、亭、里、什、伍，层层控制，整个权力集中到中央，再通过中央集中到皇帝一人手中。所有的大臣和郡县长官，都由皇帝一人任免。这套政治制度，是我国古代政治制度的一个重要发展。在此后的两千多年的封建社会中，基本上都沿用了这一制度。这一制度对巩固中华民族的统一，促进社会经济的发展和文化事业的繁荣，都起到了十分重要的作用。

规定统一制度

国家要统一，经济要发展，民族要繁荣，除了有一套帝制机构之外，还必须建立各种统一的制度。特别是由于长期的封建割据，各项制度极端混乱，更需要在全国各地区，从政治、经济、文化等各个方面，建立整齐划一的规章制度。秦王朝刚一成立，立即进行各种制度的统一工作。

1. 统一法律

李斯当时向秦始皇建议："今天下已定，法令出一"。在此以往的各国法律制度，都有很大不同。秦国在商鞅变法时，基本上采用了魏国李悝的《法经》。李悝的《法经》共分六篇:《盗法》、《贼法》、《囚法》、《捕法》、《杂法》、《具法》。商鞅在此基础上又增加了"什"（十家）"伍"（五家）连坐法，又把"法"改变为"律"。秦始皇就把秦的法律颁布全国，令全国各个郡县统一执行。

2. 统一货币

战国时期的各国货币，不仅形制不同，计量单位也不同。有"刀"币、"布"币、圆钱、铜贝、爰金等几种。计量单位有的国家用斤（十六两），有的用镒（二十两）。秦始皇刚刚统一中国，立即下令废除六国旧货币，制定新的统一的货币。新币分为两种：黄金为上币，以镒为单位；圆钱为下币，以半两为单位。这给当时的商品交换提供了很大的方便。

3. 统一度量衡

秦朝之前的各国度量衡制度也非常混乱，不仅大小、长短、轻重不同，单位、进制也不同。以量来说，秦国以升、斗、斛为单位，魏国以半斗、斗、钟为单位，齐国以锹、釜、钟为单位。公元前 221 年，秦始皇向全国颁行新的、统一的度量衡制度。规定为:"度为寸、尺、丈、引；量为斛、斗、升、合；衡为两、斤、钧、石。

4. 统一车轨

战国时期各国的车轨不一，交通大道的宽度不同，这给统一后的交通带来严重混乱。秦始皇下令，全国统一车轨，大车的两轮之间，皆宽六尺，凡不符合这一要求的车辆一律不准使用，史称"车同轨"。这样，便于在大路上来往。这一措施对交通运输业起到了一定的促进作用。

5. 统一文字

由于长期分裂割据，各个国家各自为政，“言语异声，文字异形”（《说文解字·叙》）。秦统一各国之后，如果没有统一文字，将会严重影响政治、经济政策的实施和文化事业的发展。为此，秦始皇命李斯主持文字改革工作，下令须“书同文字”。李斯废除了各国的异体字，统一了偏旁的形态，固定了偏旁的位置，规定了字体的笔数，全国一律使用笔画简单、书写方便、易于读认的“小篆”，第一次规范了汉字。

为了推广统一文字，李斯写了《仓颉篇》，赵高写了《爰历篇》，胡母敬写了《博学篇》，都用小篆字体，共有三千三百个字，作为范本，向全国推行。

秦始皇开创的帝制机构和建立的各种统一制度，使中国在两千多年前成为世界上疆域最大，文化最高的统一国家。在此之后的相当长一段时期，中国封建社会的经济、科学、文化迅速发展，并居于世界前列，华夏民族成为举世瞩目的伟大民族，这同秦始皇的巨大贡献是分不开的。

舆 论 控 制

“五德始终”说

一个朝代的建立有没有存在的理由，是关系到这一朝代能否兴盛发达、长治久安的重要因素之一。因此，每一朝代的统治者总是要寻找种种理由，为自己的存在作论证。昔日商汤灭夏，便称“桀不务德”（《史记·夏本记》），是上天要夏朝灭亡的。商汤是上天派下来接替夏王朝的。商人宣称，他们的祖先是娀氏之女简狄，吞玄鸟之卵而降生的。《诗·商颂·玄鸟》曰：“天命玄鸟，降而生商。”商人灭夏被看成是上天的意志。后来周人灭商，也如法炮制。周人宣称：有邰氏之女姜原，在野外踩了“巨人”的脚印，就生了一个男孩，名弃，他就是周人的祖先（《史记·周本记》），周人的出现也是上天的安排。当周文王伐耆（又作黎，今山西长治西南）、邘（今河南沁阳西北）获胜后，连商臣祖伊也大声惊呼：“上天要结束我殷朝的命运啦”（《尚书·西伯戡黎》：“天既讫我殷命”）。西周王朝的建立被看成是理所当然的。

那么，秦王朝的建立是不是上天的安排？它有没有存在的理由？秦始皇是深知这一舆论的重要性的。

战国末年，阴阳五行家邹衍，宣传一种“五德始终”说，就是运用金、木、水、火、土来解释社会历史的变化。他认为：每一个朝代各占一“德”，五德相克，往复循环。尧舜时代是土德，夏朝为木德，商朝为金德，周朝为火德。由此可推，如果秦朝是一个正统的朝代，它的存在也是上天的安排，那就必须具有水德。

于是，一种舆论出现了：有人说，当年秦文公在打猎时，曾获得一条黑龙，那就是水德的祥瑞。秦文公是秦始皇的老祖宗，祖宗获得黑龙，就是上天把水德转托给秦人的证据。秦灭周，就是水克火，就是上天早就要安排好了的，因此，秦始皇建立的政权完全是合乎天意的。

按照五行家的说法，水为黑色，五行水主北方，北为阴寒，因此，秦始皇以水德立国也要处处体现这些特性。如旌旗、礼服用黑色，处理政事讲究“严刑”、“峻法”、“刚毅”。为了进一步神化其政权，秦始皇还郑重其事地跑到泰山举行封禅典礼，以证明他的帝位是天神授予的，具有神圣不可侵犯性。

秦王朝的正统地位，就在这样的舆论宣传中，被确立起来了。

焚书坑儒

焚书坑儒，是秦始皇为了控制舆论宣传、实行文化专制、保证政权稳定而采取的一种极为严厉、残酷的手段。

公元前 221 年，秦王朝虽然建立起来了，但旧王国的贵族们还大量存在，拥有大批奴隶的大商人还大量存在，代表这些旧势力的儒生也大量存在。开初几年，这些人迫于新建王朝的威严，未敢有太放肆的行为，秦始皇也没有更多地注意到这方面的问题。可随着时间的发展，这些旧势力遗老遗少们慢慢地开始街谈巷议，以古非今。特别是那些儒生，利用私学，伪造虚言，惑乱百姓，危害当今，在思想界、舆论界造成了极大的混乱，这些反动的舆论宣传，露骨地攻击新政权，使秦始皇开始注意到这个问题的重要性，并寻找机会解决这一问题。

公元前 213 年，秦王朝建立后的第八年，秦始皇在咸阳宫中召集群臣举行宴会，博士仆射周青臣首颂秦始皇“神灵圣明”。他说：“陛下统一海内，灭亡诸侯，改设郡县，无战争之患，人人感到安乐，这是从古以来所没有的”，这样的帝王之业，可以“传至万世”。而旧势力的代表人物淳于越却提出，“商、周的王位传了一千多年，是由于分封子弟功臣作为自己的辅佐。陛下现在设郡县，去分封，如果有的臣属突然起来篡权，没有辅佐怎能相救呢？”并借机攻击道：“事不师古而能长久者，非所闻也。”群臣哗然。秦始皇也让众臣放开思想，各抒己见。最后，李斯力排众议，对淳于越为代表的反对派理论，进行了严厉驳斥。他说：五帝不相复，三代不相袭，治国方法各不相同。如今天下已定，法令一统，百姓努力生产，儒生们本应学习法令，为国尽力，然而相反，以淳于越为代表的“愚儒”们“不师今而学古，以非当世，惑乱黔首”，这些人“入则心非，出则巷议，夸主以为名，异取以为高，率群下以造谤”（《史记·秦始皇本记》）。李斯提出，这样一群儒生是一种非常危险的势力，他们进行反动舆论的宣传，极大地危及秦政权的稳定，陛下必须采取坚决措施，进行舆论控制，制止他们的非法活动。并提出了焚书的建议：

1. 史书除《秦记》之外，六国史书一律烧掉；

2.《诗》、《书》、百家语除博士官收藏的以外，其他人藏书，都集中到郡，由郡守、尉监督烧掉；

3. 医药、卜筮、种树等书不在禁列；

4. 有敢相互谈论《诗》《书》的判处“弃市”的死刑。“以古非今者族”（灭族）；“吏见知不举者与同罪，令下三十日不烧，黥为城旦（即面额刺花，服四年筑城劳役）”。

秦始皇立即批准了这个建议。于是，全国各地青烟滚滚，大批古代文献、典籍毁于大火之中。

坑儒之事，发生在焚书之后第二年。由于大量焚书，引起不少儒生和方士的不满，他们继续大造舆论，谩骂、攻击秦始皇，说他“专任狱吏”，“乐以刑杀为威”，“贪于权势”等等。秦始皇对于这些敢于反抗、继续散布“妖言”，“以乱黔首”的儒生采取了坚决镇压的手段，先后逮捕了四百六十多个儒生，把他们全部坑杀于咸阳。

焚书坑儒，对于巩固国家统一，消除割据意识，起到了一定的作用，但秦始皇采取这种野蛮的、残酷的手段，无疑对中国古代的文化是一次极为严重的摧残。

禁办私学

禁办私学，是秦始皇进行舆论控制的又一种手段。

秦始皇统一六国之后，曾仿照齐、鲁等国的制度，设置了博士官职。这些人都是当时各个学派的知名人士，没有行政实权而可以议论政治，更有保藏图书、教授诗书等责，他们可以举办私学，招收弟子，传授学问，有的博士官的弟子多到一百多人。在秦王朝都城咸阳的孔孟一派的儒生队伍不断扩大，成为当时文教机构中的一股重要力量。在进行焚书的同时，李斯就指出：不少儒生大都是通过“私学”来进行反动舆论宣传的。焚书之后，书籍没有了，但这些儒生人还在，思想还在，如果让他们继续举办私学，那么他们就会继续以古非今，伪言诽谤，大造反动舆论。因此，必须把教育大权收上来，严禁私学，任何人不得以任何方式私办教育。教育只能由官方举办。

李斯在焚书的建议中规定，禁止传授《诗》、《书》、百家语等，所有的学校，必须“以吏为师”，以法令为教材，不得随意讲授其他内容。据文献记载，李斯的《仓颉篇》、赵高的《爰历篇》，胡毋敬的《博学篇》，都是学童的课本。

秦始皇禁办私学，官办教育，对于控制舆论，宣传统一思想，无疑起到了重要作用。但这种文化专制，对于中国古代教育也带来了一定的破坏性。

军事措施

毁兵器　去险阻

秦王政以其强大的军事力量，横扫六国，一霸天下。然而，六国虽然被消灭了，但还有大量的旧贵族、官吏、士人，隐名埋姓，潜藏在各地。在他们的手中，还留有大量的兵器。在摧毁六国的战争中，也有许多兵器流散于民间。这是一种不可低估的潜在的危险因素。因为这些兵器很可能会被旧贵族们利用起来，进行反秦的军事活动，构成对秦政权的严重威胁。为了防止旧贵族的军事反抗，防止民间不安定现象的发生，秦始皇下令，全国各地，任何人不得以任何方式私藏兵器，违者严惩。各郡、县官吏，必须采取强制手段，收缴流散于民间和旧贵族手中的兵器。最后，这些收缴的兵器集中咸阳，加以销毁，改铸成十二个大铜人，各重二十四万斤。秦始皇这种兵器不藏于民间的做法，为历代封建帝王所效仿。

与此同时，为了防止原有六国的军事设施如城郭、险塞等，被各国贵族用来作为反秦的据点或屏障，秦始皇命令各地，“堕坏城郭，决通川防，夷去险阻”，消除各种军事上的隐患。这种军事上的措施，在当时及后来，不仅仅具有军事上的意义，同时也方便了交通和水利的建设。

南戍五岭

秦朝初年，我国的东南沿海和五岭以南地区，居住着一个古老的民族——越族。他们在当时还处于氏族社会阶段，各个部落和部落联盟，大小不一，居住分散，时人称为百越。

秦始皇统一中国后，对百越地区采取了重大的军事行动。他命令尉屠睢，率领五十万大军，分兵五路，向岭南进军。很快征服了闽越，但进攻南越和西瓯的秦军遭到了顽强抵抗，加之岭南交通不便，军需供应困难，战争相持不下。为了支援战争，秦始皇一面在中原征发兵马，一面命令监禄率兵开挖灵渠，把长江与珠江水系贯通起来，大大方便了军需供应和兵员运输。经过八年征战，终于平定了“百越”，统一了岭南地区，并设置了南海郡、桂林郡和象郡。

战争期间和战争之后，先后有数十万中原人，“戍五岭，与越杂处”，他们带去了中原先进的生产工具和生产经验，促进了这一地区的经济、文化发展。从此，越族人民就永远成为祖国大家庭中的一员，百越地区也永远成为中国领土不可分割的一部分。

北筑长城

战国时代，在北部的蒙古高原上，分布着匈奴人。当时他们还处于原始社会末期，以游牧为生，掠夺为荣。经常南下侵扰，掠夺粮食和财物，还捕捉俘虏作为奴隶。

秦始皇统一天下之后，北部的匈奴势力仍然对秦王朝有着严重的威胁。为了保证中原地区的安定，秦始皇派大将蒙恬率兵30万，镇守北疆。经过几次战斗，终于攻取了河南（今内蒙古河套地区）、高阙（今内蒙古乌拉特中后旗西南）、阴山（今内蒙古狼山）、北假（阴山以南）等地，在这里设置了34个县，分别筑有县城。公元前211年，又从中原地区迁移3万多户人家到这里落户、垦殖。接着，秦始皇便开始大规模地修筑长城，在秦、赵、燕3国原有长城的基础上，加以连接、补缀，构筑了西起陇西临洮（今甘肃岷县）、东至鸭绿江，长达1万余里的长城。这就是举世闻名的万里长城。

万里长城，是古代世界历史上最伟大的建筑工程之一，是中华民族勤劳勇敢和高度智慧的结晶。她的建成，对于北防匈奴，保卫中原地区经济、文化的发展，起到了巨大的作用。几千年来，她一直成为中华民族的象征，华夏儿女的骄傲。而这些，都不会不使人想起当年秦始皇的功绩。

内修驰道

全国统一之后，领土骤然扩大，在当时交通设施简陋的情况下，一旦发生战事，局面很难迅速得到控制。为了调发士卒和转运粮饷方便，秦始皇在统一全国的第二年，即公元前220年，开始在国内修筑驰道。

驰道以咸阳为中心，东到燕（今河北、北京一带）、齐（山东半岛及沿海一带），南至吴、楚（今湖南湖北一带），北达九原（今内蒙自治区乌拉特旗），西到甘肃东部，南北东西，四面贯通，全长达数千公里。驰道宽广50步（约合今69米），路面用锤夯打，平坦坚实，道路两旁每隔3丈植树1棵。此外，在今四川、云南、贵州等偏僻地区的崇山峻岭之中，又修筑“五尺道”，以适应这些地区战争的需要。

驰道的修筑，对于秦王朝控制全国，防守边疆，起到了非常重要的作用。这些驰道，战时便于调兵、运粮，平时便于驿传，在为了军事需要的同时，也大大方便了经济、文化的交流和发展。

秦始皇在统一后的11年中，曾5次到全国各地巡视民情，察看防务，平均每两年1次。所到之处，都要刻立石碑，申张秦法，歌颂统一，宣扬皇帝的威德，以巩固国家的统一。秦始皇的每次巡游，大都是沿驰道进行的。

秦始皇13岁即位，22岁亲政，30岁至40岁间扫灭六国，一统天下，在中国历史上建立了第一个中央集权制国家。但是，秦王朝仅仅存在了14年，就被中国历史上同样是第一次大规模农民起义所推翻了。

秦王朝建立的中央集权制国家是中国历史上的第一次，大规模的农民起义把它推翻也是第一次，这究竟是什么原因？这一事件在历史上影响很大，致使历代的后人议论纷纷。

究其原因，是由于在空前广阔的领土上，第一次建立中央集权制度，没有任何经验可以借鉴，很多矛盾得不到真正解决，更重要的是秦始皇是一个封建帝王，他刚愎自用，生性残暴，横征暴敛，严刑峻法，实行了一套极端专制的政治路线。他虽然也在所立的碑上说：要使人民“男乐其畴，女修其业，事各有序……莫不安所”，但结果是给人民更加重了痛苦和灾难。连年的战争徭役不断，沉重的赋税使人民根本无法生活，残酷的刑罚使人民横遭杀戮，因此，人民当然要起来推翻它。

秦始皇建立的封建王朝被推翻了，但是，他所创立的帝制机构，巩固统一的措施，政治统治的手段，留给了历代的封建帝王。与此同时，他也为维护中华民族几千年来国家的统一，经济的发展，民族的昌盛，同样起到了不可低估的作用。

汉高祖刘邦

——郡国并行　重农抑商

公元前 209 年，由于秦王朝残酷无道，民怨沸腾，以陈胜、吴广为首的中国农民，揭竿而起，掀起了一场轰轰烈烈的农民起义运动。与此同时，社会上各种政治势力也借机蜂起，逐鹿中原，全国各地燃起了反秦的烈火。原为秦朝一亭之长的刘邦，也举旗聚众，参与其间。他头脑敏锐，既有雄心，又有韬略，经过 8 年的奋战，终于推翻秦朝，击败群雄，于公元前 202 年正月正式即位称帝，建立了中国历史上第二个封建王朝——西汉王朝。

刘邦所处的时代，是从诸侯混战走向统一，又从统一走向危机的时代。他看见了诸侯混战给人民带来的沉重灾难，也为秦始皇扫灭六国，统一四海而欢呼过。如他早年看到秦始皇，曾慨然长叹："大丈夫就应该像这个样子！"然而，曾几何时，秦王朝推行了一套极端专制的政治路线，繁重的徭役，沉重的赋税，残酷的刑罚，又一天天把广大人民逼上死路，"赭衣①塞路，群盗满山"，全国成了一座大监狱。

① 赭衣——秦朝时，犯人穿的一种红褐色罪衣。

刘邦出身布衣之家，又是秦朝的基层小吏，他亲眼看见了秦王朝的兴起与灭亡，前车之鉴，不可忘却。因此，他一登上帝王宝座，立即着手制定、推行了一套新的统治政策。

郡国并行制度

郡县制是秦始皇制定的一套行政机构，它把从地方到中央的大权，牢牢掌握在皇帝一人手中。那么，为什么秦朝还会在那么短的时间内被推翻呢？

刘邦当了皇帝之后，对于秦的“二世而亡”尤为重视。他要士人陆贾总结一下包括秦朝在内的历代兴亡的经验教训，供他借鉴。陆贾结合当时国家残破，经济凋敝，民不聊生的状况，写论文 12 篇。主要是说：“事逾烦，天下逾乱；法逾滋，而奸逾炽；兵马益设，而敌人逾多。秦非不欲为治，然失之者乃举措暴众，而用刑太极故也。”①意为，秦始皇并不是不想把国家治理好，而是制定的措施太暴烈，用刑太严厉，因此失败了。不能用刑太极，要宽松结合，文武并用，这才是“长久之术”②。刘邦对此非常赞同。他也考虑到，秦王朝的灭亡还有一个重要因素，就是采取的政治太苛、太急，特别是在取消“分封制”的问题上，受近千年的习惯影响，人们不可能一下子接受下来，对立情绪太大。如项羽就接受了这个教训，他在自立为西楚霸王之后，就立即又封了 18 个王国，有故王，也有新王，刘邦本人就是新封的汉王。实行分封制，对于消除对立情绪，稳定群臣名将，依然是一个重要手段。同时，刘邦也并不希望再出现诸侯割据，群雄争霸的分割局面，而秦始皇所创立的郡县制，确是克服这一弊端的有效措施，因此，刘邦采取了郡县制与分封制并行的办法，人们称之为“郡国并行”制。

---

① 《新语·无为》。

② 《史记·陆贾列传》。

郡 县 制

为了保证中央的统一领导，刘邦对中央的行政机构和地方的行政机构，基本上采取了秦朝的制度，即所谓“汉承秦制”。

中央政府设三公九卿，由皇帝独揽大权。三公是丞相、太尉和御史大夫，各自的职责与秦朝相同。三公之下便是九卿，九卿也与秦朝基本一样。

地方行政机构，仍然是郡县制。汉朝初期，设有 15 个郡，即：陇西郡、北地郡、上郡、内史郡、河南郡、河内郡、河东郡、上党郡、颍川郡、南郡、南阳郡、东郡、边郡、蜀郡、汉中郡。后来，刘邦在剪除异姓诸王时，又陆续恢复了 11 个郡，共 26 郡。郡下设县，县下立乡，乡下有亭，亭下有里，里下十家为什，五家为伍，各级组织官吏设置及其职责，与秦基本相同。只有一点有所改变，即规定每个乡的三老中，推选一人为县三老，“与县令、丞、尉以事相教”，这样就加强了县与乡之间的联系，使县对乡以及乡以下的亭、里政权的控制大大加强了。这就进一步加强了对农民的控制。

各郡、县都服从中央的领导，郡守、县令等主要官吏，都由皇帝直接任免。

分 封 制

刘邦当了皇帝以后，为了消除对立情绪，防止像秦朝那样激化各种矛盾，便学着周朝天子那样，大封功臣为诸侯王，各自都有封国和都城。

当时，封韩信为齐王，后改封为楚王，建都下邳；韩王信为韩王，建都阳翟（后迁都太原）；彭越为梁王，建都定陶；英布原为九江王，后改封为淮南王，建都于六；吴芮原为衡山王，后改封长沙王，建都临湘（今长沙）；张敖为赵王，建都襄（今河北邢台西南）；藏荼为燕王，建都蓟。这些人因与刘邦不同姓，史称“异姓王”。

后来，刘邦在诛除异姓王的同时，又大封他的子弟为王，史称“同姓王”。这些“同姓王”共有九个封国，自北而南，有燕国、代国、赵国、齐国、梁国、楚国、淮阳国、淮南国、吴国。这些封国几乎占去了旧时燕、赵、齐、魏、楚等国的全部疆土。

各诸侯王在各自的国内，有相当大的权力。他们被称为国君。王国的政权机构和中央基本相同，除太傅和丞相由中央任命外，自御史大夫以下的官吏，都由诸侯王自已任命。诸侯王都有一定的军权、财权，在国内可以征收各种赋税。不少王国的疆土广大，人口众多，相当富庶。如齐王刘肥，下属六郡，共七十三县。吴王刘濞，下属三郡，共五十三县。这些王国在政治上处于半独立状态，政治地位也比一般的郡要高。不过，各个王国要奉行中央的制度法令。王国的丞相和太傅必须由中央委派，以监督国王的行为，掌握王国的情况，随时向中央报告。

王国之外，还封有许多侯国。侯国与王国不同，这是最高爵位的列侯封地。刘邦当时封了 140 多人为列侯。列侯与诸侯王不同，他们在封国内无治民之权，封国只是他们的食邑。列侯也有大小之分，大列侯食万家，小列侯食五、六百户。侯国也设有相，其职和县令相同，由中央任免，归所在的郡守统辖。侯相每年将列侯所食租税，按数拨给列侯享用。列侯与侯国相无隶属关系。

与此同时，刘邦还沿用了秦王朝封爵制度，共分 20 级：（1）公士、（2）上造、（3）簪袅、（4）不更、（5）大夫、（6）官大夫、（7）公大夫、（8）公乘、（9）五大夫、（10）左庶长、（11）右庶长、（12）左更、（13）中更、（14）右更、（15）少上造、（16）大上造、（17）驷车庶长、（18）大庶长、（19）关内侯、（20）彻侯。不同的爵位，体现不同的社会身份，享受不同的政治待遇，20 级爵位像一座金字塔，西汉王朝通过它，对稳定社会秩序也起到了一定的作用。

“重农抑商”的经济政策

刘邦即位之初，由于秦王朝的苛政、急政、暴政，加上 3 年农民起义和 5 年楚汉战争，给社会带来了严重创伤，人口散亡，经济凋敝，物价腾贵，民不聊生。米至1万钱1石，马100金（100万钱）1匹。“人相食，死者过半”。连刘邦所乘坐的马车，也配不齐4匹一样颜色的马，将相们只能坐着牛车上班，整个社会呈现一片残破凄凉景象。

刘邦清醒地认识到，要想使社会得到真正稳定，必须尽快发展生产，改善人民生活，使农业经济得到迅速发展。因此，他就采用了“重农抑商”的经济政策，其主要内容如下。

增加劳动力

劳动力不足，是当时农业生产中一个十分突出的问题。由于秦朝的暴政和多年战争，人们死的死，逃的逃，不少地方过去相当繁荣，现在是人烟稀少，残垣破壁，蒿草没人。为了尽快解决劳动力不足的问题，刘邦采取了一系列的有效措施。

1. 复员军队，“兵皆罢归家”。刘邦对相当一部分当年跟随自己打天下的兵卒，根据他们的不同战功，赐给他们爵位和土地，动员他们复员回乡，进行农业生产，以充实农村劳动力。

2. 招还流散人口。刘邦即位当年的五月，颁布了一道“复故爵田宅”令，号召各地流散人口返回原籍，原来有爵位的恢复他们的爵位，原先有田地房屋的，还给他们田地和房屋。而且命令地方官吏对这些返乡人员好好安置，不得歧视、刁难和侮辱。

3. 释放奴婢。做为奴婢，有相当一部分是不直接参加农业生产劳动的，即使参加一些劳动，积极性也不高，刘邦在诏令中规定：“民以饥饿自卖为人奴婢者，皆免为庶人”。奴婢们获得自由后，可以参加个体生产劳动，积极性也大大提高了。

4. 释放非死刑的犯人。这是刘邦挖掘人口潜力的又一个措施。他在消灭项羽之后，就立即向全国下了一道大赦令：“今天下之事已毕，其赦天下殊死以下”。把死刑以外的犯人统统释放，回乡参加农业生产劳动。

5. 鼓励人口生殖。为了刺激人口增长，解决未来社会生产力问题，刘邦从长计议，鼓励人们多生人口，“民产子，复勿事二岁”，即是说，生了儿子，可以免除徭役二年。

调整土地政策

发展农业经济，有了劳动力，还必须有土地。刘邦早在楚汉战争中，就注意到了土地问题，把过去秦朝围楚的“苑囿园池”，分给农民耕种，暂时解决了部分贫苦农民的需要。

刘邦当了皇帝之后，开始大规模地调整土地政策。西汉实行土地私有制，刘邦除了给流亡回乡的流民、“诸侯子及从军归者”分配土地之外，还规定：凡有军功、爵位的人，也要分到相当的土地，“有功劳，行田宅”。大小官吏及有军功者，很快有一部分成了军功地主。不少从军者原先都是下层人民，个别地主官吏不愿给他们较多的土地。为此，刘邦一再训斥地方官吏，任何人不得拖延怠慢，违者以重罪论处。

土地的多少，与分土地者的爵位高低是密切相关的。汉王二年，刘邦就在自己管辖的地区之内，普遍“赐民爵”一级，使一般人的社会身份普遍提高了一级。汉高帝五年，刘邦又规定给那些逃亡回乡的人，原先是爵位的，一律“复故爵”。对于那些军吏士卒因犯了罪而被赦免的，或者无罪而失去爵位的，以及爵位不到大夫一级的，一律赐给大夫的爵位。原来就有大夫爵位以上的，再另增一级爵位。爵位是社会身份的标志。这样一来，许多人社会地位高了，分得土地多了，劳动生产的积极性自然就高了。

轻 徭 薄 赋

秦朝以来，广大人民最痛恨的就是重徭厚赋制度。为了使人民能够有时间、有条件进行休养生息，发展生产，刘邦采取了轻徭薄赋的政策。

早在楚汉战争期间，刘邦就规定：关中从军者免除其全家徭役 1 年。他称帝之后，又诏令：诸侯子弟留在关中的，免除徭役 12 年，回原籍的免除 6 年，军吏士卒爵位在 6 级以上的，免除本人和全家的徭役。汉高祖八年又规定：吏卒从军到达平城（今山西大同）以及守卫城邑的，都免除终身徭役。汉高祖十一年又规定：士卒随从进入蜀、汉、关中的，都免除终身徭役。第二年又规定：二千石官吏进入蜀、汉、平定三秦的，世世代代免除徭役。据说，有一次刘邦到长安，看到宫殿建设非常宏大，很生气，责备箫何“治宫室过度”，会加重徭役，妨害农业生产。其实，汉初的徭役制度并不算太重，男子从 23 岁到 56 岁是服役年龄，每人每年在本郡或本县服役 1 个月，称为更卒。每人一生中（在服役年龄内）到京师服役 1 年，称为正卒，到边疆戍守 1 年，称为屯戍。尽管这样，刘邦还是尽量减轻群众的徭役。

薄收赋税，是刘邦采取的又一种措施。他让有关官吏，根据政府的各项开支，制定了征收赋税的总额，不能超过人民群众的承受能力。当时的赋税主要有如下几种：

（1）田租：原先为十税一，刘邦减为“十五税一”。

（2）人口税：人口税分为算赋和口赋，算赋是丁税，从 15 岁到 56 岁的男女，每人每年向政府交纳一百二十钱，叫做一算，故叫算赋。口赋是儿童税，从 7 岁到 14 岁的儿童，每人每年交纳二十钱。

（3）更赋：是一种代役税。西汉规定，男子 23 岁至 56 岁之间，每人要到京师和边疆服兵役 2 年，这是必不可少的。而每人每年要到本郡服役 1 个月，不愿去的，可出钱两千，叫做践更。

这样的赋税，比起秦朝来说，减轻了许多。除此之外，遇到天灾欠收或遭受战乱破坏比较严重的地方，刘邦还临时豁免租税。这种轻徭薄赋制度，在汉初大大减轻了人民的负担，有利于尽快恢复和发展生产。

控制商人

控制商人，是秦始皇当年采取的一种经济措施。

秦始皇认为，大商人依靠不等价的交换，投机取巧，囤积居奇，用放高利贷来牟取暴利，直接侵蚀农民的经济利益，使农民更加陷入贫困，从而影响到地主阶级及其政权对农民的剥削。特别是当时的大商人多用奴隶来经营商业和手工业，像吕不韦、嫪毒那样的大商人竟拥有奴隶达万人以上，这就严重地影响了地主阶级经济的发展。因此，秦始皇采用各种方法限制商人。最有效的办法是征发商人到边远地区去服役，或者到较荒凉的地区去开垦。秦朝征发的对象首先是商人，其次是以前曾经做过商人的人，最后是征发祖父母或父母曾经做过商人的人。

这种控制商人的办法不免过于严厉，刘邦改变了秦始皇的做法，采取另外一种抑商的办法，主要有如下几点：

1. 商贾及其子孙，一律不准从政，不准做官为吏；

2. 商贾一律不得拥有私有土地；

3. 商贾不得穿锦、绣、絺（chī 痴）、纻（zhù 住）、罽（jì 计）等名贵的丝、葛、毛织品，不得乘车、骑马、携带兵器；

4. 商贾不得购买饥民做为奴婢；

5. 商贾要比常人加倍交纳算赋，即丁税。

这种办法对商人从政治身份、生活待遇以及经济方面，都进行了严格的限制。但比起秦始皇对商人的惩治来说，相对地轻多了。因此，汉初的私营工商业仍然非常活跃。

加强中央集权制

刘邦建立了西汉王朝，当了皇帝之后，他清楚地认识到，动乱和分裂的危险依然存在，天下是并不太平的。尤其是当时从策略上考虑分封的那些异姓诸王，各自拥兵据地，“有震主之威”，搞不好又会天下大乱。还有一些中小将领，当年曾立过汗马功劳，弄不好也会起来闹事。旧贵族的残余以及北疆匈奴的滋扰，都对汉王朝产生着威胁作用。即使分封的一些同姓诸王，也多有另立之心。所有这一切，都对汉王朝政权的稳定，国家的统一，潜在着很大的危险性。刘邦素有“斗智不斗力”之称，对这些有可能破坏统一的危险因素，他不像秦始皇那样采用急政、暴政手段，而是根据轻重缓急，采用不同的方式，一一给以消除。

剪除异姓诸王

刘邦当年封了若干异姓诸王，完全是从策略上考虑的。早在楚汉战争期间，为了分化项羽的阵营，争取项羽阵营中一些举足轻重的人物，壮大自己的力量，另一方面为了鼓励本阵营内的一些拥有强大兵力的将领与他团结一起打败项羽，他曾封立了不少异姓人为王。刘邦即帝位之初，承认了既有的事实，又加封、改封了一些王，这完全是为了新政权的稳定，安抚人心。当政权逐渐稳定之后，刘邦开始寻找机会，剪除异姓诸王。

除楚王韩信。韩信原为齐王，后被刘邦改封为楚王。公元前 201 年 12 月，突然有人揭发韩信阴谋叛乱。刘邦采用陈平“伪游云梦”之计，假装到云梦巡狩，通知各列侯王到陈县（今河南淮阳）相会，在陈县将韩信逮捕。在诸异姓王中，韩信是对刘邦威胁最大的一个。刘邦将韩信带回洛阳，降为淮阳侯。后来在吕后所居的长乐宫钟室将韩信秘密处死。

斩韩王信。韩王信，是已故韩襄王的孙子。刘邦派他率兵镇守北疆，以防匈奴。公元前 201 年秋，韩王信被匈奴单于冒顿包围，他几次派人向冒顿求和。刘邦疑心他与匈奴早有勾结，派人责备他。韩王信害怕了，索性公开投降了匈奴。公元前 197 年，韩王信率匈奴兵进攻参合（今山西阳高东北），被汉朝军队击败，韩王信被斩杀。

去燕王卢馆。卢馆是刘邦的老乡，刘邦起兵后他一直作为亲信，追随在刘邦左右，在平定燕王臧荼的叛乱中，他被封为燕王。后被人揭发私通匈奴，刘邦派人召卢馆进京对质，卢馆装病不去。刘邦又派审食其和赵尧去接卢馆，卢避而不见。刘邦便派樊哙带兵讨伐卢馆，卢馆自知不敌，便带领家人和几千部下逃到了匈奴，一年多后死在了那里。

贬赵王张敖。张敖是刘邦的女婿，他的相贯高阴谋刺杀刘邦，被人告发。刘邦逮捕了赵王张敖和贯高等 10 余人。几经审讯，贯高供认，刺杀刘邦是他一人所为，张敖并不知情。结果贯高自杀，张敖被指责为知情不报，贬为宣平侯。

诛梁王彭越。彭越是起义比较早的一个将领，在楚汉战争中立过汗马功劳，被封为梁王。公元前 197 年秋天，刘邦亲征叛将陈豨，命令梁王参战，彭越装病，只派部将领兵前往。后彭越的仆人诬告其谋反，刘邦将其逮捕，审讯结果认为他“反形已具”，被贬为庶人，发配西蜀。途中遇到吕后，彭越哭诉冤屈，吕后假意同情，又把他带回洛阳，建议刘邦将其杀掉不留后患，结果刘邦“诛灭彭越宗族”。

杀淮南王英布。英布也是参加起义较早的将领，在反秦斗争中屡立战功，后因参与击败项羽有功，被封为淮南王。刘邦诛彭越时，把彭越的尸体剁成肉酱，分赐诸侯，以警告他们不要谋反。英布看到其他侯王被杀，心中十分害怕。这时，英布的中大夫贲赫向刘邦密告英布谋反，刘邦领兵亲征，最后在鄱阳（今江西波阳东）将英布杀掉。

就这样，刘邦在称帝 7 年之内，寻找各种借口，除了力量较小的长沙王吴芮外，陆续将异姓诸王全部除掉了。

严束同姓诸王

刘邦在分析秦始皇失败的教训时认为，秦始皇不分封子弟为侯王，以为藩辅，致使有“孤立之败”。因此，他在诛除异姓诸王的时候，又大封他的子弟为王，称为同姓王。

当时共封了 9 个同姓王：齐王刘肥、楚王刘交、荆王刘贾（刘贾被英布杀后，改封刘濞为吴王）、赵王如意、代王刘仲（后刘仲在匈奴进攻时逃跑，被降为侯，改封刘恒为代王）、梁王刘恢、淮阳王刘友、燕王刘建、淮南王刘长。

为了保证统一政权的稳定，刘邦吸取亡秦之教训，大封同姓王以做枝辅。同时，他对同姓王也束缚得很紧，因为他知道，同姓诸王虽然是汉朝统治的得力支柱，但日久难保不反叛中央。刘邦对此也处处留心，公元前 196 年，刘邦封他的侄子刘濞为吴王时，曾拍着他的肩膀警告说：“天下同姓为一家，千万不要反叛啊！”所耽之心，溢于言表。

为了避免同姓王的反叛，刘邦在制度上也做了相应的规定，例如，同姓王国中的一切重大权力，统统收归中央，王国的地位与郡相等，都必须无条件服从中央领导，接受中央派员监察；王国内的丞相和国王的太傅，必须由中央指派，他们代表中央主持王国的政事，监督国王的行为；没有中央的虎符，国王不得擅自调兵；国王不得违反中央的法令，等等。这样，王国的政权、军权、法权都受到了极大的限制。与此同时，中央的各方面力量又大大加强，即使某些王国企图反叛中央，中央也能尽快加以平息，控制局势。

消除其他动乱因素

刘邦经过一系列的周密策划，集中精力消除了最危险的动乱因素，但其他一些较小、较隐蔽的动乱因素依然存在。如不防患于未然，仍有可能酿成大患。因此，刘邦在剪除异姓诸王、严束同姓诸王的同时，也动手消除了其他方面有可能引起动乱的因素。

首先是安抚中小将领。这些中小将领，当年跟随刘邦东征西战，不少人曾立过汗马功劳。这些人出身低微，都想在战争中能飞黄腾达。而现在天下太平，无仗可打，他们的升迁就受到影响。如不采取安抚措施，有可能出现骚乱。据说，汉高祖二年，刘邦封完了 20 多位大功臣，在回往洛阳南宫的阁道上，看见许多中小将领坐在地上窃窃私语，就问张良：“这些人在说什么？”张良回答：“你还不知道吗？他们在谋反！”刘邦大为惊讶：“他们往日跟我征战，为的是天下太平，现在四海安定，为什么还要谋反呢？”张良说：“正是因为天下太平，他们怕你不能尽封，才图谋造反的。”刘邦说：“那如何办才好？”张良献策道：“请陛下赶快先封雍齿吧（雍齿战争中曾背叛过刘邦，为刘邦所痛恨），他们看到雍齿能受封，自然都会安心的。”于是，刘邦立即大摆筵席，封雍齿为什方侯，同时又催促丞相、御史，对其他中小将领赶快“定功行封。”酒后，中小将领都非常高兴地说：“雍齿还能封侯，我们都不必着急了。”一场酝酿中的动乱很快平息下来了。

其次是迁徙旧有的贵族。一些原来六国的旧贵族，在反秦的斗争中，不少人也蠢蠢欲动，起来闹事。对这些人如不妥善处置，也会对汉朝造成威胁。汉高祖九年十一月，刘邦根据娄敬的建议，下令把“齐诸田、楚昭、屈、景、燕、赵、韩、魏”的巨商总共十几万人，统统迁徙到关中地区，这样，一来使他们失去当地的社会基础，二来也便于对他们进行控制。

再次是“和亲”匈奴，解除北疆之危。秦末农民大起义时，秦王朝为了镇压起义，将戍守长城的军队数十万人调入中原，长城沿线空虚，匈奴乘机攻入长城，烧杀抢掠，祸害北方人民。刘邦称帝后，亲率大军32万，北击匈奴，结果被匈奴40万人困于平城（今山西大同）的白登山7天7夜。后刘邦率众突围，但难与匈奴再战，特别是刘邦感到：天下初定，士卒罢（pí，疲）于兵”①，于是采取“和亲”政策，把宗室之女作为公主，嫁给匈奴首领冒顿，汉匈“结为兄弟”。刘邦这种做法，首开“和亲”之先河，为后来历代帝王解决汉族与边疆少数民族的关系上，做出了开创性的贡献。

刘邦经过上述种种措施，汉朝的政权才逐步巩固起来了。

刘邦出身布衣之家，在秦末的大动乱中，他能够奋起斗争，力战群雄，建立了西汉王朝，使四分五裂的中国再度走向了统一。称帝之后，他能够及时地、认真地总结历史经验，吸取亡秦的严重教训，加紧调整封建制度中不适应历史发展的各种方针、政策和措施，于民休养生息，大力发展农业生产，采用积极、稳妥的方式，消除危害国家统一的不利因素，这对于巩固华夏民族的统一和封建经济的繁荣，做出了不朽的贡献，为文景盛世的出现打下了坚实的基础。刘邦是中国历史上非常杰出的政治家。

① 《史记·刘敬列传》。

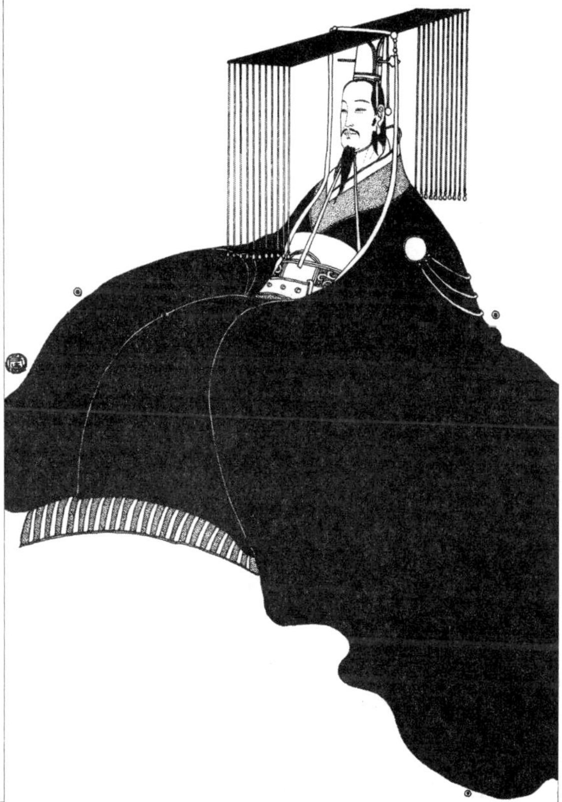

汉文、景二帝

——重农为本　开创盛世

西汉初年，由于秦王朝的暴政和连年战争的破坏，中原大地人烟稀少，蒿草遍地，满目疮痍，一片凄凉景象。汉高祖刘邦称帝后，认真总结了历史经验，对封建制度中一些不利于封建政权巩固的地方进行了必要的调整，使统一的政权又走上了比较正常的轨道，广大劳动人民在饱受战乱之苦以后，又得以重建家园，恢复生产。

可是，刘邦在位仅仅 7 年就溘然逝世。刘邦死后，他的第四个儿子刘恒继位，史称汉文帝。汉文帝在位 23 年，他死后又由其子刘启继位，这就是汉景帝。西汉王朝在文、景时期，由于对刘邦时期的一些主要政策，根据当时的历史现实，又进行了重要的改革和调整，使社会的政治、经济得以迅速发展，全国人口剧增，社会安定，到了汉武帝初年，家家粮食有余，官府仓仓皆满。据司马迁说:由于存粮过久，许多粮食发霉变烂，不可再食。人民群众家家户户鸡猪满圈，阡陌之间，骡马成群，更有甚者，时俗竟把骑母马者视为最不光彩的人，并不许他参加任何聚会。在封建的统一帝国的历史上，文、景二世出现了空前繁荣、富裕的景象。历代的史学家们都把文、景两朝看作是封建社会的第一个盛世，故称“文景盛世”。

“文景盛世”的出现，为历代试图有作为的帝王，在治国安民方面树立了很好的榜样。历代帝王之学的研究家们，也都对文、景二帝治理国家的措施、策术，进行过很多的探索和研究。不少文人墨客，也对文、景二帝的历史功绩，进行过讴歌和赞叹。文、景二帝也因此成为永载史册的贤明皇帝。

重农为本

早在春秋战国时期，《管子》一书的作者就提出了一条十分重要的治国之策："治国之道，必先富民"①，并不断告诫列国君王，"民富则易治也，民贫则难治也"②。这是由于民以食为天，而食以农为本。不注重农业，人民没有饭吃，必然会引起天下大乱。然而，当时的各国君王，并不注意这一根本的治国之策。他们认为，只要有强兵悍吏，严刑酷法，"民皆可治也"。各国群雄，为了争夺霸主地位，对内横征暴敛，对外不断发动战争，把发展农业放在无足轻重的地位，结果被强秦所吞灭。后来，靠暴力建立的秦王朝，也同样在暴力中走完了自己短命的14年。历史证明，不注意发展农业，人民不会安定，国家不会强大，靠暴力治国只能是一条失败之策。

鉴于历史的教训，文景二帝以“重农为本”，并围绕这一原则，制定出一系列重视农业，发展农业生产的政策。

天子籍田

天子籍田，就是天子在每年春耕之前，举行一种仪式：在耕地上带领各位诸侯，拿起耒、耜等农具，做一次象征性的劳动，以示对农业的重视。从此之后，全国各地开始耕田播种。这一仪式，起源于西周。但

---

①《管子·治国篇》。

② 同上。

从春秋直至汉初，由于战争频繁，各国君王都没有再举行过这种仪式。

汉文帝即位之后的第二年，即公元前 178 年，谋士贾谊上了一个奏章，请汉文帝应以重农为本，提倡生产，发展农业。他在奏章中说道："《管子》一书中说道，只有仓库中的粮食满了，人们才能够去讲究礼节；只有丰衣足食，人们才去考虑什么是荣耻。老百姓连饭都吃不上，要想把国家治理好，那是古来未有的事。古人曾说：一个男的不耕种，就会有人挨饿；一个女人不纺织，就有人受冻"。"要知道积蓄粮食是天下的命根子，如果粮食多了，什么事不好办呢？因此，朝廷应当鼓励老百姓好好种地，使天下的人都能够自食其力，那些好吃懒做的游民，也都该转到农村去参加农业生产，只要多生产，多积蓄，老百姓就能安居乐业，天下自然就太平了"。

汉文帝十分赞同贾谊的话。为了表示对农业生产的重视，他立即恢复了中断多年的"天子籍田"仪式，每年春耕以前，他都亲自率领大臣们下地，做个耕种的榜样，并下达诏书，劝告老百姓精心耕作，多打粮食。如他在诏书中说："粮食是天下的根本，人民是靠它养活的。如果人民不注重耕种，就不能生活，所以我亲自率领臣下，劝人民注重耕种。"

汉文帝的行为，引起了全社会对农业的重视。其实，他还不仅仅是做一个"籍田"的仪式而已，他亲自带领大臣们包耕了一块土地，生产一些供祭祀用的粮食。连皇后也要参加劳动，皇后每年也要亲自率领宫女们采桑、养蚕，生产蚕丝，作为祭服的材料。这在历代帝王中是十分罕见的。

汉文帝身体力行，籍田劝农的措施很快收到了良好的效果。粮食逐年增产，人民的生活水平有了明显的提高。可是后来，一些地方官吏在思想上对重农有些放松，汉文帝在公元前 168 年又下诏劝农，并指责个别官吏的失职行为。他在诏书中说道："我亲自率领农民耕作，至今已经十年了，但还有很多土地没有开垦出来，如果一岁不收，人民就会挨饿。现在天下仍有很多人生活很苦，而一些做官的又视而不见，管理不善，这怎么能劝民耕种呢？"他又下令，各级官吏必须下乡，进行农贷，劝告农民耕作，农民少五谷种子的，或者没有口粮的，由各县借给。

在汉文帝的不断督促下，各地的荒地被大量地开垦出来，粮食连年增产，为西汉王朝的太平盛世打下了坚实的物质基础。

贵粟政策

由于农业经济的恢复和发展，也必然引起商业经济的恢复和发展。虽然汉高祖刘邦制定了一系列控制商人的措施，但到汉文帝时期，社会上仍然出现许多大大小小的商人。这些商人囤积居奇，坐地贩卖，操纵物价，放高利贷。而许多农民，则“卖田宅，鬻（yù，卖）子孙，以偿责（债）”①，“此商人所以兼并农人，农人所以流亡者也。今法律贱商人，商人已富贵矣。尊农夫，农夫已贫贱矣”②。就是说，法律虽然规定限制商人，但商人还是富起来了，尊重农民，而农民依然变得贫贱起来。商人不断兼并农民，大批农民卖田卖屋，卖儿卖女，四处流亡，这说明，当年“重农抑商”的政策现在已不能再适应经济发展的需要了，对待商业和农业的关系，必须再次进行调整。

当时的政论家晁错，向汉文帝提出了“贵粟”的政策。他说：“开明的君王看重五谷，看轻金玉。现在农民整年勤劳，不得休息，可因为粮价太低，农民无钱，只得拿出加倍的利息向商人借贷。大商人放债，囤积货物，小商人坐在市上贩卖，他们趁农民需要货物的时候，抬高物价，加倍取利。他们男不耕种，女不纺织，可穿着绣花的衣服，吃着大鱼大肉。农民们吃尽了苦头，到头来为了还偿债务，还得卖田地、房屋和子女。商人有了财富，又去交结侯王，官商勾结，势力越来越大，农民越来越穷。现在最关键的事情是鼓励农民耕种，要使农民注重耕种，必须重视粮食。重视粮食的最好办法是拿粮食做为赏罚。比如说，拿出粮食来的，可以得到爵位，可以免罪。那么，富人想得到爵位，就得向农民买粮，把粮食交给县官。这样一来，富人有了爵位，农民有了钱，国家有了粮。如果全社会都把粮食看得很重要，不出三年，粮食就一定会多起来。”只

---

①② 《汉书·食货志》（上）。

要实行了这一“贵粟”政策,就可以使“重农”、“尊农”的措施落到实处,避免出现名义上“重农”、“尊农”,而实际上“贱农”、“伤农”的现象。

汉文帝很快采纳了晁错的建议。公元前 168 年,他下达了卖爵令:“上造(二级爵)价六百石;递增至五大夫(九级),价四千石;大庶长(十八级)价一万两千石;五大夫以上,免除家中一人的徭役。”这样一来,粮食的身价很快高了起来。

与此同时,汉文帝又实行“轻徭薄赋”的政策,田租由原来的十五税一,减为三十税一,即收田租的一半。次年,又下令全免天下农民的田租,时间长达 12 年。到景帝前元二年(公元前 155 年)才复收田租,以三十税一,直至西汉末年。算赋由原来每人每年纳一百二十钱,减为四十钱,徭役由成年男子每年服一次徭役,改为三年服一次。如此“轻徭薄赋”政策,在封建社会的历史上是非常少有的。

“贵粟”政策的实行,使粮食的价格陡然升高,国家库存粮食大增。“轻徭薄赋”,又使得农民手中粮食增多,经济情况好转,生活水平有了较大程度的改善,从而更加刺激了农民劳动生产的积极性。

厉行节俭

汉文帝二年,贾谊就向汉文帝提出,“古时候治理天下的,都非常注重节俭和积蓄,要是消费没有什么限制,奢侈风气越来越厉害,生产的人少,消耗的人多,天下的财物自然就缺少了”。“只有多生产,多节俭,多积蓄,百姓才能安定,天下就会太平”。

汉文帝在注意发展农业生产的同时,大力提倡节俭,反对奢侈浪费。为了给天下人做个俭朴的榜样,他自己穿的衣服是最一般的黑色的厚帛做的。他最宠爱的皇后所穿的衣服,也非常朴素,衣服的下摆不拖到地面,以节约布料。宫里的帷帐,全都不刺绣。当时,一个地方出了一匹千里马,当地的百姓凑钱买来,把这匹马献给汉文帝。汉文帝见到马,便对大臣们说:“我出去的时候,前有旗车,后有属车,平时巡游,日行不过几十里,我骑着千里马,一个人跑到哪儿去呢?”他想到马是农民生产的主要工具,如果开了献马这个头，那么全国各地纷纷仿效，就会影响农业生产，他吩咐左右立即把千里马退还主人，并下诏书，不准四方官民奉献任何礼物。

由于汉文帝注重节俭，又加上十几年没有发生战争，国家积蓄增多，人民生活富裕。有一次，有人建议在宫殿里建造一个露台，汉文帝召集工匠计算一下得花多少钱。工匠仔细一算，需要100斤黄金，汉文帝立即指令停止建筑，他说："100斤黄金，相当于10户中等人家的全部财产。我现在住在先帝建造的宫殿里，已经觉得很害臊了，何必再建造露台呢？"他在位23年，宫室、园林、服饰和各种御用器具，几乎没有什么增加。

公元前157年，汉文帝得了重病，在临别人世时，仍然念念不忘告诫天下和臣属，注重节俭。他在遗嘱中写道："死是自然之理。死了人，为了殡葬，花了很多金钱、财物，甚至弄得倾家荡产；为了追悼死的人，过分地伤心啼哭，甚至弄坏自己的身子，这都是很不好的，我很不赞成。……因此，我死去之后，天下的百姓和官吏只准带孝3天，在这期间，并不禁止结婚、祭祀、喝酒、吃肉。本族的人也不要像从前那样呼天喊地地啼哭。带孝用的麻不要太长，3寸就够了。过去守孝3年，太长了，现在1天可等于1个月，36天就行了。把我葬在霸陵（在西安东南），用不着起大坟，不要把坟堆得高高的。除了夫人之外，后宫所有的女人，一律送回自己家里去……"

作为一个开创盛世的君王，能够如此体恤民情，注意节俭，关心农民疾苦，以民生为先，在历代帝王之中，的确是十分罕见的。

但是，汉文帝采取的这种"重农为本"的经济政策，从中获利最大的仍然是统治阶级。各级官吏和商人勾结起来，"兼并农人"，农人大量地"流亡"。在"文景盛世"的背后，依然隐藏着无数劳动人民衣不蔽体、食不果腹的凄惨事实。在文帝时，已出现了"卖田宅，鬻子孙以偿债者"的现象，到了景帝时，已是"民多乏食，夭绝天年"①。不少农民没有粮食吃，出现了饿死人的情况。到了汉武帝时，贵族、官僚、豪强、商

① 《景帝记》。

人“武断于乡曲”，“争于奢侈”①，而“贫民常衣牛马之衣，而食犬彘之食”。司马迁在《史记·平淮书》中记载说：“非遇水旱之灾，民则人给家足，都鄙廪庾皆满，而府库余货财，京师之钱累巨万，贯朽而不可校，太仓之粟，陈陈相因，充溢露积于外，至败不可食”。这些话并不能都相信，一方面是封建地主阶级财富的积累，另一方面，农民的生活状况虽然比汉初好了一些，但大多数仍然处于贫寒穷困之中。

减轻刑律　安抚众生

秦王朝的严刑酷治，加速了自身的灭亡。刘邦为了笼络人心，在进入咸阳之后，立即下令：“除去秦法”。结果“秦人大喜，争持牛羊酒食，献享军士”。当汉朝建立之后，为了便于统治，刘邦又参考了战国时期各国的法律和秦律，制定了《九章律》，虽然除去了秦朝的暴政，但刑律规定条款众多，又非常严密，对广大群众来说，仍然感到很大压抑。汉文帝即位之后，立即着手减轻刑律，安抚众生，在废除以前的苛法严刑方面，做出了突出的贡献。

废除连坐法

连坐法，在秦王朝时期是一条非常严厉的刑法。一人犯罪，株连全家、全族，甚至危及街坊四邻。

汉文帝即位之后，首先大赦天下。他召集众位大臣商议说：“治理天下当然不能没有法令，法令公正，才能除暴安良。可现在为什么一个人犯了法，定了罪，要连同他的妻子、父母、子女一同逮捕起来治罪呢？这一条规定不好，请你们商议个办法给改变一下。”掌管法令的大臣们都说：“老百姓自己管不住自己，因此须用法律来约束他，一人犯罪，全家连坐，可以使全家都能重视法律，互相监督，不敢轻易犯法，古来

① 《食货志》。

如此。如果取消，怕管不住老百姓。”汉文帝说：“我认为法令公正，百姓才能忠诚。惩罚得当，百姓才能服从。如果官吏不能用公正的法律来管理百姓，只靠严刑酷治来处罚犯罪，只能导致人们的暴乱。到底改好还是不改好呢？请你们商议一下。”众位大臣见皇上坚持这样，都随声附和道：“皇上对臣民恩重如山，我们请求早日布诏，废除连坐法。”从这时候起，连坐法便取消了。

废除肉刑

肉刑，也是一种非常严酷的刑罚，它产生于奴隶制社会，主要有黥刑——脸上刺字；劓刑——割去鼻子；刖刑——砍去双脚；腐刑——破坏生殖器等。

汉文帝 13 年，齐国临淄有个人叫淳于意，做过太仓令，又会看病。有一次，他给一个大商人的太太看病，吃了药不见好，几天后商人的太太死了。大商人告他是庸医害命，当地的官吏把他判做肉刑，并把他解往京城受刑。临行之前，他叹口气说：“我有五个女儿，可就是没有儿子，真是生女不如生男，有了急难，无一个能帮上忙的。”

他的小女儿叫缇萦，听了父亲的话，执意跟往长安，要向汉文帝当面为父亲求情。到了宫门口，求见不得，只好写了一封信转上殿去。信中写道：“我叫缇萦，是太仓令淳于意的女儿。我父亲在齐国做官时，人们都夸他是个清官，现在犯了罪，应当处以肉刑，我为父亲伤心，也为所有受肉刑的人伤心，因为人死不能复活，割去了鼻子，不能再安上去，要想以后改过自新，也没办法了。我愿意入宫为奴婢，以赎父亲之罪，恳求皇上给他一个改过的机会吧！”

汉文帝看了信之后，非常感动，他不但同情小姑娘的一片孝心，也感到过去的肉刑实在太不合理。便下诏书说：“听说上古时候，给犯人穿上画有图形的衣服或颜色特殊的帽子，作为羞耻的标志，民众就不再犯法。而我们现在法律如此严格，惩处如此严厉，为何犯罪者仍然不断呢？这是由于我的德化教育不够。现在一个人犯了罪，连给他个改过的机会都没有，在他脸上刺字，毁坏他的肢体，这是多么不人道的啊！这样的刑罚不能使人改恶为善，因此，我决定废除肉刑。”

丞相张苍遵照旨意，率有关大臣立即制定了几条规定：(1)废除黥刑，改服苦役；(2)废除劓刑，改打300板子；(3)废除刖刑，改打500板子。

由于废除了这些苛法严刑，全国的犯罪率反而逐年降低了。在第一年里，全国犯重罪的案子一共才有400多起。

废除“诽谤妖言法”

在封建社会里，皇帝是至高无上的。任何人都不得做有损于皇上的事情，不能说对皇上不尊的话。汉文帝即位初年，还沿用了一条法令，叫“诽谤妖言法”，就是有关对诬蔑、批评皇帝或有意造谣中伤、扰乱人心的人治罪的一条法律。如果违反了这一律令，轻者死罪，重者灭门诛族。

汉文帝在下达废除“连坐法”、“肉刑”的同时，又下诏废除“诽谤妖言法”。他在诏书中说道：“古圣贤治理天下，朝廷专门设置进言的旌旗和诽谤的木牌，以便通达下情，了解民意。而现在的法令却规定诽谤朝廷和传播谣言的人要治罪，这谁还敢说话？朝廷大臣们不敢直直爽爽地说话，做皇帝的有了过失，怎么能听到批评？群众有怨屈不敢伸诉，有气不敢出，憋在心里会酿成大患，如果有人咒骂皇帝，官吏就认为是大逆不道，说话一不小心，又说他们有意诽谤，那简直是封了人民群众的嘴。我极不同意这一条法律，此法应立即废除。从此之后，有犯所谓诽谤妖言罪者，一律不准审理治罪，不管老百姓说什么话，各级官吏一律不准干涉。”

这么一来，上奏章的，当面劝谏皇帝的人就多了起来。有时碰到大街上有人上书，汉文帝也会停下车来，接过奏章。他说：“可以采用的就采用，不能采用的就放在一边，这有什么不好呢？”

做为封建社会皇帝的汉文帝，能够如此虚心纳谏，广开言路，实在是难能可贵之举。

值得指出的是，汉文帝在减轻刑律方面虽然做出了一定的成效，但对劳动人民来说，受压迫的程度并没有真减轻。正像有的史学家所论述的那样，文帝“表面上是反秦之弊、宽简刑政”，实际上是“不断地强化，由简而繁，由疏而密。到景帝初年，经晁错更订的律令从萧何的九章增加到三十章[①]”。再比如，他在废除黥刑、劓弄、刖刑的同时，改为责打板子，但往往没有达到规定的数目，人就被打死了。“幸而不死，不可为人”，即是说，即使有的人没被打死，也成了残废之人。连封建史学家都指出，这是“外有轻刑之名，内实杀人”。可见，封建统治阶级的法律完全是为维护本阶级利益服务的，仍然有其残忍的一面。

《治安策》与《削藩策》

《治安策》和《削藩策》，是文、景二帝为了加强汉王朝政权的巩固，而采取的两种政治措施。

汉朝初年，刘邦为了缓和统治阶级内部的矛盾，曾参照西周和战国时期的分封制度，设立了郡国并行的政治制度。很快，他发现了这些被封立的“异姓王”有“震主之威”，便立即予以剪除，接着分封刘氏家族的子弟为王，以为藩辅，防止有“孤立之败”。在晚年，他杀白马盟誓：“非刘氏而王者……天下共诛之”，企图建立稳定的刘氏统一政权。

但是，刘邦的这一希望，随着时间的推移和封建地主阶级经济状况的好转，慢慢落空了。因为当时的同姓诸王年龄还小，经济实力还比较薄弱，因此问题并不明显。到了惠帝和吕后以后，社会的经济已由凋敝逐步走向繁荣，诸侯王已由孩童成为青、壮年，各自所属的领国日益强盛起来，成为割据一方的势力。当时的齐王有 70 多个城，吴王有 50 多个城，楚王有 40 多个城，他们的势力越来越大，不少侯王依仗势力，不服从朝廷，有的甚至还觊觎帝位。这些状况严重地危及着中央集权制

① 《中国古代史》，人民出版社 1979 年版，上册 330 页。

的巩固，刘氏家族内部的诸王之间互斗，同样有可能使统一的国家出现四分五裂的局面。这是当年的刘邦所料想不及的。针对这些社会现实，很多有见解的政治家和士人都提出了一系列的解决措施。

《治安策》，是景帝时的政论家贾谊提出来的。他在《治安策》中指出：现在的中央君王同诸侯王之间的关系，就像一个人得了肿胀病，一条腿肿得和腰一样粗，一个脚趾肿得和脚一样粗，如不抓紧治疗，“必为痼疾”。他说：“欲天下之治安，莫若众建诸侯而少其力”。就是说，要想使天下安定，不如多分封侯王，将大国分成小国，以削弱其力量。侯王多而力量弱，则易治；侯王少而力量强，则难治。这是一种将大化小、少分多、强化弱的策略。这同物以稀为贵、多而贱一个道理。汉文帝开初很重视贾谊的建议，但他感到这种政策有可能引起众诸侯的骚动和不安，搞不好会引起大乱，因此迟迟不决。直到后来形势更加严峻了，他才下令将齐国分为 6 个小国，立齐王刘肥的 6 个儿子分别为王。又把淮南王国分为 3 个小王国，立淮南王的 3 个儿子分别为王。

《削藩策》，是景帝时御史大夫晁错提出来的。到了景帝时，中央和诸侯王国之间的矛盾更加尖锐，不少侯王都有自立为帝之心。如吴王刘濞，辖 50 多个城，不但私自开铜山铸钱，烧海水煮盐，而且还招收了一些亡命之徒，赶造兵器，准备谋反。晁错向景帝建议：诸侯封地殷实，多有反心，可借诸侯王犯错误之机，削减他们的封地。如不及早动手削减他们的封地，将来就没有办法对付他们了。

汉景帝虽有削藩之心，但又不敢动手。他说：“削去他们的封地，是再好没有的事情，可就怕他们造反。”晁错指出：“今削之亦反，不削之亦反；削之，其反亟，祸小；不削，反迟，祸大。”就是说，现在你削藩，他们要反；不削藩，他们也要反。削了，他们反得快，造成的危害小；不削，他们反得慢，造成的祸害大。汉景帝采纳了这个建议，于公元前 154 年，开始动手削藩。

首先削的是楚王刘戊的东海郡，理由是刘戊荒淫无度，在前不久太皇太后下葬的时候，他还跟宫女们胡闹。接着是胶西王刘印，因其接受贿赂，私自卖官鬻爵，汉景帝就削去了他的 6 个县。还有赵王刘遂，也因犯有过失，被削去常山郡。

正当晁错和汉景帝商议，准备削吴王刘濞封地的时候，蓄谋已久的吴王，乘机串通楚、赵、胶西、胶东、菑川、济南 6 个国的诸侯王，联合发动叛乱，史称“七国之乱”。刘濞发兵 20 万，号称 50 万，用“请诛晁错，以清君侧”的名义，举兵西进。叛军顺利地打到今河南东部。刘濞鼓动将士们说：“我今年 62 岁了，我的小儿子刘驹才 14 岁，也在队伍里。全军将士，老不过我，小不过刘驹，请各位有进无退，将来都有重赏。”对来势凶猛的叛军，汉景帝非常惶恐。他听信了袁盎的谗言，捕杀了晁错，乞求刘濞退兵。刘濞不仅不退兵，还公开声言要夺取皇位。到这个时候，汉景帝才感到问题的严重性，不以武力镇压，不可能平息叛乱。因此，他命令太尉周亚夫与大将军窦婴率兵镇压。经过 3 个月的征战，叛军大败。刘濞逃往东越，被东越王所杀。其余 6 王皆自杀。7 国叛乱全被平息，随之，7 国全被废除。

七国之乱被平息之后，汉景帝立即着手改组诸侯国的统治机构，下令取消诸侯王的治民之权，封国只供“衣食租税”。各王国的官职一律降低等级，改王国内的丞相为相，掌王国政事，内史治民，和一般郡太守平级，直接听命于中央。取消王国内的御史大夫、廷尉等官，重要官员都由中央任命。这样，诸侯王国虽然仍存在，但已同郡相同，没有什么特权。在此之后，王国的主要官吏的级别又一再降格，汉元帝时，“令诸侯相位在郡守下”。至成帝时，又取消了内史一职，由相治民。诸侯王国除了还有一个无权干涉政事的诸侯王之外，其他方面与一般的郡完全一样。

七国之乱的平定和诸侯王权力的削弱，有力地打击了分封割据的落后势力。从制度上，基本解决了刘邦封立诸侯王时所产生的弊病，进一步加强了中央集权制度。

汉武帝刘彻

——安邦兴国　勇拓汉疆

在中国封建社会的历史画卷中，有一个非常光辉灿烂的篇章——汉武帝时期。

这个时期，是大汉帝国的鼎盛时期。她的政治空前稳定，经济空前繁荣，疆域空前辽阔，政权空前巩固，她使一大批风流人物脱颖而出，永垂青史，如大经学家、政论家董仲舒，大史学家司马迁，大文学家司马相如，大农学家赵过，大探险家张骞，大音乐家李延年等……人才济济，犹如璀灿的群星，映照在中华民族的历史长河中。她确立了以汉民族为主体的、统一的、多民族的国家，使我国最大的民族叫汉族，主要的语言叫汉语，主要的文字叫汉字……她用自己空前的伟业，向全世界宣告：中华民族有着高度的智慧和杰出的文明。而所有这一切空前的成就，都不能不使人想起曾领导大汉帝国人民和官吏创造这一光辉历史的汉武帝。

“秦皇汉武，略输文采”，毛泽东同志把汉武帝看成与秦始皇齐名的杰出帝王。汉武帝刘彻，是汉景帝刘启的儿子，他在位 54 年，占整个西汉王朝四分之一的时间。他即位之初，西汉王朝在文帝、景帝的治理下，经过几十年的“休养生息”，已出现了少有的盛世。但是，雄才大略的汉武帝，并没有躺在前辈创造的安乐窝里，享受荣华富贵，他清醒地看到：在政治上，诸侯王的权力虽然已被削弱，但他们仍然有着一定的政治势力，统一政权分裂的危险性依然存在；在农业经济上，虽然有了明显的好转，但土地兼并、商人渔利依然非常严重，财政危机仍有可能发生；国力虽已鼎盛，但“北边未安”，匈奴时时入侵，边疆战事不停……所有这些，都促使汉武帝决心在“文景盛世”的基础上，不断进取，安邦兴国，去开创“文治武功”的宏伟事业。

加强中央集权的政治策略

实行《推恩令》　再削诸侯势力

“七国之乱”被平息之后，各诸侯王国的势力大大削弱了。但这些皇子皇孙们，仍然有着特殊的地位，他们常常有恃无恐，不法天下。更有一些别有用心的人从中挑拨离间，煽动各侯王的不满情绪。特别是各侯王政治权力被削弱后，依然可在封国内收取“衣食租税”，还有着雄厚的经济力量。大量的租税被各侯王分食，而中央的经济力量显得薄弱。汉武帝时时都想彻底剥夺这些侯王们的势力，但无奈“刘氏为王”是祖上的遗训，强行废除，有可能引起天下大乱。怎样才能找一个稳妥的办法，彻底解决诸侯王的问题呢？

公元前 127 年，一个叫主父偃的人，向汉武帝上《推恩》之策。他说：“古时候虽然分封诸侯，但封地很小，只有百里左右，天子容易控制他们。而今天的诸侯国，往往城池数十个，范围几千里，皇上对他们宽和，他们就骄奢淫乱；对他们严厉，他们就会联合起来反抗；如果采用强硬手段‘削藩’，诸侯会联合起来反叛。景帝时晁错的建议就是先例。如今，每个诸侯王都有十几个儿子，而只有其中的嫡长子才有继承权，其他子弟虽然也是诸侯王的骨肉，却分不到一尺封地。臣建议陛下：诏令全国诸侯王，允许他们把土地分封给所有的子弟，恩泽所有子弟，谓之‘推恩’。这样，诸侯们高兴，子孙都有封地，其子孙们也高兴。‘人人喜得所愿’，从上到下都会对陛下感恩不尽的。实际上，这是分解了各诸侯国的势力。诸侯王国越分越小，不用几代，最后都将成为平民百姓。”

汉武帝非常欣赏主父偃的这一策略，在接到这一上书后的一个月，立即向全国庄严地颁布了《推恩令》，命令各诸侯王在各自的封国内分封其子弟为“列侯”，由皇帝给予名号。各诸侯王接到《推恩令》，有的高兴，也有的心里不赞成，但又提不出反对的理由，只得按令执行。后来，淮南王刘安和衡山王刘赐又“招结宾客”，暗造兵器，阴谋反叛。汉武帝立即下令，逮捕二王，二王皆自杀，两国也被降格为郡，由中央直接管辖。

实行《推恩令》削弱诸侯力量，需要几代人、几十年的时间才能见效。汉武帝急于求成，不断地寻找机会，惩治诸侯，根除分裂势力。机会终于来了，这就是有名的“酎金事件”。

“酎”，是一种在每年正月酿造，到 8 月饮用的醇酒。按汉朝的制度，皇帝每年 8 月要到宗庙主持大祭，叫做“饮酎”。饮酎时，所有参加祭祀的诸侯王，都要奉献助祭的黄金，称为“酎金”。酎金的数量按各侯王国人口的多少计算。不少侯王在每年奉献酎金的时候，偷工减料，以次充好，以少充多。公元前 112 年 8 月，祭祀时又有不少侯王像往年那样投机取巧。汉武帝早有准备，立即抓住这一时机，叫少府官吏测定每个侯王酎金的成色和数量，发现不少侯王有弄虚作假的行为。汉代是以“孝治天下”的时代，对祖宗祭祀不诚，是最大的不孝。汉武帝抓住这点不放，立即宣布：106 个侯王，因“献黄金酎祭宗庙不如法”，被剥夺爵位。

这是非常漂亮的一仗，一次解决了 106 个侯王。此后，汉武帝又逐步以“绝嗣无后除国”、“犯罪除国”等口实，消除了其他诸侯的王位。从此，诸侯王国一蹶不振，它们的存在也仅仅成为一种形式。汉武帝在解决诸侯“拥土自雄”方面，手段确实比文、景二帝高明不少。

建立“中朝” 削弱丞相权力

“中朝”，亦称“内朝”，它是由皇帝身边的较低级的官吏和侍从人员组成的决策机构。

丞相，是秦代设置的官职，素有“一人之下，万人之上”之称，权倾朝野。所有国家大事，如制定法律，升降处置百官等，丞相都有决定大权，甚至有权斩杀其他官吏。汉武帝对这一状况十分不满。他为了独揽中央大权，决定采取措施，削弱丞相的权力，建立一个完全能属于自己控制的行政机构。

汉朝时期，皇帝在宫廷内接见大臣，处理国政，称为“内廷”。宫廷之外的事由丞相掌握，称为“外廷”。在内廷中任职的一般都是些较为低级的官吏，他们是皇帝身边的办事人员。汉武帝为了削弱外廷大权，就开始重用“内廷”人员。这样，内廷中的尚书令就显得日益重要起来。尚书令原是少府的属下，只为皇帝管奏章文书。此时，大臣们的奏章不经尚书令，便不能送到皇帝手中。中书令由宦官担任，原来只是侍候皇帝生活起居的，现在可以传达皇帝的口谕，丞相不听到中书令的传告，便不能面见皇帝。汉武帝又选了一些贤良、文学，如严助、主父偃等人，加以侍中、给侍中、常侍等头衔，出入宫廷，与尚书令共议军国大事，组成“中朝”。从此之后，内廷的权力日益加大，而以丞相为首的外廷的权力却被削弱了。汉武帝还有意让儒生出任丞相一职，这些儒生大都无政治头脑，只会唯唯喏喏，唯命是从，而这正是汉武帝所希望的。后来，丞相府亦形同虚设，成为败屋，最后竟变成马厩、车库和奴婢居室。一切文书、奏章、政令，都由内廷的尚书、侍中、中书等官吏掌握。“中朝”的官吏们，可以代表皇帝发号施令，可以同皇帝共商国事，可以弹劾大臣。而汉武帝正是通过“中朝”，独揽朝政大权，亲自过问一切。

据说，汉武帝时期的丞相，不但没有实权，而且居相位者，大都胆颤心惊，搞不好还会掉了脑袋。汉武帝在位时前后共用了 12 个丞相，其中 3 人被免职，2 人获罪自杀，4 人下狱处死。可以想象，汉武帝手下的丞相有哪个敢不听皇上的?

设置“刺史” 加强监察制度

秦朝时，每郡设置监察御史一人，以监察地方，西汉初年废除。到了汉武帝时期，随着经济的繁荣和政治的稳定，全国各地出现了一批官僚、豪强、大族，他们肆意侵吞土地，盘剥贫民，互相勾结，横行乡里，使汉王朝的许多政令得不到推行。为了限制地方官吏的权力，监督他们的行为，整顿地方秩序，汉武帝开始加强监察制度。

公元前 106 年，汉武帝把全国分为 13 个州部，即：豫、冀、徐、青、荆、扬、益、凉、并、幽、兖、朔方、交趾，也就是 13 个监察区。每个州部设部刺史 1 人，负责监察地方。部刺史的官职不高，但他们“官小而权重”，可以代表皇帝监察 13 州的二千石大官，乃至诸侯、郡守。刺史的主要职责有 6 问：

1. 地方上的强宗豪族所占田地住宅超过规定，以强凌弱，借众欺寡者，可问；

2. 二千石大官如果不遵照皇帝诏书和国家典章制度，损害民众利益以满足私欲，侵犯百姓，聚敛作奸者，可问；

3. 身为二千石大官，不认真审理有疑难的案件，草菅人命，凭自己喜怒胡乱施刑，伤害百姓，或者发生了灾情却谎报吉祥的，可问；

4. 二千石大官在选拔人才时营私舞弊，任人唯亲，排除异己，重用坏人者，可问；

5. 官吏子弟依仗老子职权，在地方上横行不法，犯了罪又包庇下来的，可问；

6. 地方官吏不尽心守职，反而同当地豪强勾结、收取贿赂、贪赃枉法的，可问。

刺史们分赴各州之后，向当地官吏宣布皇帝的诏书。“六可问”矛头直指二千石大官和不法豪强，使那些平时趾高气扬、凶如恶煞的地方官吏及其纨绔子弟都惴惴不安。部刺吏平时搜集不法奸吏作奸犯科的实据之后，随即向皇帝汇报。汉武帝就又任命一批执法苛严的“酷吏”，担任地方长吏，狠狠打击不法官吏和豪强地主。如王温舒任河内太守时，审讯郡中豪强，把这些盘根错节的豪族，连根锄掉，共株连千余家，“大者至族，小者乃死”，家产没收，使河内治安大有好转，“郡中无犬吠之盗”。再如杜周，他在审理一个人的案件时，运用酷刑，在监狱中关押了六七万人，这些入狱的犯人，几乎没有平安回去的。类似这样的酷吏还有张汤、义纵等人。

监察制度的加强，铲除了一些危害汉帝国政权稳定的不利因素，一定程度上改变了当时的官场陋习，稳定了社会秩序，巩固了中央集权制。

加强财经控制的措施

汉武帝即位时，国家已十分富庶。后来，由于汉武帝连年用兵，抗击匈奴，开拓疆土，加上宫廷挥霍，很快就把几十年来国库的积蓄几乎用光了，加上一些地方出现旱灾，地方财政收入大部分不上缴中央，更加剧了国家的财政困难。“赋税既竭，不足以奉战士”。为了摆脱这种困境，汉武帝在张汤、桑弘羊等人的协助下，采取了一系列的经济改革措施，如统一制币权，盐铁专卖，平准均输、告缗等，把地方控制的大部分财政和一些富商豪族攫取的财富又集中到了中央。

统一制币权

西汉前期，货币流通非常混乱，一是制币的权力分散，各郡县诸侯王国和一些私商可以自由铸钱，同一种货币的大小、轻重、规格以及质料极不相同。二是币制很不稳定，经常改变，如刘邦时用荚钱，高后时又用八铢钱，文帝时用四铢钱，武帝初用三铢钱，后又改用半两钱。如此混乱的货币，对中央垄断财经大权，促进商品交换，带来了很大困难。汉武帝决心在统一货币上采取措施。

首先，他决定由中央制造发行一种“皮币”，即用宫苑中训养的白鹿皮制造的。鹿皮数量有限，不能多造，伪造也很困难，每张皮币值钱40万。这是非常谨慎的一步，因为如果一下停止各郡县、诸侯私铸货币，有可能引起国家混乱。发行皮币，回笼了相当一部分流行于市场的各种货币，也是中央收回制币权的第一步。与此同时，武帝还制造了一种银币，也是面值很大。皮币、银币的面值很大，不易在平民中流通。而各地诸侯富豪却手中有钱，大都愿意换取这两种货币，这就使他们手中的相当一部分财富收归了中央。而原先那些三铢、四铢、五铢钱等，由于面值小，照样在民众中流通，并不影响下层贫民的经济收入和货币使用。

其次，逐步收回铸币大权。公元前120年，汉武帝下令销毁四铢钱，改用三铢钱。三铢钱流通一年多之后，又下令改用四铢钱，销毁三铢钱。不久，又下令停用四铢钱，统一用五铢钱。这样几次反反复复，不少郡县、诸侯、豪强感到铸币困难，同时，不断销毁旧币，使流行的铢钱，变成皮币、银币归流中央。到了公元前113年，汉武帝立即下令，禁止郡国和私人铸钱，由上林三官（钟官、技巧、辨铜）铸造五铢钱，作为法定货币，通行于全国，“天下非三官钱不得行”。以前流行的各种货币全部收回、销毁，上交上林三官。汉武帝还下令，今后由统一部门专门审查钱币的成色、轻重、式样，如发现再有私自铸钱的，一律处死。这样，汉武帝终于把制币大权收归中央，使货币统一起来。这对中央垄断经济大权走出了关键性的一步。

汉武帝时期铸造的五铢钱，由于质料精、工艺高、携带方便、不易伪造，成为历代帝王使用的统一货币，直到1920年前后，生命力长达2000多年。

盐铁专营

盐和铁，在中国古代都是十分重要的生活原料。没有盐吃，人就没有力气，不能进行劳动生产，没有铁，就不能制造生产工具和兵器。在自然科学不十分发达的古代，盐铁的生产并非易事。因此，谁掌握了盐铁的生产和流通，谁就能获大利、致大富，在很大程度上控制了社会生产的发展和财政经济大权。西汉前期，盐铁生产实行自由承包政策，国家向承包者征租。由于没有统一管理，使不少富商“冶铸煮盐，财或累计万金，而不佐公家之急，黎民重困，”①因此，汉武帝决定强收盐铁，

---

①《汉书·食货志》。

归国家垄断经营。

善用人才的汉武帝，在盐铁问题上重用了3个人。第一个是桑弘羊，此人从小经商，祖上皆是商人，很有一套经商理财的办法。第二个是大盐贩子东郭咸阳，第三个是大冶铁商孔仪。由这3个精通专业的巨商来管理盐铁经营，那一般的盐铁商人自然都不是他们的对手。汉武帝在此时，已完全废除了汉高祖刘邦当年规定的“商贾及其子孙不得为官吏”的规定，给这三个巨商相当高的职位，来执行他的盐铁专卖措施。在全国各郡国和县之中，都设置盐官和铁官，负责所在地方的盐铁专卖。而这些地方的盐、铁官，也大多是当地的盐铁商人中的大户。从上到下，都是精通盐铁业务的专家。

为了更好地推行盐铁专营的政策，汉武帝规定：煮盐、冶铁及其贩卖，全部收归官府，不允许任何私人经营，盐民由盐官统一管理，不准私置煮盐设备，盐生产出来之后，由官府按国家规定的价格收购，运销全国各地。不产盐的地方，由国家调拨，并由所在地的盐官负责去卖。冶铁也同样如此。为了严禁私自煮盐和冶铁，汉武帝制定了非常严厉的惩治法律：“敢私铸铁器煮盐者，砍掉左趾，没收其器物”①，如有严重者，将腰斩诛族。全国各地的盐铁官吏，必须尽心守职，不得投机取利，如有违者，同样受到严惩。这一些都有效地保证了盐铁专营政策的执行。

由于实行了盐铁专营，使国家财政收入巨丰，国库充盈。用桑弘羊自己的话来说：盐铁官营后，政府增加收入达亿万之费，当时的“外事四夷，内事兴作”，全仰“盐铁之福也”。

算缗与告缗

算缗（mín民）就是征收财产税。缗，指用绳子串起来的铜钱，一千钱一串，称为一缗，也叫“一串钱”。

汉武帝在公元前119年实行算缗政策，令商贾、手工业者、高利贷者，

① 《史记·平准书》。

都向官府自报资产价值,每值2000钱,纳税一算(120钱),每值4000的,纳税两算,这叫“算缗”。又规定隐瞒不报或者报而不实者,一经查实,则没收全部财产,强迫戍边一年。算缗令下达之后,不少富豪大家,都隐瞒财产,不实具报。算缗之策没有能收到应有的效果,偷税逃税现象十分严重。汉武帝知道后大怒,在下达“算缗令”两年之后,又下达“告缗令”。

告缗,就是揭发那些偷税逃税者。汉武帝在“告缗令”中规定,凡“民告缗者以其半与之”。就是说,凡是揭发情况属实的,可得到被告者全部财产的二分之一,并由扬可主持告缗之事,鼓励揭发。这样一来,告缗之风遍及全国。《史记·平准书》曰:“扬可告缗遍天下,中家以上者大抵皆遇告”。凡是中产人家,只要被人告发并经查实者,立刻被捕入狱。汉武帝时的法律是十分严厉的,特别是他任用了张汤、杜周等一帮酷吏。据说,当时全国各地的监狱中,关满了那些偷税逃税的商人、富豪,他们蓬头垢面,神情沮丧,在酷吏的严刑面前,他们几乎没有能平安回去的。酷吏们用严刑逼供,这些被关押的人又互相揭发,一个案件往往可以牵连几十人、几百人,一个案件审理结束,就可以收缴巨额的钱财。《史记·平淮书》中记载说,国家没收的“财物以亿计,奴婢以千万数,田大县数百顷,小县百余顷,宅亦如之,于是商贾中家以上大率破”。汉武帝用没收的大量田地,分人耕种,没收的奴婢,分到诸苑养马狗禽兽,或从事手工操作。当时分到长安的奴婢就达10万多人。国库中充满了没收的钱财。在“告缗”之风的冲击下,商人下狱、破产,告缗者发了财,国家得到了大量的财物。这是汉武帝尤为欣赏的高明之策。

实际上,汉武帝的“算缗”与“告缗”,是对汉高祖“重农抑商”政策在新条件下的运用和发展。在他看来,商人们拥有大量资财,损害了广大农民的利益,控制了国家相当一部分经济实力,必须采取措施,从政治上、经济上打击商人。这样,既可以保证农业生产的发展,又可以解决国库空虚的困境。当然,他的打击商人的措施并不像刘邦那样,采用赤裸裸的方式,而是采取了依法执法的手段,特别是重奖动员广大民众，打击一小部分巨富商贾，这确是汉武帝高明的地方。

加强思想文化统治的策略

汉武帝在政治、经济上加强统一的同时，在思想文化方面也采取了一些必要的措施，以维护中央集权。这就是人所共知的“罢黜百家，独尊儒术”的方针，用儒家的思想来统一天下。正是从汉武帝之后，历代的封建帝王都把儒家思想确立为统治社会的正统思想。

儒家的思想，在汉武帝之前并不十分吃香，特别是秦始皇的“焚书坑儒”，使儒家思想遭到沉重打击。汉高祖刘邦出身平民，从来没有读过儒家的书，也很讨厌儒生。据说，他刚起义时，有个儒生戴着儒冠去见他，他一把抓下儒生的帽子，撒一泡尿在里边，以示对儒生的侮辱。到了文、景二帝时期，他们一方面不赞成秦始皇一概排斥儒家的做法，但对儒家的一些观点也并不十分赞同。在这样一种矛盾交织之中，他们采用了黄老学说，提倡“清静无为”，使社会“寂然若无声，官府若无吏，亭落若无民，闾里不讼于巷，老幼不愁于亭，近者无所议，远者无所听……犬不夜吠，鸟不夜鸣，老者息于堂，丁壮者耕耘于田，在朝者忠于君，在家者孝于亲”。汉初采用这种思想做为巩固统一的指导思想，是因为经过多年战争，国家经济困难，人民需要生息，社会需要安定，秦始皇任用法家的那一套显然不行了，而老庄的“小国寡民”、“无为而治”的思想受到了尊崇。君臣无所争，民众无所求，只是进行休养生息就可以了。汉代经过了70多年的恢复，果然社会安定，经济繁荣，出现了少有的盛世。但是，“七国之乱”使皇权受到冲击，巨商富豪，横行乡里，广大人民群众依然生活非常困苦，反抗斗争时有发生。所有这些，都极大地影响了封建政权的巩固，社会已不再“清静”，“无为”显然已不可再“治”，因此，就急需一种新的思想来代替黄老之术。

儒家学派和儒家思想受到秦始皇的沉重打击之后，为了适应社会，以求生存，也不断吸取法家、道家、阴阳家等学派的思想，经过几十年的融汇、发展，使它成为含有政治、哲学、文采、教育、伦理等内容丰富、包罗万象的一门学科。它以仁政为核心，宣扬君权神授，天子至上，鼓吹纲常名教，天命鬼神，而这一切，在维护皇权，统治人民方面，都是其他学派所不可相比的。董仲舒就是这一时期儒家思想的集大成者，他制定的一整套思想体系，为汉武帝加强思想文化统治，起到了十分重要的作用。汉武帝极力推崇董仲舒的一系列思想。

第一，宣扬君权神授，皇权至上。

董仲舒认为，要巩固封建大统的专制统治，就必须给“皇权”以绝对的权威。为此，他提出了“君权神授”的思想。

在自然科学不发达的古代，“天”在人们的心目中是一个至高无上的权威，被称之为“神”。董仲舒把“君权”与“神权”结合起来，创造了一个庞大的神学体系。他说：“唯天子受命于天，天下受命于天子”，“春秋之法以人随君，以君随天”①。在董仲舒看来，“天”是最尊贵的，至高无上的，“天”受于君主的权力，自然也应该是尊贵的，至高无上的。他还说：“人主立于生杀之位，与天共持变化之势”，“天地人主一也”。甚至还在一个“王”字上大做文章，说：“古之造文者，三画而连其中谓之王。……取天地与人之中，以为贯而参通之，非王者孰能当”②。

为了使人对天命不容怀疑，他还提出了“天人感应”的观点，认为人是天的副本，人的模样与天一样。从形体上说，天有时数，人有骨节；天有五行，人有五脏；天有四时，人有四肢；天有昼夜，人有醒眠；天有寒暑，人有喜怒；天有暖清，人有好恶……人是由天创造出来，要人来实现天的意志的。因此，人的行为必须合乎天意。否则，天就会动怒，降临灾难，使人受到惩罚。君主是受命于天，来管理民众的，他行使的一切权力，都是天的意志。这些任意编造出来的胡言乱语，现在看来十分荒谬，但在当时的董仲舒，就是采用这种方式来抬高皇权，使老百姓

---

① 《汉书·董仲舒》。

② 《王道三通》。

对皇权望而生畏，服服贴贴地受封建帝王的统治。如他在《春秋繁露·王道》中说："有天子在，诸侯不得专地，不得专封，不得专执……不得致天子之赋，不得致天子之贵。"这对于极力想提高皇帝绝对权威的汉武帝来说，当然是再好不过的思想武器了。

第二，提倡仁政，麻痹人民。

儒家反对用严刑对待人民，反对法家"任刑不尚德"的思想。董仲舒认为秦王朝行申不害、商鞅、韩非的法制，刑罚苛重，造成上下严重对立，贫富极端悬殊，因此是短命的。他提倡"薄赋敛，省徭役，以宽民力"。"天"是"仁爱"的，君主上法于天，政当以"德化为本"，故应"任德不任刑"。董仲舒的这一观点，对于缓和阶级矛盾，麻痹人民群众，起到了法家思想所不能起的作用。

其实，董仲舒主张"德治"的同时，并不是不要法治，不要刑律，只不过不像法家那样骨露而已，他使法治涂上了一层神秘的色彩。如他说："天道之大者在阴阳，阳为德，阴为刑，刑主杀而德主生。是故阳常居大夏而以生育养长为事，阴常居大冬而积于虚空不用之处。以此见天之任德不任刑也。"①董仲舒把阴阳看成是"天"的两种属性，德、仁爱、生育等是天"阳"的性质的表现，刑、杀等是天"阴"的性质的表现。天有阴阳，君主自然也执掌阴阳，即一方面是仁政，另一方面是刑法。这是运用德治和法治两种手段来统治劳动人民，比赤裸裸的严刑酷治更加狡猾罢了。

第三，罢黜百家，独尊儒术。

董仲舒为了适应大一统的封建专制统治的要求，在向汉武帝提供的《决策》中提出了统一思想的重要性。他认为，要保持大一统的局面，必须有一个统一的思想，只有思想上统一，才可以做到"邪辟之说灭息，然后统纪可一，而法度可明，民知所从矣"。百家各言其说，会使人心涣散，各行其道，"师异道，人异论，百家殊方"，决不利于政治上的统一。为

---

① 《汉书·董仲舒传》。

了思想上统一，他向汉武帝建议，“诸不在六艺之科，孔子之术者，皆绝其道，勿使并进”，即对于不符合儒家思想的各种思想，都宣布为非法，不能使其存在，“罢黜百家、独尊儒术，”使儒家思想成为唯一的正统思想。

由于儒家思想有前述的两大优点，汉武帝完全接受董仲舒的建议，罢黜百家，独尊儒术。于公元前 124 年，兴办了我国历史上第一个正式大学——太学，这所大学全用儒家的五经做为教材，聘请名儒担任教师，开始为汉王朝培养人才。到西汉末年，在校学生达 1 万人，东汉末年，增至 3 万人。除了中央兴办大学之外，汉武帝还提倡在各郡、县、诸侯国举办地方学校。这一批又一批用儒家思想培养出来的学生，成为封建专制主义中央集权制最得力的拥护者。

从上可以看出，汉武帝为了维护自己的一统天下，巩固中央集权制，在思想文化方面，采取了一系列有效措施。特别是他“罢黜百家、独尊儒术”的做法，为后来历代的封建帝王所采用。中国的封建社会长达 2000 多年之久，与思想上的“独尊儒术”是有着重要的、密切关系的。

抗击匈奴　开拓汉疆

只要我们到祖国的大西北去看一看，穿过 800 里秦川，走过河西走廊，巡游天山南北，到处都可以看到汉代的古迹。这都不能不使人想起当年汉武帝抗击匈奴，开拓汉疆，为创立我们这个统一的、多民族的国家所立下的丰功伟绩。

汉武帝以其“武功”名闻天下。在其“武功”中最显赫的成绩是抗击匈奴。匈奴民族游牧于中国北方，自战国以来不断南下骚扰。秦始皇虽然曾把匈奴人从河套、阴山一带赶走，并且修建了万里长城，但汉朝初年，匈奴又占领了这些地区。东起辽东，西到陇西的漫长北部边境，不断受到侵扰，严重地破坏和影响了中原地区社会的安定和经济的发展。汉高祖曾前往亲征，不幸被匈奴围困了 7 天 7 夜，差点送命。汉高祖执政和文、景二帝时，都采取息事宁人的“和亲”政策，下嫁公主，赠送财物，但仍然不能换取北疆的平静。雄才大略的汉武帝执掌朝政以后，决心根除这一心腹大患。他在公元前 123 年的诏书中说：“今中国一统，而北边未安，朕甚悼之。”在经过充分准备之后，便有计划地开始了对匈奴的反击战。

著名的大战共有 3 次。第一次在公元前 127 年，匈奴出兵两万，入侵上谷、渔阳，杀辽西太守，掠吏民千余人。汉武帝命卫青、李息率 3 万余骑，出兵抗击。结果大破匈奴，一举收复沦陷多年的河套地区，随即设置朔方、五原郡，又从内地迁民 10 万余人，边务农、边守卫，不仅解除了对京城长安的威胁，同时又成为出击匈奴的根据地。6 年之后，汉武帝派大将霍去病率数万骑北击匈奴，出陇西、北地，纵深达 2000 余里，夺得祁连山和河西走廊，并在此设置了张掖、酒泉、敦煌等郡，甘肃全境正式成为汉朝版图的一部分，河西走廊得到有计划的开发和建设。武帝下令大量移民，在这里修整水利，发展生产，建设起一条富饶的河西走廊。因而不仅断了匈奴的右臂，更重要的是打通了通往西域的道路，形成了沟通古代欧亚交通著名的“丝绸之路”。匈奴败退之后，曾编了一首怀恋河西的歌曲，词曰：“亡我祁连山，使我六畜不蕃息，失我焉支山，使我妇女无颜色。”第三次大战在公元前 119 年，汉武帝命卫青出定襄，霍去病出代郡，各带骑兵 5 万，步兵数十万，马匹 14 万，粮食辎重不计其数。汉军一往无前，奋力追杀，一直打到翰海（今苏联境内的西伯利亚贝加尔湖）。匈奴伤亡达八、九万余人，经过这次打击，匈奴一蹶不振，再也没有力量南下骚扰了。从此，匈奴北徙漠北。在整个北疆防线上，汉武帝不仅修整了秦代长城，而且又在阴山一带修筑了不少防御工事，又以 60 万吏卒屯田，加强了对北疆的防守，解除了汉武帝的心腹大患。

在击败匈奴之后，汉武帝又完成了对南方、东南方的统一。秦始皇统一了南方之后，很快又在那些地方出现了几个越族政权，自立为王，割据一方，这就是东瓯、闽越和南越。公元前 112 年，汉武帝出兵 10 万征战，首先消灭了南越割据政权，设置了交趾、日南、合浦等 9 郡。

接着又灭了闽越政权，东瓯在强大的汉军面前，主动要求归顺，汉武帝随即把东越人迁移至江淮之间，与汉人杂居。从此之后，东南半壁江山与内地完全打成了一片。

在云、贵、川一带，当时居住着许多语言、风俗不同的少数民族，历史上称之为“西南夷”。他们各立君长，有数十个部落，其中也有较大的，如贵州的夜郎，云南的滇，四川的邛都等。他们早就与内地人民有所来往，但由于道路不便，“秦时尝破，略通五尺道”。可秦灭之后，这些地方又失去了同内地联系，汉初又没有精力对这些地方进行开发。汉武帝即位之后，命人凿石开山，修筑了一条长达2000余里的山道，沟通同那里的联系，后又派司马相如出使西南，在那里“置一都尉，十余县，属蜀”，把西南也整个纳入了汉朝的版图。

汉武帝是封建社会中一位杰出的君王，也是华夏子孙中最为优秀的一位。他安邦兴国，勇拓汉疆的巨大功绩，为历代人们所赞叹。毛泽东同志把“秦皇”和“汉武”联在一起，其实，秦始皇做过的事情，汉武帝都做到了，秦始皇没有做到或者没有做完的事情，汉武帝也做到了。尤其是他对于统一的多民族的国家的建设和巩固所做的贡献，是永远值得后世子孙称道的。

汉光武帝刘秀

——柔术治国　中兴汉朝

汉代有一个充满迷信色彩却又耐人寻味的传说：汉高祖刘邦当年起兵反秦时，有一条白蟒蛇挡住了去路，刘邦让白蟒让路，不然就斩断它。白蟒蛇拒不让路，说："你敢斩我的头，我就闹你的头；你敢斩我的尾，我就闹你的尾。"刘邦大怒，不斩蛇头，也不斩蛇尾，举剑将白蟒蛇拦腰斩断。这条蟒蛇后来转世来到人间，就是王莽。"莽"和"蟒"同音。王莽果然闹了汉王朝的中间，建立了一个为时 17 年的新朝——王莽新朝，使 400 多年的汉朝分为两段——前汉（西汉）和后汉（东汉）。

王莽是采用伪善和欺骗手段登上皇位的。西汉末年，朝政腐败，民不聊生，各种社会矛盾处于激烈冲突之中。王莽登上帝位之后，立即大刀阔斧地进行了一系列的社会改革，史称"王莽改制"。但可悲的是，王莽从小受到儒学熏陶，完全用天人感应、谶讳迷信、宗教神学做为立国改制的指导思想。终于，全面改革引起了社会矛盾的全面激化。公元 17 年，以铜马、绿林、赤眉为代表的农民起义在全国爆发。在这种情况下，地主阶级中的一部分人和豪强列霸，也乘机聚兵起事，攻城掠地，大闹天下，全国又处于一片互相残杀的混乱之中。

国家分裂，民族残杀。处于这一境地的人民，又开始怀念当年汉高祖刘邦创立的汉室天下。就在这时，汉高祖的第八世孙刘秀，打出“复高祖之业”的旗帜，举兵反莽。他在绿林、赤眉等农民起义的基础上，依靠地主阶级的“功臣”、“良将”们，抗击群雄，终于推翻了王莽新政，于公元 25 年，建立了以洛阳为政治中心的东汉王朝，刘秀成为东汉王朝的开国皇帝——汉光武帝。汉光武帝又一次消除了分裂，完成了统一祖国的伟大事业，并且以“柔术治国”，采取了适应社会发展的一系列政治、经济、文化措施，缓和了西汉末年造成的各种危机和矛盾，把乱世变为治世。在他执政不到 10 年的时间，人民安居乐业，社会秩序井然，在封建社会的历史上，又一次出现了值得称道的岁月，史称“光武中兴”。

扫平群雄　一统天下

汉光武帝即位之初，中国大地上依然群雄林立，“帝王满天下”。除了农民起义军绿林、赤眉军之外，还有更始皇帝刘玄、东方皇帝刘永、蜀中皇帝公孙述，舒城皇帝李宪、匈奴立的皇帝卢芳、燕王彭宠、齐王张步、海西王董宪、楚黎王秦丰等。这些人各据一方，自立为王，互相攻城掠地。没完没了的战争，使广大人民饱受着分裂、战乱之苦。汉光武帝即位之后，利用“人心思汉”的社会心理，打出“刘氏宗室”的牌子，搜罗人才，争取民心，用招降和用兵两手，经过长达 10 年之久的艰苦斗争，终于把这些盘踞各地的帝王一一扫除，使中国又一次走向了统一。

剪除更始皇帝

更始皇帝刘玄，原系没落贵族，本人并无什么本事，只是当时的绿林起义军为了招集民众，同王莽新政斗争，急需一个刘氏宗室子弟做为皇帝；刘玄和刘秀以及刘縯（刘秀胞兄）都是族兄弟，一些将领看到刘玄懦弱无能，并无大志，将来也易于控制，便策立刘玄为“更始皇帝”，时年为公元 23 年。据说，刘玄在举行登基仪式时，吓得战战兢兢，冷汗直流。

刘玄当了更始皇帝，大赦天下，连封数王，连宫里的厨师、火伕在内都封了爵位。当时长安的老百姓编了一首歌谣："灶下养，中郎将；烂羊胃，骑都尉；烂羊头，关内侯。"这样的皇帝仅仅是个木偶，很多绿林军的将领和各郡县的官吏根本不听他的命令。当时刘秀、刘缜弟兄俩的军队实力很强，但却被封了个不很高的官职。各路起义军都有自己一套打算，但在反对王莽新政问题上，目标是一致的。

更始元年 3 月，刘玄命刘秀率兵攻占昆阳（今河南叶县）、定陵（今河南舞阳）等地。王莽派兵 45 万，号称百万，包围昆阳，并把许多虎、豹、犀、象等猛兽带入军中，以助军威。自秦以来，这次出动的大军，规模空前，军威壮观，大有横行天下，无坚不摧之气势。而对强大敌军，汉兵人心惶惶，不少人企图弃城逃跑，刘秀站出来对兵将们说，"现在敌强我弱，若同心抗敌，或能取胜，若分散而去，必然全军覆没"。最后，刘秀派人坚守昆阳，自己带 13 名轻骑，深夜潜出城外，冒死到郾县、定陵集合各路汉军，组织了 3000 人的敢死队，猛攻围困昆阳敌军。昆阳守军也开门出击，一时王莽军队大乱，随军带来的虎、豹等猛兽四处奔窜，战场上血流成河，尸横遍野。最后王莽兵大败而逃，刘秀领导的汉军大获全胜。昆阳大战是中国历史上的著名战役。此次战役，使刘秀兄弟名声大震，同时也导致了部分起义将领对他们的嫉恨，这些人常劝刘玄除掉刘家兄弟。后来，刘缜果然被杀。刘秀知道哥哥被更始皇帝杀害，强忍悲痛，继续带兵攻击王莽军队，最后终于推翻了王莽新朝。

王莽死了之后，刘玄每日不理朝政，只知寻欢作乐，重用无能之辈。不少人见刘秀日益强盛，多次劝刘玄杀掉刘秀，刘玄迟迟下不了决心，最后派刘秀出使河北，行大司马职。刘秀到河北后，镇抚州部，巡察地方，上自郡守，下至平民，不受牛酒，广施恩惠，终于控制了河北，并登基称帝。然后，又举兵攻占邯郸、河内（今河南沁阳）、温邑（今河南温县）等地，这时，由于刘玄无能，赤眉军又立一个叫刘盆子的牛倌作为皇帝，也举兵攻打长安。刘玄左右受到攻击，最后投降了刘盆子，被改封为长沙王。

汉光武帝得知更始皇帝下台，便一鼓作气，命吴汉、冯异等 11 位将军，攻击洛阳。这时的洛阳由更始皇帝的属将朱鲔把守。由于朱鲔拼命固守，刘秀部队连攻数月，一直没有攻下。后来刘秀听说部将岑彭当年曾是朱鲔的校尉，便派他去劝降。朱鲔对岑彭说："大司徒（指刘秀胞兄刘缜）被害，我参与筹划，更始帝派肃王（指刘秀）去河北，我又阻拦过，并让除了肃王，这些罪过，我想肃王是不会原谅的，因此不敢投降。"汉光武帝得知此事，便托岑彭向朱鲔说："要干大事的人，不能计较小过，朱鲔如降，官爵不动，我可以对黄河水发誓，决不失信！"朱鲔听后，叫人用绳子把自己捆起来，到达河北（今河南孟县）汉光武帝那听候发落。光武帝见到朱鲔急忙下座，亲自解下绳索，向他表示慰问，并拜其为平狄将军，封扶沟侯。

至此，以更始皇帝刘玄为代表的一派势力，在赤眉和刘秀的攻击下，全被平息了。

瓦解赤眉军

在群雄并立的大地上，赤眉军也是一支强大的农民武装力量，严重地威胁着刘秀新建的东汉王朝。

赤眉军是一支朴实的农民武装，在推翻更始皇帝斗争中做出了巨大的贡献。但由于缺乏领导，纪律性又差，攻入长安后，又烧又抢，老百姓纷纷逃散，号称百万之众的赤眉大军，在长安城中得不到军粮，开始向秦岭终南山一带转移。行军途中，遇到大雪，冻死饿死了许多，只好又退回长安。汉光武帝派大将邓禹乘机攻击赤眉，结果遭到赤眉军的伏击，邓军大败，死伤3000多人，邓禹只带了20多名骑兵逃了回来。

汉光武帝分析了一下赤眉军的情况，他知道赤眉军打仗个个英勇，但由于兵马太多，粮食缺乏，他们不会久居长安，只有采取以逸待劳的办法，以饱待饥，步步围堵，不断分化。因此，他派冯异率兵前去执行这一任务。临行前，汉光武帝送冯异一辆马车，一口宝剑，嘱咐他说："长安一带遭兵灾，老百姓穷困到了极点。此次出征，长安敌军肯降，只要把他们的头子送到京城来就行了，士兵可以让他们回家种地、养蚕，决不要杀害士兵，再多带些粮食，到时一定能用得上。”

果然不出汉光武帝所料，长安城已到了饿死人的地步，一斤黄金只能换五升豆子。赤眉军只好东撤，到了渑池（渑，miǎn，今河南渑池西）同冯异军队相遇。冯异用计，把自己的一部分军队也装成赤眉军，扰乱赤眉军阵营，结果赤眉军大败，有8万多人困饥饿投降了汉军，还有十几万冲出了重围，他们怀着悲怆的心情，扶老携幼，挈妇带子，继续向东行进。光武帝刘秀这次亲自带兵堵截，在宜阳与赤眉军相遇。赤眉军见汉军森严壁垒，军威雄壮，自己又饥又饿，都无心作战，只好派刘氏宗室刘恭代表赤眉军，向刘秀乞降。刘秀立即命令宜阳的县令，把全县的厨师集中起来，给10多万赤眉军做菜、做饭，让他们饱餐一顿。饥饿疲乏到极点的赤眉军，受到这样的待遇，对光武帝感激不尽。第二天，刘秀在汉水边布阵，让赤眉军将领观看，并对赤眉军将领樊崇等人说：“你们投降了，后悔不后悔？如果后悔，朕可以让你们回营，重新集合军队，再行决战，朕决不强求你们投降。”樊崇吓得头也不敢抬，徐宣连连叩头，说：“归顺皇上，早有此心，今日如愿，如同婴儿见了慈母一样，只有喜欢，没有后悔的。”光武帝听后哈哈大笑。

刘秀对投降的赤眉军，没有采取残酷屠杀的政策，这是由于赤眉军对待刘氏的汉朝政权是拥护的，如他在称赞赤眉军的三大优点时曾把“能立刘氏宗室为君”做为其中之一，这样一支农民起义军，当然也会拥护他建立的汉朝政权。赤眉军——这支轰轰烈烈的农民武装，终因自己不可克服的农民阶级的局限性，被刘秀为代表的地主阶级的武装所消灭了。

满地帝王皆被平

刘秀击败主要对手之后，又开始致力于芟刈分布于全国各地的帝王。这些帝王势力并不太大，但盘踞一方，各行其是，极大地妨碍了东汉王朝的政令统一。

东边的刘永，原来被更始皇帝刘玄立为梁王，后来自称皇帝，以睢阳（今河南商丘）作为京城，占据着青州、兖州、徐州一带二十八个城，封山东的张步、苏北的董宪、庐江的李宪等人为大将军。刘秀为了解除这一威胁，于建武二年（公元 26 年）夏，命盖延率军征讨，经过整整一年的残酷战争，刘永大败，后被手下将领所杀。东方皇帝终于被灭掉了。

北方的渔阳太宗彭宠，原系刘秀部下，后反叛，自立为燕王，占据着蓟城、右北平和上谷等县，北边联络匈奴，南边联络张步，不断扩张势力。汉光武帝决心亲自征讨，后经劝说，方派朱祐、耿弇等率兵北进，结果于公元 29 年平息了彭宠，北方局势安定下来。接着，张步、董宪、李宪、匈奴立的皇帝卢芳等大大小小的"土皇帝"们也相继被灭，国内大部分地区开始稳定。但是，还有三大势力，这就是蜀中皇帝公孙述、五郡大将军窦融、西州大将军隗嚣。他们比起其他小皇帝们来说，要强大得多，大有同汉光武帝平分天下之势。汉光武帝决定采取各个击破，分而治之的策略，铲除这三大势力。

蜀中皇帝公孙述占据着益州（今四川、贵州、云南等），这里资源丰富，地势险恶，加上公孙述经营多年，势力比其他两个都大。汉光武帝决定拉拢窦融、隗嚣，先孤立公孙述。他先派人去联络隗嚣，可隗嚣打算自己做皇帝，还派人去联络窦融，劝窦融自立为王，并托使臣转告窦融："只要我们同公孙述联合起来，建成三个国家，共同去对付洛阳皇帝（指刘秀），一定能够成功！"汉光武帝得知后，立即派人给窦融送了一封信，信中说："将军目前的地位举足轻重，有人主张分割天下，像战国时期那样，各自为王，要知道，中国的土地即使可以分的话，中国的老百姓是不能分的，将军如果能从大局出发，上为国家出力，下为百姓着想，我将非常感激！"

情真意切，使窦融和他手下的将士都认为汉光武帝英明。不久，窦融率部投降，汉光武帝随即对隗嚣使用军事手段，派兵征伐。隗嚣大败而跑，于公元 31 年春病饿而死。汉军乘机收复了陇右（今甘肃六盘山以西）地区。

陇右得到以后，汉光武帝集中优势兵力，全力以赴向蜀中皇帝公孙述进攻，汉光武帝亲自带兵征讨。大将军岑彭指挥军队，连连击败公孙述的军队，夺下不少城池。公孙述现在是孤立无援，汉光武帝又命舞阳侯吴汉进攻成都，结果公孙述惨败，受重伤而死。其手下将领见汉军来势凶猛，便纷纷投降。这样，蜀中皇帝的全部势力被扫除干净。

汉光武帝从二十八岁起兵，到灭掉蜀中皇帝那一年，已经四十三岁了，十五年极为艰苦又残酷的戎马征战，芟刈群雄，扫平大大小小的“皇帝”，终于结束了豪强割据的局面，使中国又一次走向了统一。

柔术治国　中兴汉朝

光武帝虽然出身于皇族，但由于他长期生活在平民中间，使他深深体会到人民的疾苦。他分析从秦始皇以来中国的动乱原因，懂得要想把国家治理好，用残酷的刑法和大批酷吏是根本不行的，那只能是官逼民反，火上浇油。因此，光武帝采取了柔顺、缓静的统治手段，以便稳定社会秩序，巩固汉室统治。他说：“吾理天下，亦欲以柔道行之。”后又说：“柔能制刚，弱能制强，柔者德也，刚者贼也，弱者仁之助也，强者怨之归也。……苟非其时，不如息人。”①在“柔弱胜刚强”的思想指导下，他废掉王莽时代的苛而繁的律令，学习刘邦的做法，宽简天下，即所谓：“解王莽之繁密（众多的严刑苛法），还汉世之轻法”，并由此制定出一系列的政策和措施，为中兴汉朝起到了十分重要的作用。

退功臣而进文吏

东汉初年，在大规模的战争结束之后，刘秀开始建立一套能加强中央集权制的领导班子，“退功臣而进文吏”②就是其中一条重要手段。

刘秀是通过多年浴血奋战才取得政权的，在他的手下有一大批立过不少战功的将领。这些人打仗勇敢，但并不懂得如何治理国家，不少人还往往自恃功高，不听命令，不遵法纪，为所欲为，如果继续受到重用，

---

①② 《后汉书·光武帝记》（下）。

他们身居高位，有可能对东汉政权造成威胁。因此，刘秀采取稳妥方式，一方面给他们加官进爵，另一方面剥夺他们的实际权力。当平息最后一个割据势力——蜀中皇帝公孙述之后，皇太子请刘秀讲一讲关于打仗的有趣故事。刘秀用意深刻地当着众位功臣们的面对他说："古代卫灵公曾向孔子请教战阵之事，孔子不回答他，这也不是你所知道的事，以后不要再谈这些。"为了表彰功臣们的功劳，刘秀开始大封功臣，他让郎中冯勤专管此事。冯勤很精明能干，他按照功臣功劳大小，从而决定其封地大小、远近和土质肥瘠，制定了一个周密的方案。刘秀根据这个方案，一次就封了三百六十多人为列侯，给予他们崇高的地位，却解除了他们的实权。除了大将李通、邓禹、贾复三人参与议论军国大事之外，其他大多数列侯成为闲员。这些列侯的食封数量，最大的有四个县，小的只有数百户。总的来说，比西汉时少得多，也只是衣食租税而已，这可防止再出现诸侯居地称雄的局面。即使邓禹和贾复，也并不是一般的粗俗武将，邓禹十三岁能咏诗，在长安同刘秀是同学，贾复从小好学，喜欢钻研《尚书》，他们也知道光武帝得天下后偃武修文，不愿让武将再统率军队，便也主动辞去统帅职务，一心一意去做学问。

封完功臣之后，光武帝又特地下了一道诏书说：希望大家"在上不骄，高而不危；节制谨度，满而不溢。敬之戒之！传尔子孙，长为汉藩"。就是说，希望大家不要恃宠而骄，对自己要求要严谨，节制自己的行为，这就不会有什么危险，并能把爵位传给子孙。连哄带吓威慑众臣。

汉光武帝在"偃干戈，修文德"的名义下，给功臣加官进爵，让他们交出兵权，到封地去享受荣华富贵，这样既可以笼络功臣，又可以把兵权集中到自己手里，还可以使这些功臣保持晚节，免遭杀身之祸。这是光武帝十分精明的地方，因此有人说："光武帝是个善于吸取历史教训，富有统治经验的皇帝。"

退功臣的同时，刘秀又大进文吏。他认为文吏们熟悉封建典章制度，懂得治理国家的策术，且又情操高尚，温文尔雅。柔术治国，须用大批文吏。建武六年、七年，刘秀连续两次下诏，命令各地官吏推举贤良、方正，到京城参加选官考试。实行“征辟”制度，即下诏特“征”用某人为官，公卿和各地郡守也可自行“辟”用他人做僚属。在诏书中，刘秀严格规定了选官的条件:“第一，品德高尚，身世清白;第二，要有知识，是通经的博士；第三，熟悉各种法令，能熟练地依法办事；第四，具有魄力才干，遇事不惑，能独当一面。各地官吏在选择人才时，必须严格按照这四条标准，如有违者，必将依法治罪。”

光武帝为了得到一批有高度文化修养的文吏，多次亲自访求名贤。如有一人叫严光，是刘秀的同学，很有才学，刘秀做皇帝后，他隐姓埋名，栖息山林。光武帝非常希望得到这位才德高尚的同学，叫人画了严光的图像，四处寻查，找到之后，刘秀立即将严光接到京城。不料严光不愿做官，刘秀几次光顾他的住所，有时谈得晚了，他们俩就睡在一张床上。据说，严光睡觉不老实，把两只脚放在光武帝的肚子上，光武帝也随其自然，并不挪开。还有一个南阳宛县人卓茂，是当时著名儒生，精通《诗》、《书》、《历法》等，待人宽厚，深受众人敬仰。光武帝即位不久，立刻派人访求这位大名鼎鼎的名士，任命这位七十多岁的卓茂做为太傅，封褒德侯。几年之后，卓茂老死，光武帝驾车素服，亲自送葬。光武帝礼贤下士，求贤若渴，确实网罗了一大批品行端正，廉洁奉公的有用人才。如陈留人董宣，为官清正，执法严明，不畏权贵。有一次，湖阳公主（刘秀的姐姐）的家奴仗势杀人，董宣带领士兵，当着湖阳公主的面将这个家奴打死。湖阳公主气得浑身发抖，向刘秀哭诉。刘秀要杀董宣，董宣说：“陛下圣德，中兴汉朝，而现在竟纵容亲属家奴杀害平民，如此何以治天下？臣不须鞭杀，请让我自杀！”说着把头向柱子撞去。光武帝被这种刚正不阿的精神所感动，便不再治其罪，但为了给姐姐一个下台的面子，让人扶董宣给湖阳公主叩头谢罪。董宣硬是不从，刘秀命人按董宣的头，董宣两手据地，仍不肯俯首。刘秀非常感动，任命他为“强项令”，赐钱三十万。

集权中央　加强监察

光武帝刘秀即位之后，为了加强中央集权，在政治制度上采取了“虽置三公，事归台阁”的统治措施。

加强尚书台的权力，起源于西汉王朝的汉武帝。汉武帝为了削弱相权，重用了身边职务较低的一批“内朝”人员。东汉初年，中央的最高官职是三公，即司徒、司空和太尉。司徒是由丞相改称的，管民政，权力比丞相小得多；司空是由御史大夫改称的，不再管监察，而是管重大水土工程；太尉管军事，三公职位虽高，却徒有虚名，并无实权，权力集中在尚书台。刘秀为了把权力集中到自己手中，他加强尚书的职权，扩大机构，增设官吏，设置了尚书台机构。尚书台设尚书令一人，尚书仆射一人，尚书六人，合称“八座”。他们直接听命于皇帝，分掌全国政事。尚书的官位不高，主管尚书令每年的俸禄只有一千石，副职尚书仆射和尚书六名，每年俸禄也只有六百石，他们的地位和待遇远不能同每年俸禄为万石的三公相比，但实际权力远在三公之上。尚书台是最重要的决策行政机构。东汉后期的政治家仲长统说：“光武皇帝痛恨西汉王朝后几代人失去大权，尤其憎恨权臣窃据大权，因此矫枉过正，下决心不把大权交给大臣，虽然设置了三公，也只是给一些人安排虚位而已。”

光武帝除了通过尚书台独揽大权外，还在宫廷内设置中常侍、黄门侍郎、小黄门、中黄门等宦官职务，由他们负责传达皇帝的旨令和诏书，阅览尚书进呈的文书。光武帝以为这些宦官们地位更低，他们不可能取得倾国大权，用这些阉臣掌管军国大事，就更保证了他的集权统治。但他绝没有想到，从此就埋下了东汉后期宦官专权的祸根。

光武帝以柔术治国，宽民众，而对官吏极严。东汉初年，他恢复了西汉时曾设置过的三套监察机构，并且又进一步地加强。这三套监察机构是：(1)御史台——有侍御史15人，负责察举官吏违法事件，接受公卿、郡史奏事和解释法律条文。(2)司隶校尉——有从事史12人，主管察举中央百官犯法者和各部各郡违法官吏，他们既是京官，又是地方官，监察权力很大，“无所不纠，唯不察三公”。(3)州刺史——全国分十二州，每州设刺史一人，他们遵照皇帝命令，代表中央，乘坐驿车，巡行全国各地。他们每年八月出巡，调查各地有无冤狱，同时考察各郡县官吏政绩，并根据政绩好坏，决定升迁罢免。他们在年底或翌年初回到京城，向中央汇报。刘秀对巡察制度非常重视，授予他们很大的权力。《后汉书·朱浮传》中说："刘秀即位以来，不用旧典，信刺举之官，一有劾奏，便退免各官，复案不关三公①，罪谴不蒙澄察。"

对待那些违犯刑律的官员，光武帝很少苟且，概不容情。曾任汝南太守的欧阳歙，世授《尚书》，八世为博士，很有威望，刘秀也十分器重他，但他在任时因度田不实、贪赃枉法的罪行被查出来之后，立即被捕入狱。当时有上千名儒生守候在宫门口，请求宽赦，甚至有人甘愿替他去死，但刘秀坚决对其绳之以法，予以处死。

由于汉光武帝加强了监察制度，对违法官吏要求甚严，这就保证了皇帝的权力和意志能够得以实现，对中央集权制的巩固，起到了非常重要的作用。

解放奴婢　发展生产

由于连年的战争和灾荒，人们死伤无数，大批田园荒芜，赤地千里，旆有人烟。东汉王朝初年，面对的首要问题是尽快发展生产，解决人们的饥饱问题。光武帝为此也采取了一些措施，其主要的就是解放奴婢、精兵简政和解决土地问题等。

奴婢问题，是当时最大的社会问题。西汉中后期，由于地主、官吏无限制地兼并土地，使大量农民离开了自己的土地，卖给官僚、贵族、商人家为奴。奴婢在主人家过着非人的生活，稍有不慎，就有可能受到主人的毒打，他们可以被当成牛马，在市场上公开出售。劳动力的大量减员，危及封建王朝的稳定，汉哀帝和王莽新政都想解决，但都没能够解决。光武帝即位后，把解放奴婢作为一项非常重要的事件来抓。从建武二年（公元26年）到建武十四年（公元38年）光武帝先后六次下诏令解放奴婢，三次下诏令严禁虐杀奴婢。建武二年五月的诏令宣布："民

① 三公指司徒、司空、和太尉，设置的府署合称三公府。

有出卖妻子，其妻子想归父母者，从其便，如主人刁难，按律令论处。”建武六年诏令：“王莽当时吏民被没为奴婢而不符合西汉法律的，一律免为平民。”建武七年的诏令：“吏民因饥饿战乱沦为奴婢、妻妾的，留去自主，强制不让走的，以卖人罪处置。”建武十年诏令：“取消奴婢因射伤人处死的法律。”建武十一年二月诏令：“天地之间人为贵，杀奴婢者罪在不赦。”同年六月诏令：“炙灼处罚奴婢的，按律治罪，被伤害者免为平民。”建武十二年诏令：“陇、蜀的人民被劫为奴的，如要离去，一律免为平民。”建武十四年诏令：“益、凉二州奴婢八年来向官府上讼者，一律免为平民，也不必偿还卖身钱。”

光武帝在十二年内，连续不断地发布解放奴婢的诏令，说明这一问题在当时是何等的严重，推行这一政策受到的阻力是何等之大。但是，汉光武帝还是坚决推行了这一政策。这样就解放了大量的劳动力，使他们又回到了劳动的土地上。

精兵简政，是光武帝为发展生产而采取的措施之一。建武六年六月，光武帝下令曰：“设官置吏，是为了奉行皇帝法令，为天下民众，如今百姓遭难，户口减少，而县官吏职还这样繁多。兹令各郡、国、县，省减吏员。县级机构不够设置长吏的，可以撤减合并。”这一年，裁并了四百多个县，合并了十个郡、国，减裁大小官吏数万人。在封建社会，能够这样大量地精简官吏，确是少有之举。晋朝史学家司马彪在《后汉书·百官志》里说：“汉武帝时官吏设置很多，因而奢侈成风，百姓负担很重，国库为之空虚。光武帝中兴，务从节约，并官省职，并把它作为制度规定下来，省费数以亿计，百姓得到安乐。”

在简政的第二年，光武帝又大量地裁减军队。建武七年，他下诏令说：“军士中都是年青力壮之人，应当立即罢除轻车、骑士、材官、楼船（即水兵）和相关的军吏，让他们回去种田。”大批的士兵转回家乡，在荒芜的土地上耕作。这样，既减少军费开支，又为农业增加了不少劳动力。

劳动力增加了，农业生产一定会有好转。这样，光武帝变原来田租的十税一，又恢复到文、景帝时的三十税一。并下令，郡国凡有余粮的，要赈济老年人和鳏、寡、孤、独以及无依无靠的穷人，各级官吏要亲自负责此事，不许失职。这些被称为“德政”的小恩小惠，在广大农民中树立了东汉王朝的良好形象，产生了稳定人心的作用。

劳动力问题解决之后，接着就是土地问题。由于土地兼并严重，很多农民没有地种。东汉初年，由于战乱灾荒，人民大量减员，土地问题稍有缓和，但大批奴婢被解放出来，大批士兵被转业回家和不少流民归回故乡，都同样遇到了土地问题。光武帝于建武十五年六月，下令各州、郡，清查田地的数目和人口实数，称为“度田”。这样做有两个目的：一是核查田赋收入，防止大地主隐瞒田产，逃避纳税；二是可以从大土地占有者手中没收一些多余土地，分给无地的贫民。当时，许多大地主拥有武装，号称“大姓”、“兵长”。他们隐瞒田地数量，谎报人口，反对清查，地方官吏也惧怕他们，有的贪于贿赂，互相勾结，任凭他们的谎报，而对于农民，不仅丈量田地，还把房舍、院落也作为田地丈量。这样，弄得民怨沸腾，社会又不稳定起来。

光武帝刘秀得知此事，以“度田不实”罪诛杀了十余个郡太守，并加紧“度田”。于是大姓、兵长们就武装反抗，许多农民从另一个角度也反对度田，参加武装反抗。“群盗处处并起，攻劫在所，害杀长吏”。这就是史称的“度田事件”。刘秀大怒，一再发兵镇压，但这些“群盗”等官兵一到，立刻解散，官兵一走，“群盗”又聚集起来。为了平息暴乱，光武帝采取了分化与镇压相结合的手段。宣布：群盗们相互揭发，凡五人杀一人的，五人均可免罪，并可分到土地。官吏原来不敢追捕“群盗”而治罪的，现在只要追散，就可以不再治罪。光武帝不愧为一个有经验的统治者，他这种软硬兼施的手段，很快就把反抗平息下去了。但是“度田”却并没有得到预期的效果。

汉光武帝刘秀，在两汉之间激烈的动乱年代，能够顺应历史的潮流，采用军事手段，平息群雄，使分崩离析的中国再度走向统一。统一之后，采取柔术治国，在政治、经济等方面都进行了一系列卓有成效的改革，光武中兴，推进了中国封建社会的发展。到了建国四十五周年时，全国已出现了“天下安平，人无徭役，岁比登稔，百姓殷富，粟斛三十，牛羊遍野”的盛景。这也是东汉王朝最富庶和最安定的时期，史称“东汉盛世”。当人们在谈及这一盛世的时候，自然忘不了为这一盛世出现曾做出过巨大贡献的汉光武帝。汉光武帝作为一位杰出的封建帝王，永垂中国帝王史册。

晋武帝司马炎

——统一全国　太康繁荣

西晋太康年间，一首悦耳动听的歌曲《晋世宁》，在民间广为流传：

晋世宁，四海平，
普天安乐永大宁。
四海安，天下欢，
乐治兴隆舞杯盘。
舞杯盘，何翩翩，
举坐翻复寿万年。
天与日，终与一，
左回右转不相失……

这是对晋武帝统一全国之后出现的“太康繁荣”盛景的热烈赞颂。那么，在太康之前的中国是一个什么样的局面？

早在东汉末年，由于宦官专权，朝廷昏庸，在统治阶级内部，掌权的宦官和不掌权的官僚集团之间的矛盾日益激烈。公元 189 年，汉灵帝死，刘辩继帝位，史称少帝。这时，中军校尉袁绍乘机起兵，一举诛杀大小宦官两千余人，从而结束了为时数十年宦官专权的局面。然而，由此引起了天下大乱。各郡、州、县都不再听令于朝廷，纷纷各树旗帜，互相征战。经过几十年的兼并战争，最后在统一的中华民族的国土上，出现了魏、蜀、吴三国鼎立的分裂局面。魏武帝曹操，霸主中原；昭烈帝刘备，称雄西南；吴大帝孙权，割据东南。三国之间连年混战，广大人民群众饱受祸害，有的流徙，有的死亡，村落破败，户口大减。《魏书·张绣传》中记载说："天下户口减耗，十裁一在"，有的地方则只有原来的几十分之一。人民大量死亡和流徙，使许多地方连绵数百里的土地，完全荒芜，无人耕种。连昔日富庶繁荣的京城洛阳附近，也变得蒿草遍地，百里不见人烟。曹操在一首诗里说"白骨露于野，千里无鸡鸣"，就是这种荒凉景象的真实描写。

晋武帝司马炎称帝之后，立即开始了大规模的统一全国的战争。统一全国之后，又进行了一系列经济制度的改革，在近20年的时间内，天下太平，人民辛勤生产，全国出现了欣欣向荣的景象。几十年后有人称赞这个时期："田野里挤得满满的牛马，谷场上堆得高高的余粮，旅客们受到热情的招待，家家户户的大门日日夜夜敞开，人们随时随地可以获取食物，找不到缺衣少食的穷汉。"这些话虽然有些夸张，但也确实反映了太康年间的繁荣盛景。晋武帝司马炎是西晋王朝的开国皇帝，是他结束了中国大地上长达九十年的分裂、混战局面，并使人民的生活有了相当的改善。但是，由于他晚年政事谬乱，种下了"八王之乱"的祸根。致使长期以来，一直被一些人所曲解。然而，对晋武帝司马炎统一全国的功劳，太康繁荣的政绩，是不能不给予科学评价的。

统一全国　结束混乱

晋帝代魏

司马炎即帝位之前，在其祖父司马懿、父司马昭的苦心经营之下，司马家族的势力已日渐昌盛，以晋代魏之势已日趋成熟。司马炎采取禅让的手段，不费一兵一卒，不流一点鲜血，轻易地夺取了曹魏的天下，登上了皇帝的宝座。

司马懿,河内郡温县（今河南温县）人,祖上许多人做过西汉的大官,是有名的望族。后来当上了曹操丞相府主管一切事务的主簿。此人老谋深算，智慧过人。曹操死后，历任魏文帝曹丕、魏明帝曹睿两代总管朝政的重臣，主管军事，统率魏军，同东吴、蜀汉对峙。蜀汉的诸葛亮智谋惊人，遇到司马懿也不免有些顾忌。东吴的孙权对他顾忌更大，曾对人说：“司马懿善用兵，可谓变化如神，所向无敌。”公元 239 年，魏明帝死，8 岁的曹芳即位，由司马懿和曹爽共辅幼主。曹爽明知自己不是司马懿的对手，蓄意除掉司马懿。司马懿见势不妙，便在曹爽执政后的第八年，声称自己年老多病，便撒手政事，居家养病，暗地里却在等待时机，伺隙而动。曹爽见司马懿突然病重，觉得蹊跷，暗地派人探察，见司马懿喂粥则粥从口中流出，穿衣则从手中落地，语言不清，看来活不了多久了。曹爽十分高兴，没料到公元 249 年正月初六，曹爽陪伴魏帝曹芳到洛阳城南 90 里的高平陵去祭祀，司马懿利用这一时机，假借皇太后的命令，精神抖擞地在城内突然举行政变，其长子司马师指挥早已蓄养的 3000 名敢死队，关上洛阳城所有的城门，占据武器仓库，接管了守卫皇宫的禁军，然后，又派主力冲出宣阳门，来到洛水浮桥边上，杀气腾腾威胁着曹爽。最后，魏帝终于迫于司马懿的威逼，诛杀了曹爽。曹魏的军政大权又重新转移到司马懿手中。

公元 251 年，司马懿得病去世，他的长子司马师任抚军大将军、录尚书事，继续辅政。这时，魏帝曹芳已经成年，他不满司马师专权，与几位大臣密谋杀掉司马师。由于风声走露，司马师首先动手，诛杀参与密谋的大臣,曹芳也遭废黜,另立年仅 14 岁的曹髦为帝。不久,司马师死,他的弟弟司马昭接任其职，朝廷里的事情都须司马昭点头才能办理。曹髦慢慢大了之后，看到司马昭权势盖天，魏朝天下岌岌可危，心中十分愤慨。公元 260 年 5 月 7 日，曹髦命令宫中宿卫士兵，捕杀司马昭。司马昭派大将贾充率兵将曹髦杀死，然后胁迫皇太后出来说话，太后下诏说："曹髦越大越不像话，竟用箭射向宫中要杀我，有的箭还掉到我的脚旁边呢！他还狠心地用毒药来害我，这样的人死了活该，天下少了一个祸害！"这样，司马昭杀掉无德不孝之君的行为就成为合法的了。曹魏皇帝连续被废被杀，改朝换代的气氛一年比一年浓厚，司马昭实际上已经掌握了皇权。但社会上还有相当一批人对这一局面很不满意。司马昭一边收罗文人学士，为自己登基制造舆论，一边积极准备征讨三国之中力量较弱的蜀汉。公元 262 年，司马昭派大将钟会、邓艾率兵 18 万，进军蜀汉。捷报频频传来，魏帝曹奂下诏将司马诏晋为晋公，拜为相国，并赐"九锡"，即：最华贵的车马、王袍似的衣服、乐器、朱红色的门户、有屋檐的台阶、300 名卫兵、先斩后奏的刀斧、表示征伐的弓箭、祭祀用的香酒。这九锡是古代篡帝位的前奏，往往先受九锡，再行帝位禅让之礼。第二年，蜀汉灭亡，司马昭因功又晋为晋王，以晋代魏之日已为期不远。不料 265 年 8 月，司马昭一病不起，离开人世。

司马昭死后，他的儿子司马炎继为相国和晋王，掌握全国的军政大权。司马炎也并非等闲之辈，早在其父司马昭任职时，他就搜罗一批文人武士，为自己登基做准备。果不其然，在他接任相国之后，那些人四处活动，劝说魏帝曹奂早点让位，仅 3 个月，曹奂就下了诏书，说："晋王，你的祖父、伯父和父亲辅佐我大魏皇朝，功勋比天还高，四海之内都蒙受你家的恩泽，上天要我恭恭敬敬地把皇位让给你，请你顺天应命，不要推辞！"

司马炎照例多次推让，他的心腹太尉何曾、卫将军贾充等人，带领满朝文武官员再三劝进，司马炎才接受禅让，于公元 266 年 2 月 8 日，登上帝位，改国号为晋，晋王司马炎成了晋武帝。历史有惊人的相似之处，魏王朝从曹丕让汉帝禅位称帝，传了 45 年，到此结束。司马昭也同样让魏帝以禅让的手段获取了帝位。

晋武帝立国称帝之后，为了收拢人心，立即大封功臣，很多世家大族也都被封为公侯，几年时间，共封了 57 个王，500 多个公侯。当时蜀汉刚灭不久，晋武帝为了安定巴蜀人心，又任用了一批原在蜀汉供职的官吏为朝官。晋武帝没有采取"一朝天子一朝臣"的惯用手法，而是采取拉拢、收买的办法，稳定各级官吏，保证社会不出大乱。因为晋武帝还看到，蜀汉虽灭，东吴未灭，中国还没有统一。他在代魏之后，又开始运筹帷幄，准备击灭东吴，结束全国的分裂局面。

击灭东吴

早在三国鼎立之时，魏的势力已超过蜀、吴，如以人口计，魏约占全国人口七分之四，蜀、吴合占七分之三。263年，魏灭蜀之后，三国鼎立变成了南北对峙，魏的力量更加强大，晋武帝代魏之后，雄心勃勃，"密有灭吴之计"，准备出兵灭吴，统一全国。

然而，晋武帝受到了以太尉录尚书事贾充为首的保守派的反对，他们认为：吴有长江天险，且善水战，北人难以取胜。且近几年来西鲜卑举兵反晋，此时对吴作战，并"非其时"。而羊祜、张华、杜预等人则认为：吴帝孙皓腐化透顶，他不但对广大人民残酷剥削、镇压，而且在统治集团内部也排除异己，用刑残酷，"或剥人面，或凿人眼"。每年，他让大臣家15岁以上的姑娘供他挑选，看不上的方可出嫁，使宫中美女多达5000多人，中书令贺邵劝他不要这样，孙皓竟用烧红的锯子把贺邵的头锯了下来，孙帝目前是"上下离心"，如此刻出兵，"可不战而胜"。如果错过机会，"吴人更立令主"，励精图治，再去灭吴就相当不容易了。

两派意见，针锋相对，这样，一个极其严重的问题就摆在了晋武帝面前：是否出兵灭吴，统一全国？晋武帝也看到，自秦汉以来，统一已成为中国历史的主流，人们要求统一，渴望和平。因此，他坚定地站在主战派一边，279年，他力排众议，发令讨伐东吴。贾充等人又拼命反对，晋武帝大怒，迫使"充免冠谢罪"。由于贾充位及三公，影响很大，晋武帝为了争取保守派一同伐吴，便委任贾充为讨吴诸军的元帅。谁知贾充"自言老衰，不堪元帅之任"，拒绝受命，以此施加压力，晋武帝这次并未发火，而是很策略地说："君炔启不行，吾便自出。"就是说自己要亲自出任元帅。贾充见状，只好领命，出镇襄阳。战争进行到第二年春天，晋军攻下武昌（今湖北鄂城），但吴军主力并未受到重挫。且春水上涨，晋军中又流行疾病，贾充上表请求撤兵，而张华则坚持继续进军，贾充恨得咬牙切齿，要“腰斩张华”，“以谢天下”。保守派另一要员荀勖也跟着奏请治罪张华。在保守派的强大压力面前，晋武帝毫不推卸责任，明确回答：“此是吾意，华但与吾同耳”，拒绝退兵。

为了完成灭吴大业，晋武帝在战略上做了充分准备。早在270年，他就派羊祜坐守军事重镇襄阳，着手灭吴准备工作。羊祜坐镇襄阳后，减轻赋税，安定民心，襄阳与东吴重镇石城（今湖北钟祥县）相距最近，晋军采取了“以善取胜”的策略，向吴军大施恩惠。由于孙皓挥霍无度，部队士兵常常领不到军饷，连饭也吃不饱。羊祜命人向吴军送酒送肉，瓦解吴军，这样，不时有吴军前来投降，羊祜下令说：吴军来要欢迎，走要欢送。有一次，吴将邓香被晋军抓到，羊祜部下坚持要杀掉，羊祜不但不杀邓，而且还亲自为其松绑，把邓送了回去。有时，吴军狩猎打伤的野兽死到了晋军领地，晋军也把这些野兽送到吴军帐内。这样，东吴的将士们开始渐渐向晋军靠拢。

晋武帝在襄阳一边命羊祜对吴军以仁德施加影响的同时，一边在长江的上游益州（今四川西部及云南北部一带）加紧训练水军，建造战船。据说，当时造的船有的大可容纳二千多人，上面可以驰马来往。经过长达七年时间的充分准备，279年，晋武帝下令开始向吴军展开大规模的战争。为了克服长江天险，迅速夺取胜利，晋武帝部署五路兵马，沿长江北岸，向吴军齐头并发。另有第六路兵马，由巴东（今四川奉节县）、益州出发，沿江东下，直捣吴军都城建业（今南京市）。二十万晋军，浩浩荡荡。长江上游的东吴守军，在巫峡八十里长的湍急水流中，钉下了无数个锋利无比的、长十余丈的铁锥，在江面狭窄的地方，横拉着很多粗大的铁链，以封锁江面。晋军先用大竹排放入长江，奔腾的江水漂浮着巨大的竹排猛冲直下，埋在江面的铁锥被竹排拔离江底，完全失去了作用。对待封锁江面的铁链，晋军在船上载了无数用麻油浇灌的火炬，每根有十多丈长，大数十围，遇到铁链，点燃火炬，熊熊烈火把铁链烧熔断裂。就这样，东吴长江的防守设施被一个个排除了。

晋武帝在部署六路兵马进攻吴军时，为了分散、吸引守卫建业的吴军兵力，先派王浑率一路晋军，由北向南，直取建业，孙皓不知是计，忙命丞相张悌统率主力渡江北上，迎击王浑，结果沿江东下的晋军乘机攻占了建业。晋武帝后来在评价这一战略时说：“令贼孙皓救死自卫，不得分兵上赴，以成西军之功。”三百多年后，隋文帝杨坚兵分八路，渡江灭陈，正是借鉴了晋武帝这套作战方针。

由于晋武帝准备充分，时机恰当，战略正确，前后仅用了四个多月，便夺取了灭吴战争的全部胜利。唐代大诗人刘禹锡在追怀这场战争的情景时写道：“王濬（第六路沿江东下的晋军首领）楼船下益州，金陵王气黯然收；千寻（一寻为八尺）铁锁沉江底，一片降幡出石头。”东吴从孙权立国开始，传了四主，共五十七年而亡。从此，东吴的全部郡、州、县，正式并入晋国版图。

从此，三国鼎立的局面完全结束了。晋武帝司马炎终于统一了全国，结束了长达近百年军阀混战的分裂局面。后来的唐太宗李世民在谈到晋武帝这一历史功绩时，曾感叹道：晋武帝“霸王之业大矣”。

发展经济　太康繁荣

“户调式”的经济制度

全国统一后，战争平息了，政治上趋于安定，但由于多年战争的创伤，老百姓生活依然很苦。特别是皇室和权贵们无限制地霸占土地，更加重了农民的苦难。据说，长安东南的蓝田县，有一个很不起眼的“杂牌将军”庞宗，就占好田几百顷，其他达官贵人就更不必说了。农民没有土地，门阀世族利用占据的田地肆意盘剥农民。西晋初年，晋武帝把解决土地问题做为发展经济的重要内容之一。为此，他制定了“户调式”的经济制度。

户调式，是晋武帝灭吴、统一中国的当年就颁布推行的。其主要内容包括土地占有制度、赋税制度和有关贵族、官僚的待遇等若干规定。这主要是为了均分土地、限制土地兼并，以保证人民有一定的田地可以耕种，保证封建国家的赋税收入和徭役征发。户调式共有三项内容，即占田制、户调制和品官占田荫客制。

1．占田制——也叫占田课田制，是把占田制和赋税制结合在一起的一条法令。占田制规定：每一个男子可以占田七十亩，女子可以占田三十亩。与此同时，课田制又规定：每个丁男（16岁至60岁）要缴给国家五十亩税，计四斛；丁女缴二十亩税；次丁男（13岁至15岁，61岁至65岁）缴二十五亩税，次丁女免税。

这样一来，每个农民都可以理所当然地去占有应得的田地。不少豪门世族家的佃户，也都纷纷脱离主人，去领取自己的一份土地。占田制发布以后，不少农民开垦了大片荒地，这对农业经济的好转起到一定的作用。

2．户调制——即征收户税的制度。户调不分贫富，以户为单位征收租税。这一制度规定："丁男之户，岁输绢三匹，绵三斤；女及次丁男为户者半输。"对边郡及少数民族地区的"户调"也作了具体的规定：边郡与内地同等之户，近的纳税额的三分之二，远的纳三分之一。少数民族，近的纳布一匹，远的纳布一丈。

3．品官占田荫客制——是一种保障贵族、官僚们经济特权的制度，同时也有为贵族、官僚们占田和奴役人口的数量立一个"限制"的用意，以制止土地无限制的兼并和隐瞒户口的情况。此制度规定："其官品第一至于第九，各以贵贱占田。品第一者占五十顷，第二品四十五顷，第三品四十顷"，每低一品，少五顷。对于庇荫户，"品第六以上得衣食客三人，第七第八品二人，第九品……一人"。其应有佃客者，官品第一第二者佃客无过五十户，第三品十户，第四品七户，第五品五户，第六品三户，第七品二户，第八品第九品一户"①庇荫户和佃客，为私家人口，归主人役使，不再负担国家徭役。

① 《食货志》。

户调式诏书发布之后，遭到了豪门士族的抵制。他们或是隐田不报，或是反对农民占有耕地，当时蓝田县的县令张辅，为了推行这一制度，把“杂牌将军”庞宗两万多亩良田强行没收，分给了贫苦百姓。晋武帝得知后，立即对张辅大加赞扬，并把他调到接近京师地区的山阳县做县令。太尉陈准的家僮在山阳无法无天，张辅很快将其捕杀，这件事轰动朝野。晋武帝又把张辅调至京师，任为尚书郎，以后又叫他当御史中丞，专门负责纠劾不法官吏。当时，不少权贵们不顾规定，私招佃客，这就使大批农民又成为权贵们的奴隶，晋武帝以后又几次下令，严禁私招佃客。中山王司马睦私招七百多户，晋武帝知道后立即将其降为丹水县侯。

晋武帝的户调式虽然遭到了种种阻碍，但这一制度从一定程度上，用行政的手段将大量的流动、闲散人口安置到土地上去，进行生产，这对于稳定社会秩序，促进社会经济的恢复、发展，都起到了积极作用。晋武帝很注意开垦荒地，兴修水利，如在汲郡开荒五千多顷，郡内的粮食很快富裕起来，又修整旧陂渠和新开陂渠，对于灌溉和运输都起到了很重大作用。晋武帝在强调发展生产的同时，反对奢侈，厉行节俭。有一次，太医院的医官程据给他奉献了一件锦彩夺目、满饰野雉头毛的“雉头裘”，这是一件有史以来罕见的华贵服装。晋武帝把这件“雉头裘”带到朝堂，让全朝文武官员观看，朝臣见了这件稀世奇有的珍宝，个个惊叹不止。不料，晋武帝一把火把这件“雉头裘”烧成了灰烬，他认为，这种奇装异服破坏了他不准奢侈浪费的禁令，因此要当众烧毁。他还下诏说，今后谁如敢再违犯这个规定，必须判罪。晋武帝烧雉头裘从此成为历史上的美谈，后世帝王津津乐道，把它做为节俭的榜样。

在数十年的战乱中，中原地区遭到极为惨重的破坏，人口大减，劳力不足。晋武帝的故乡河内郡温县，人口也只有原来的几十分之一。为此，晋武帝十分重视增加中原地区人口，他下令，十七岁的姑娘一定要出嫁，否则由官府代为找婆家。灭蜀之后，令召募蜀人到中原，应召者由国家供给口粮两年，免除徭役二十年。灭吴后，又规定吴国将吏北来者，免徭役十年，百工和百姓免徭役二十年。晋武帝一再责令郡县官吏，要

"省徭务本"，打击投机倒把，囤积居奇。公元 268 年，晋武帝还设立了"常平仓"，丰年，按适当价格抛售布帛，收购粮食，荒年则按适当价格出售粮食，稳定粮价，维持人民的正常生活。

由于晋武帝采取了这样一系列的经济措施，使农业生产逐年上升，国家赋税收入逐年充裕，人口逐年增殖，仅平吴之后不到三年时间，全国人口就增加了 130 多万户，出现了"太康繁荣"的景象。《晋纪·总论》中说："太康之中，天下书同文，车同轨，牛马被野，余粮栖亩，行旅草舍，外闾不闭……。"《晋书·食货志》中也记载说："天下无事，赋税平均，人咸安其业而乐其事。"这些虽然有些夸张，但当时的生产力有所提高，人民生活有一定程度的改善，是可以肯定的。

"洛阳纸贵"与文化政策

晋武帝灭吴之后的太康年间，天下太平，人民安居乐业，经济生活有了好转，与此同时，晋武帝还大力发展文化事业，弘扬民族文化，为中华民族古代灿烂的文化做出了一定的贡献。

当时，盛行着一种被后人称颂的"太康文学"，其代表人物有一左（左思）、二陆（陆机、陆云兄弟）、二潘（潘岳、潘云叔侄）、三张（张载、张协、张亢）。

大约在 282 年，洛阳的人们争着买纸，原来有一个叫做左思的文人，写了著名的《三都赋》，人们纷纷传抄，引起了纸张奇缺，纸价飞涨，"洛阳纸贵"从此便流传开去。"赋"是一种文体，兼有诗歌及散文的性质，极讲究文采与韵律。据说，最早的赋是战国时荀况的《赋篇》，一般都写得比较短。而左思的《三都赋》不仅辞藻优美，铿锵有声，而且长达一万多字，成为举世仅有。左思门第不高，母亲死得早，他又是个结巴子，从小学过书法、音乐和兵法，但都没什么成就。他的父亲曾对人说："一代不如一代，他现在还不如我年轻时候。"这句话刺激了左思，他从此刻苦攻读，奋力笔耕，用了一年时间写出《齐都赋》，受到人们好评。

272 年，他决心写出《三都赋》。“三都”，即邺、成都、建业，这是三国鼎立时魏、蜀、吴的都城，他感到自己资料缺乏，便向朝廷提出，要求当一名管理图籍和著作事务的秘书郎。晋武帝随即同意了，并告诉他，凡是朝廷里收藏的有关这三个都城的图籍和资料，他都可以随心所欲地阅读和查证。

在晋武帝的关照下，左思这个出身寒门之人，用了整整十年时间，终于写出了《三都赋》。这是由《蜀都赋》、《魏都赋》、《吴都赋》三篇独立又相联结的赋组成的。赋中有三个假设人物：东吴王孙，西蜀公子，魏国先生，通过他们相互之间的倾诉，写出三个名都的概况、历史、物产、风土人物和各自的政治、军事、经济、文化面貌。《三都赋》一问世，立即轰动整个洛阳城，它不仅在中国文学史上有着一定的地位，而且对于考证、了解三国时期的历史状况，有着十分重要的作用。除此之外，左思的诗也写得非常好。著名的《娇女诗》语言朴素，感情真挚，把对小女儿的疼爱之情跃然纸上，后来的大诗人陶渊明的《责子》、杜甫的《北征》、李商隐的《骄儿诗》等，都受到它的影响。

在西晋的文坛中，最负盛名的要算陆机，被后人称为“太康之英”。他的诗歌意新词秀，讲求形式的华美，以其深厚的学力，优美的辞藻，纯熟的技巧，表现一种华贵之美，这种艺术追求，极大地影响了太康文学的艺术倾向。他的《文赋》是中国文学理论发展史上第一篇系统的创作论，对后世文学创作和理论发展产生重要影响。《君子行》中的“天道夷且简，人道险而难，休咎相乘蹑，翻覆若波澜”诗句，被不少后来的人所引用，以反映人们对政治环境和人生祸福无常的体会。《赴洛道中作》，是陆机五言诗的杰作，其中“行行遂已远，野途旷无人，山泽纷行余，林薄杳阡眠”，“顿辔倚嵩岩，侧听悲风响。清露坠素辉，明月一何朗”等，都是情景交融的佳句。陆机还著有《晋记》4 卷，《吴书》、《洛阳记》1 卷等。他还是著名的书法家，所写的章草《平复帖》流传至今，是书法中的珍品。另外，据唐代张彦远《历代名画记》，陆机还有画论。

西晋初年，是人才辈出的时代。在文学艺术方面，除了左思、陆机等一批文学家外，在其他领域还出现了不少杰出人物，他们对中国古代文明也做出了卓越的贡献。而所有这些，与晋武帝司马炎开明的文化政策和保护人才的措施是分不开的。

大地图家裴秀，是晋朝的尚书令，他在官场上一帆风顺，但做了尚书令后，不少人老是找他的岔子。他有个旧交郝诩给人写了一封信，说：“尚书令裴秀是我的老相识，你如有什么事要他帮助关照，我给你去说说，这点面子他总会给的。”这封信落到别人手里，就作为罪证告到晋武帝面前，说裴秀假公济私，身为尚书令尚且这样，叫文武百官怎么办？晋武帝为裴秀辩解说：“别人是否来托自己办点事，那是别人的事，做尚书令的裴秀怎能预先防止呢？况且假公济私还没有成为事实，裴秀有什么罪呢？”不久，司隶校尉李熹又告发说：“刘尚替裴秀强占官田，斐秀有罪，应该关押！”晋武帝又给他开脱说：“强占田地罪在刘尚，为何要关押裴秀？”裴秀多次受到晋武帝的保护，使他在地图方面，做出了重要贡献。

早在魏末，裴秀曾随司马昭出军讨伐诸葛诞，跑了不少地方，由于地图有误，吃了不少苦头。明明地图上似乎很近的地方，但跑了几天也看不见影子，明明地图上没有山也没有水的标记，但真到了那儿，却冒出连绵的山岗或汹涌的河流来。尤其是宫廷珍藏的那份地图，是几十匹绸子制成的，使用起来十分不便。裴秀发奋钻研，改革地图，修正错误。他首先运用了简缩的技术，用“一分为十里，一寸为百里”的比例尺，把那幅用几十匹绸子做的巨图缩画成了《地形方丈图》。裴秀还提出了绘制地图的六个基本要点，即比例尺、方位、交通路线的实际距离、地势起伏、地物形状和倾斜缓急等。这些都是世界地图学史上划时代的新创造，除了经纬度和等高线外，已经包括了现代化制图的基本要求。这在自然科学不发达的一千多年之前，是一个非常了不起的贡献。

太医学家皇甫谧，也是出现在西晋太康年间。他四十二岁得了风湿病，半身瘫痪，长期卧床，但他博览群书，很有才华。晋武帝得知后，多次下诏要他出来做官，他推说有病，婉言谢拒。他在病床上开始摸索针灸，一边攻读医书，一边在自己身上做试验。经过七年苦钻，他不仅治好了自己瘫痪多年的疾病，而且针灸技术越来越高，发现了不少针灸穴位，创立了自己的针灸理论，写出了《针灸甲乙经》。它不仅在我国医学史上是一部伟大的著作，而且还流传国外，从公元六世纪开始，朝鲜、日本的医生都把它奉为必读的书籍。同时，皇甫谧又是一个史学家，曾经著述了《帝王世纪》、《年历》、《高士传》、《玄晏春秋》等书。

晋武帝司马炎在位 26 年。他曾为祖国统一，发展祖国经济、文化做出过一定的贡献。但是，由于他是一个封建帝王，在政治制度上基本上又沿用了汉武帝以来的分封制，他分封的同姓王 27 国，公、侯、伯、子、男 500 余国，这就严重地削弱了中央集权制的巩固。再加上他晚年生活奢侈腐化，公开卖官，宫中姬妾近万人，上行下效，各级官吏不理政事，斗富成风。如王恺用糖刷锅，石崇用蜡烛当柴烧；王恺用丝布作帐遮尘 40 里，石崇用锦缎做帐遮尘 50 里；王恺用晋武帝所赐的高二尺许的珊瑚树向石崇夸耀，石崇用铁如意将珊瑚树击碎，取出自己高三、四尺的珊瑚树六七株，令王恺惊叹不已。奢侈之风盛行，加速了西晋王朝的灭亡。晋武帝去世不久，西晋王朝就发生了“八王之乱”，这场战乱长达 16 年，加上天灾不断，瘟疫流行，广大劳动人民又开始大批灭亡或流离失所，“太康繁荣”的盛景很快失去了昔日的色彩，使它仅仅做为一段暂短的历史，记入了中华民族历史的巨卷。

魏孝文帝拓跋宏

——锐意改革　民族共融

古都洛阳的龙门石窟，座落着九万七千多尊雕像。这些雕像姿态逼真，雕技精绝，令古今中外的观看者所赞叹。小的雕像犹如手指一般，大的竟高达七十多米。雕像中有佛、菩萨、天王、力士等，有的自成一体，有的表现着一组古老的佛教故事，还有的反映着当时帝、后礼佛时的动人场面。特别是宾阳洞中，描绘北魏孝文帝拓跋宏与后礼佛时的情景，更是构图精致，刀法娴熟，堪称中国古代雕塑史上的杰作。龙门石窟现存一千三百五十二个，每一座石窟都是一座巨大的艺术宝库，向历代的后人讲述着中华民族优秀的古代文化艺术成果。历史学家和艺术家们告诉我们，这众多的石窟，众多的雕像，有三分之一是在北魏时期开凿的。

在中国农业科学发展史上，有一部很有价值的农业科学著作——《齐民要术》，它记载着我国古代许多农业生产的经验和知识。全书共分十卷，九十二篇，分别论述各种农作物、蔬菜、果树、竹木的栽培和育种，家畜家禽的饲养、农产品的加工及副业等，应有尽有，犹如一部知识浩瀚的农业百科全书，反映了中国古代高度的农业发展水平和农业科学技术。这部书的作者贾思勰，就是北魏时期著名的农学家。

北魏时期是我国古代文化艺术、农业科学具有相当发展水平的历史时期。

北魏王朝始建于公元 386 年，为当时我国古代北方鲜卑人道武帝拓跋珪所建。自从西晋灭亡以后，黄河流域的广大地区成为进入中原的北方各族争夺统治权的激烈战场。参与这一斗争的民族主要有匈奴、羯、氐、羌、鲜卑，史称“五胡”。建立的主要国家有汉国、前赵、后赵、冉魏、前燕、后燕、西燕、南燕、前秦、后秦、西秦、前凉、后凉、北凉、南凉、西凉等共十六国，这一历史时期称为“五胡十六国”。小国林立，朝代变换犹如走马灯一般，这是中国历史上最为混乱、最为黑暗、劳动人民遭受最大祸害的时期。纷纷扰扰，战乱不断，一直延续了一百二十多年。直到鲜卑人建立了北魏，逐渐兴盛起来，于公元 439 年灭了北凉，北部的中国才又走向了统一。

北魏王朝建立政权之后，社会依然动荡不定，各地不断暴发农民起义。公元 471 年，北魏孝文帝拓跋宏即位之后，年龄尚小，冯太后执掌政权，她为巩固北魏中央集权，在政治、经济等方面进行了一系列的改革。492 年，冯太后去世，孝文帝亲政，他继续进行冯太后的事业，大刀阔斧，锐意改革，终于使北魏的政治、经济、文化和中华各民族间的关系有了重大的发展。龙门石窟的精品，《齐民要术》的成果，都同孝文帝治理国家所采取的政策是分不开的。

改革吏治 实行“两制”

北魏的统治者鲜卑人，是一个比汉族落后得多的民族。黄河流域是汉族封建统治根深蒂固的地区，也是汉族封建经济、文化比较发达的地区。鲜卑人进入内地以后，要统治一个比自己先进很多的民族，便采取了残酷的镇压手段，租税繁多，徭役苛重。但这样的高压手段不仅没有制止住社会的动乱，反而激起了更加强烈的反抗。仅北魏建国后不到一百年间，各地的起义与暴动就达七、八十次之多。为了缓和阶级矛盾和民族矛盾，北魏统治者不得不改弦更张，寻找维持统治的其他方策。魏孝文帝的一系列改革措施，就是在这种背景下进行的。

推行“班禄制”

鲜卑人原是以畜牧经济为主的民族，一直过着游牧生活。到北魏统治中原以后，逐渐转向以农业经济为主的定居生活。但对于封建王朝的一整套国家机构、官吏设置，还处于相当不成熟、不完善阶段。魏孝文帝为了巩固政权，决定首先改革吏治，从政府官吏抓起。

北魏前期，吏治十分混乱，没有一定的规章制度。地方的各级官吏，不论政绩好坏、一律任期六年，特别是中央和地方的官吏都不实行俸禄制，即国家不负责他们的俸禄，全由他们在自己的管辖地段内筹集。他们可以任意搜刮民财，不受租调制度的限制，这就必然导致大量的官吏变得十分贪婪，他们从来不去考虑怎样发展生产，管理民众，而是挖空心思去剥削农民，搜刮民财，吏治腐败到了不能容忍的地步。魏孝文帝在冯太后的支持下，改革吏治。首先取消了不论政绩好坏均任期六年的规定，改为任期时间的长短要按政绩好坏决定，不称职的，可以随时罢免，成绩显著的可以继续连任。这样，就使各级官吏把政绩的好坏，看成与自己仕途攸关的大事，迫使他们尽心守职，努力从政。公元484年，孝文帝又开始推行“班禄”制，即所有的官吏的俸禄一律由国家负责，不准官吏自行筹集。官吏的职责就是管理生产和民众，官府按官吏职位的高低发放俸禄。为了杜绝贪赃枉法，在“班百官之禄”的同时，又制定了惩治贪污的办法：官吏凡贪污绢满一匹者或敢于枉法者，一经查出，一律处死。

在推行“班禄制”当年秋天，魏孝文帝派出检查人员，到全国各地巡察，考检举报违反规定的官吏。结果查出有四十多人贪赃。魏孝文帝得知以后，随即下令，全部处死。通过这样严厉惩罚，整治纲纪，使北魏吏治的腐败现象很快得到改善，各级官吏奉公守法，贪赃枉法之事大大减少。

实行“均田制”

自西晋末年以来，我国北方经过两百多年的战乱，人口死伤多半，大片田园荒芜。各地的豪强地主乘机兼并土地，不少农民为了逃避繁重的徭役，往往荫附于富豪人家，成为富豪人家的私有人口。但他们遭受富豪人家的盘剥更为严重。为此，广大农民纷纷流徙，四处飘零。这就使得北魏政权面临一个十分困难的境地：一方面是大量土地荒芜，无人耕种；另一方面是政府控制的人口越来越少，国家的赋税征收和徭役调发，遇到很大困难。为了缓和社会矛盾，增加国家财政收入，魏孝文帝、冯太后不顾地主豪强和守旧势力的反对，决心限制豪强地主势力，争夺土地和农民。公元 485 年，孝文帝下达了均田令，并派大臣巡行各郡，会同各地官吏实行均田。均田制的主要内容有如下五点：

一、男子十五岁以上，受露田（即荒无树木的田地）四十亩，桑田二十亩；妇人受露面二十亩。露田可以加倍、加两倍授给，以备休耕。年满七十岁，还田于官。桑田为世业，不还官，可以传给子孙。桑田按照规定，要种植一定数量的桑、榆、枣树等，不宜蚕桑的地区，改授麻田，男子十亩，妇人五亩。

二、土地不准买卖。露田、桑田均不得买卖。但“盈者得卖其盈，不足者得买所不足”，①即是说，田地多的可以把多出的卖掉，田地不够的可以买到规定的标准为止。

三、拥有奴婢和耕牛的人，可以额外获得土地。奴婢受田的办法与农民相同，耕牛每头受田三十亩，每户最多只限四头，超出之后，不再受田。

四、在人多地少的地区，允许农民迁徙，但不准逃避赋役，在人少地多地方，不准随便迁徙。

五、地方官吏各随在职地区受予公田。刺史为十五顷，太守十顷，

① 《魏书 · 食货志》。

治中、别驾各八顷。县令、郡丞六顷。新旧任相交接，不准出卖。

均田制名为均田，实际上原有的土地占有不均的状况并无太大改变。因为大族地主除了用隐瞒土地的手段对付官府之外，他们又拥有众多的奴婢、耕牛，按均田制的规定，他们应分到许多土地，这就足以保住他们原有土地的数量。但均田制在当时也有其积极的一面，如规定每户占有土地的数量，并不准买卖，在一定程度上限制了豪强大族兼并土地。再如，它把无主荒地分给无地的农民，并肯定了农民对土地的占有、使用权，使农民有了安居乐业的基本条件，生产积极性有了一定的提高。同时又允许无地农民迁往他乡，也有利于荒地的开发，有利于耕地面积扩大。因此，均田制对于当时国家社会经济的恢复和发展，起到了积极的作用。

建立“三长”制

在均田制开始实行时，北魏还没有建立乡党制度，而是实行以宗族为单位的宗主督护制，三五十家共立一个户籍。大地主隐匿农户的情况很多，还有的宗主把持地方政权，凭借权力，降低自己的户等，使租税徭役几乎全落到那些没有宗族庇护的农民身上，迫使更多的农民逃亡。这些都使生产的发展受到很大影响，同时使国家的税租收入大大减少。因此，必须整理户籍，清查隐附人口。

公元486年，大臣李冲建议实行三长制，代替宗主督护制。三长制实际上就是秦始皇创立的乡、亭、里、什、伍制的继续，这是汉族封建统治者实行已久的制度，即五家为一邻，五邻为一里，五里为一党，邻有邻长，里有里长，党有党长，合称三长。三长的主要责任是检查户口，征发徭役和兵役，征收赋税等。宗主督护制是自东汉以来，世族门阀地主在封建割据影响下的“大户小割据”，随着统一政权的建立，必须要设法废除，代之以符合中央集权制要求的新的制度。废除要设法废除，代之以符合中央集权制要求的新的制度。废除宗主督护制和实行三长制，是对世族豪强地主的一次沉重打击。有许多大臣本身就是隐匿农户的大地主。所以，他们纷纷起来反对李冲的建议。冯太后和魏孝文帝为了加强自己的统治，坚决采纳了李冲的建议。他们认为，实行三长制不仅可以保证均田制的实施，而且还可以把逃避租税的人口清查出来。冯太后曰 :“立三长，则课有常准，赋有恒分，苞荫之户可出，侥倖之人可止，何为而不可？”可见冯太后态度之坚决。北魏王朝很快设立了党、里、邻基层组织，选定三长，确立了户籍制度。并且规定，凡是担任三长的豪强地主，都可以免除一至三人的兵役，有政绩的还可以得到提升，这就减少了实行三长制的阻力。

在实行三长制的同时，魏孝文帝又颁布了新租调制，即一夫一妻的家属，每年交纳帛一匹，粟两石。十五岁以上未娶妻的，四人出一夫一妻的租调;能从事耕织的壮年奴婢，八口出一夫一妻的租调;耕牛二十头，出一夫一妻的租调；产麻之乡，以布代帛。这种新的租税征调制，既改变了租调负担轻重不均的情况，又限制了宗主大族对奴婢和耕牛的占有数量，可以把大批农民直接掌握在政府手中。因为对农民来说，按户征租税，比以往减轻了许多。而对于大地主来说，由于租税征收到奴婢和耕牛，这样毕竟加重了他们的负担。

由于整顿吏治，实行均田制、三长制，使北魏的经济有了很大恢复。各族人民辛勤劳动，开垦了大量荒地，农业生产有了很大发展，耕作技术也有很大提高。从北魏农学家贾思勰所著的《齐民要术》中可以看出，当时在耕垦、施肥、选种、浸种、收割等方面都有很大改进，种植果树、桑、榆、蔬菜的方法也都有很好的经验，养蚕、畜牧、酿造也发展起来了。过去由于多年战乱而引起的田园荒芜、人烟稀少的景象，很快得到改变。

推行汉化　民族共融

北魏建国之初，定都于平城（今山西大同）。平城地处西北边塞，气候寒冷，变化无常，春天风沙滚滚，冬天白雪盖地，加上交通不便，土地贫瘠，常常发生灾荒。遇到灾情严重之年，平城满街都躺着饿死的人。京城尚且如此，荒凉乡村，农民饿死的更多。北魏统一北方以后，随着形势变化，政治、军事、经济中心开始逐步南移。平城做为都城，四周不仅农业生产条件差，而且不易控制全国局势，加上平城是鲜卑贵族的旧地，旧的习俗浓厚，保守势力很大，他们不愿意接受汉族先进的经济和文化，极力反对改革。这一切都严重影响着北魏政权的巩固。魏孝文帝于公元491年亲政之后，为改变上述状况，又采取了一系列新的改革措施。

迁都洛阳

洛阳地处中原地区，四周土地肥沃，农业发达，交通十分便利，一直是汉族政治、经济、文化的中心，曾是东汉、西晋的京城。魏孝文帝经过深思熟虑，觉得迁都洛阳，既能改变过去对中原遥控的形势，有利于控制整个国家，又可解脱一百多年来在平城形成的鲜卑贵族保守势力的羁绊和干扰，有利于继续进行改革。同时，又便于加强同汉族地主的联系，吸收汉族先进的农业生产技术和文化思想。所有这些，都非常有利于巩固北魏的统治。魏孝文帝经过周密计划，决定采取坚决措施，迁都洛阳。

封建社会，改迁都城是一件非常重大的事情。因为都城是皇权圣地，为祖宗所定。如果改迁，将会遭到上至贵族、大臣，下至一般平民的激烈反对。这些都是魏孝文帝所预料到的。有一天，他把文武大臣召集起来，声称要调兵遣将，大举进攻南朝。以任城王拓跋澄为首的一些文武大臣，认为目前进攻南朝，力量不够，于社稷不利，于是纷纷表示反对。魏孝文帝勃然大怒，严厉斥责道："社稷是我的社稷，任城王想出来挡驾吗？"任城王也不甘示弱地回答道："社稷虽归你所有，但我作为社稷之臣，对社稷之安危，也决不能漠不关心。"

魏孝文帝深深地感到，军事力量南移就这样难，迁都洛阳谈何容易？他决定先做任城王拓跋澄的工作。退朝之后，他把拓跋澄找来，倾心置腹地告诉他："我们的国家靠武力统一了北方，建都平城，但我们现在不能还是只重武略，不重文教，而平城是用武之地，不是搞文治的地方。况且平城地处西北，不易于控制全国局势，时间长了，于我江山社稷十分不利。我这次行动，名义上是进攻南朝，实际上是想借军事力量南移，迁都于洛阳，不知你意如何？”拓跋澄这才知道魏孝文帝的真正意图，他也考虑到东周、东汉都是从洛阳兴盛起来的，北魏王朝如要兴盛起来，也必须得到汉族地区的支持才行，迁都洛阳是非常明智之举。于是，他表示坚决支持魏孝文帝的想法。魏孝文帝非常高兴，他又问：“北方人守旧思想严重，不想改变原来的东西，一些人要反对怎么办？”拓跋澄说：“非常之人，可做非常之事，皇上决心要干，他们能怎么样？”

公元493年6月，魏孝文帝下令在黄河上架桥，以便渡师南进。9月，他不顾一些大臣的反对，亲自率领三十万大军，浩浩荡荡，向洛阳开进。到了洛阳，他巡视了洛阳的西晋宫殿遗址，只见一片残垣断壁，遍地焦土瓦砾，不觉得伤心落泪，他吟咏着“知我者，谓我心忧。不知我者，谓我何求①”的诗句，久久没有离去。当时正值深秋时节，秋雨连绵，道路泥泞，经过长途跋涉，兵卒十分劳累，随行的大臣们也都叫苦不迭。魏孝文帝看到这些情况，却特意穿起战袍，执鞭乘马，命令三军向南开拔。这时，大臣们纷纷跪在魏孝文帝的马前，苦苦进谏，劝他不要南伐。魏孝文帝大声喝斥道：“讨南朝大计早已确定，现在大军要挥师南进，你们到底想干什么？”大臣李冲说：“南伐之事，老天都不愿意，大雨不断，不可南进，这是天意。”魏孝文帝说：“我要统一天下，而你们这帮人疑神疑鬼，阻挡进军，再这样下去，我要军法从事。”说罢，策马前去。安定王拓跋休等人又哭着追上去，苦苦哀求停止进军。魏孝文帝觉得时机已到，便转换口气对众大臣说：“这次出兵，兴师动众，非同小可，如果停止进军，我们有何脸面再回到都城平城去？现在要么继续南伐，要么驻守洛阳，把洛阳改为都城，不知你们同意哪一个？”众将士大臣都不愿意迁都洛阳，但更不愿意再向南进军，权衡再三，还是同意把都城迁到洛阳。魏孝文帝精心策划、导演的迁都好戏，就这样收场了。

接着，魏孝文帝派大臣李冲、穆亮等人管建洛阳，派拓跋澄回平城，

① 《诗经·国风·黍离》。

向留守平城的贵族传达迁都决定。第二年2月，魏孝文帝向全国发布诏书，宣布迁都事宜。由于平城的旧臣留恋故土，不想南移，魏孝文帝又亲自回到平城，向他们解释迁都的意义。不久，北魏王朝正式迁都洛阳。

推行汉化政策

一个比较落后的民族，统治一个比自己先进的民族，必然面临着一个突出的问题：是敢于承认自己的落后，努力向被统治者学习先进的东西？还是唯我独尊，利用权力去破坏被统治者的进步和文明？魏孝文帝不愧是少数民族中一位很有政治头脑的帝王，他迁都洛阳，本来就包含有前者的因素在里边。定都洛阳之后，更是利用这一有利条件，立即采取一系列措施，全国推行汉化政策，以生产力高、文化发达的汉族，去影响、改变生产力低、文化相对落后的鲜卑民族，吸收汉族的长处，消除鲜卑民族和汉族人民之间的差距，加强民族联系，促进民族共融，为整个中华民族的共同繁荣昌盛，做出了永垂史册的贡献。

首先在政治制度上，他下诏废除了鲜卑旧制，起用王肃，参照南朝汉族封建政权的制度和秦、汉王朝的政治制度，对官制、法律、礼仪、典章等方面进行了全国的修订。当时不少大臣不愿接受汉政权的这一套东西，抵触情绪很大。魏孝文帝召集群臣问道：“你们想不想让我们魏国也像周朝那样闻名史册，被人千古传颂呢？”大家都回答愿意。魏孝文帝又问：“那么不改变我们的统治方式和风俗习惯就可以达到这个目的，还是改变了才能达到这个目的？”大家都回答：“只有改变，才能达到。”魏孝文帝态度坚决地说：“为了让我们的子孙后代永远治理这个国家，我们就必须改变旧有的政治制度和风俗习惯，学习南朝汉族政权的政治制度。如再有敢于反对者，以破坏江山社稷之罪，严加惩处”。

公元494年，即迁都洛阳的当年，魏孝文帝下令，禁止鲜卑贵族再穿胡服，一律改穿汉族服装，从装束上消除民族间的差异。十二月甲子，孝文帝在先极堂会见群臣时，“颁赐冠服”，带头易鲜卑服装为汉族服装。过了一段时间，他外出回到洛阳，见到大街上仍有个别鲜卑族妇女还戴着帽子，穿着夹领小袖的鲜卑服，便责问有关大臣。拓跋澄说："不管怎样，现在洛阳城里穿鲜卑服的毕竟少多了，还是穿汉服的人多。"魏孝文帝十分生气地反问："那么让全城的人都穿鲜卑服你才满意吗？"随后，他把负责洛阳的官吏责备一通，并再次下令，要人人皆知，不许再穿胡服。

公元 495 年，魏孝文帝又下令禁止鲜卑贵族讲鲜卑语，要求一律讲汉语。当时的鲜卑语被称为"北语"，汉语称为"正音"。孝文帝曰："今须断诸北语，一从正音。"三十岁以上的鲜卑官吏，在朝堂上议论国政，要逐步改用汉语，三十岁以下的鲜卑官吏，在朝堂上应立即改用汉语，一律不准再讲鲜卑语，如有再说鲜卑语的，轻者降职，重者罢官。没有多久，整个京城洛阳很少再听到鲜卑语音。

公元 496 年，魏孝文帝下诏改鲜卑族原有的姓氏为汉姓，并以汉族的门第等级为榜样，定出相应的门第等级。诏书中说："北人谓土为拓，后为跋。北魏的祖先也是黄帝的子孙，在五行中属于土，土又是"黄中之色，万物之元也"，所以首先将拓跋氏改为元氏，门第最高。随后，为了改姓方便，以音近于原鲜卑姓者为准，改为相应的汉姓：丘穆陵氏改姓穆氏，步六孤氏改姓陆氏，贺赖氏改姓贺氏，独孤氏改姓刘氏，贺楼氏改姓楼氏，勿忸于氏改姓于氏，纥奚氏改姓嵇氏，尉迟氏改姓尉氏。这八姓贵族的社会地位，与汉族北方的最高门第崔、卢、李、郑四姓相当。其他稍低一些的鲜卑贵族姓氏改为汉姓后，其门第等级与汉族的一般士族相当。与此同时，魏孝文帝还设法使皇族和鲜卑贵族与汉族地主，按照门第等级的高低，实行对等联姻，并以此为荣。这实际上是借联姻把两族统治阶级的利益和命运拴在一起，以巩固北魏王朝政权的一种手段。魏孝文帝首先带头，立汉族重臣李冲之女为皇后，把汉族地主卢敏、崔宗伯、郑羲、王琼的女儿纳入后宫，又为自己的五个弟弟都娶了汉族地主的女儿为妻，他的女儿也嫁给了汉族地主。

魏孝文帝为了消除鲜卑族与汉族之间的差别，还下令改变鲜卑人的籍贯。凡是迁到洛阳的鲜卑人就算洛阳人，死了也不准运回塞北，即所谓“生为洛阳的人，死葬北邙山”。

魏孝文帝的改革从一开始就受到了一些鲜卑贵族的反对，随着改革的深入，对立情绪越来越大，不少人指责孝文帝“亲近汉人”，“遗疏祖族”，他们对于“变俗迁洛、改官制服、禁绝旧言，皆所不愿”，①有的贵族不愿学习汉文，说“北人何用知书”。②公元 496 年，孝文帝出游嵩山，命太子恂镇守洛阳。拓跋恂反对改革，趁机密谋拉起大队人马重返平城，魏孝文帝得知，立即赶回京城，将太子囚禁，并召集群臣，议废太子。不少大臣纷纷反对。魏孝文帝说：“你们反对是出于私心，我是出于公心，为了国家大义灭亲，古人所贵，太子恂违背父命，企图北逃，这样的人如不除掉，必将成为国家的祸害。”于是，废掉太子，不久又将其毅然处死。

魏孝文帝采取坚决措施，排除了鲜卑贵族的保守势力，消除民族隔阂，促进了各民族之间的团结共融。作为一个少数民族出身的封建帝王，不怀民族偏见，敢于承认自己的落后，并且虚心学习先进民族的政治、文化，魏孝文帝确是突出的一个。

举贤任能　倡导文化

鲜卑人过去一直过着马背生活，游牧四方，骠悍善战，但缺乏文化修养，多武将，少文臣，重“武略”，轻“文治”。魏孝文帝在进行一系列的改革过程中，深知人才的重要性。因此，他任贤举能，广开才路，把一大批有才干的人集中在自己的周围。

北魏王朝虽然也按照汉族统治者的方法，建立了门阀制度，把鲜卑人和汉族地主按门第分为高低贵贱的等级。但魏孝文帝对西晋时“上品无寒门，下品无势族”的一套等级制度，并不是全盘接受。有一次，他召集群臣专门讨论人才和门第之间的关系。李冲说：“要想使国家富强，

---

① 《魏书》卷 14《元丕传》。

② 《魏书》卷 21《广陵王羽传》。

万不可以门第高低取人，陛下应建立一套选拔人才的制度才行。”韩显宗也说：“国家兴旺在于人才，不能只重出身，哪能以贵袭贵、以贱袭贱？”“出身高贵的人只能说明他的祖先对国有功，而他本人则未必于国有功。只要确有才能，不管是屠夫、渔人、奴仆、俘虏，都可以授官。没有才能者，出身再高贵，也不能任官。大才者做大官，小才者做小官，无才者不做官，只有如此，国家才能昌盛。”孝文帝听后表示赞同，为此他又制定了一些选拔人才的具体规定。

首先是要求各地官吏举荐人才。无论什么地方有才能的人，各级官吏都要向中央举荐，这些人可不受门第等级的限制。如果谁能推举出真正有才干的人，谁就会得到奖赏，可休假三天，并把它做为提升、考核官吏的内容之一。其次，为了尽快选拔人才，魏孝文帝改变过去传统的考核制度，过去规定官吏三年一考，九年进行三考，然后才决定官员的升降。现在规定三年一考就决定升降。对五品以上的官员，他有时亲自进行考核。有一次，并州刺史王袭听说魏孝文帝要经过并州，就让人事先刻好为自己歌功颂德的石碑立在路旁。魏孝文帝见后生疑，随即派人调查，结果发现王袭确是弄虚作假，便对他进行了处理。他常指责自己身边的几个重要官员：“你们都身居要职，这么长时间了，既没有对我批评过一句，又没提出过一个好的建议，更没有给我推荐过一个有才能的人，这是很大的罪过。”为此，他的弟弟广陵王拓跋羽以及各位大臣，有的被扣发薪水，有的被降职，有的被罢官。再其次，魏孝文帝对那些南朝投降的官吏，只要具有才能，也同样给予信任和重用。南朝刘宋政权的后代刘昶投降以后，每当他出门远行，魏孝文帝总是亲自送行，并让文武大臣作诗相赠。南朝汉族地主王肃逃到北魏后，魏孝文帝听说他很有才能，便立即召见他，并让他做了高官。王肃非常熟悉南朝的各种礼仪制度，因此他在改订官制礼仪方面起到了很大作用。王清石原是江南大地主，世世代代在江南做官，他到了北方以后，担心魏孝文帝不信任他。谁知魏孝文帝不但不嫌弃他，反而以重礼相待，并对他说：你什么时候想见我都行，想说什么都可以。由于魏孝文帝礼贤下士，唯才是举，使一大批人才成为他进行改革、推行汉化政策的重要力量。

鲜卑人由于过去没有文化，信仰一些原始巫术。冯太后执政的时候，便开始吸收汉族文化。重视儒家教育，在北魏的历史上，她第一个设立了乡学，废除原始巫术，下诏祭祀孔庙，封孔子的二十八世孙孔乘为崇圣大夫。魏孝文帝从小就接受汉族文化，羡慕汉族文化。迁都洛阳后，他更是大力提倡发展文化。他对鲜卑人说："迁都洛阳，就是为了让你们增长见识，如果一直住在平城，就什么也学不到，我们的子孙将永远像面对墙壁站着一样，什么也不懂。"于是，他积极兴办学校，传播文化知识，并征集天下书籍进行专人整理和研究。由于他的大力提倡，衰落已久的北方文化又出现了复兴的气象。

在艺术方面，北魏时期的雕塑、书法等艺术，也都有很大发展。在魏孝文帝统治时期，他废止了原始巫术，开始提倡佛教。佛教于西汉末年传入中国，它宣传一种生死轮回、因果报应的宗教思想。魏孝文帝出于巩固政权的需要，非常重视佛教。仅洛阳城就建立了一百多所寺院，和尚、尼姑二千多人。全国共有寺院六千四百多所，和尚、尼姑有七万七千多人。继敦煌、云冈石窟之后，在魏孝文帝太和十八年，又建造了著名的龙门石窟。以后历经东魏、南魏、北齐、北周、隋、唐等朝代，相继营造四百多年。龙门石窟的窟顶和四壁都雕饰得十分精丽，佛像造形逼真。其中宾阳洞左右两幅大型浮雕《帝后礼佛图》，是我国北魏时代的雕塑杰作，也是我国古代艺术宝库中的精品。除此之外，魏孝文帝还十分重视汉字的写作，颇重书法。在他的大力倡导下，北魏的书法刚劲有力，气势雄厚，别具风格，多以刻石立碑为见长。因此被后人称之为"魏碑"。

魏孝文帝统一北方，建都洛阳以后，时时都想着打败南朝，统一全中国。他在一首诗中写道："白日光天无不曜，江左一隅独未照"，为了完成统一祖国大业，他一边加紧国内的政治、经济、文化方面的改革，一边几乎年年征战。公元 499 年 4 月，他终于在南伐的途中患病死去，时年才 33 岁。

魏孝文帝 2 岁被立为皇太子，4 岁登上皇位，24 岁亲政。他抛弃狭隘的民族偏见，实行一系列的改革，使中国的北方出现了一个比较安定的政治局面，社会经济、文化有了明显好转，促进了鲜卑族向封建社会的过渡。他是我国历史上少数民族中少有的政治改革家，也是促使中华各民族间团结融合、繁荣昌盛的杰出的封建帝王。

北周武帝宇文邕

——独掌权柄　富国强兵

北周武帝宇文邕，复姓宇文，名邕，是北周后期一位很有作为的年轻皇帝。他出身于鲜卑民族，是继魏孝文帝之后又一位少数民族杰出的政治家和军事家。他采取非常手段，执掌皇权。掌权后，他励精图治，做了许多改革，如发展农业生产，加强军队建设，打击佛、道二教，严惩不法官僚，继续推进各民族之间的融合，维护国家统一……在中国的封建社会的历史上，周武帝也是一位被后人称为具有“雄才大略”的君王。

智诛险臣　独掌权柄

公元499年，魏孝文帝一命呜呼，他的后继者立即将他的改革成果付诸东流。他的儿子宣武帝，“好游骋苑”，“嬉戏无度”，“不亲视朝”。咸阳王元禧为宰相，更是大肆搜刮民财，家中蓄奴婢千人，元晖领右卫将军，卢昶为侍中，都因贪婪无厌，致有“饿虎将军，饥鹰侍中”的绰号。吏部公开卖官，大小官职都有定价。人们讥骂吏部为“市曹”。就在这样一个腐朽、反动集团的统治之下，政治日益黑暗，兵役、徭役、赋税日益加重，各地地主、寺院对广大劳动人民的盘剥日益残酷。官逼民反，全国各地很快掀起了轰轰烈烈的起义运动。

首先是六镇起义，即沿长城一线之北的六个军镇的镇民和镇兵，不堪忍受镇中豪强和镇将的奴役，聚众捕杀镇将，举行起义。接着河北、山东、关陇等地兵民，义旗高举，杀声阵阵，全国又一次进入混乱之中。在农民起义的沉重打击下，北魏统治集团内又发生了争夺帝位的残酷斗争。胡太后毒死了孝明帝，另立三岁小儿元钊为帝，自掌大权。尔朱荣以为孝明帝报仇为由，率兵南渡黄河，攻入洛阳，将胡太后、小皇帝一起扔进黄河淹死，另立元子攸为帝，即孝庄帝。不久，孝庄帝杀尔朱荣。尔朱荣之侄尔朱兆又杀孝庄帝……正当北魏统治集团在洛阳城内火并、残杀之时，北方又崛起两个势力强大的军事集团，即宇文泰集团和高欢集团。这两个集团又互争雄长，东西对峙，接着又建立起东魏、西魏、北齐等国。公元556年，宇文泰突然病死，他众子年幼，难于驾驭西魏的朝政，便委托其侄宇文护辅佐。宇文护是个权势欲极强的人，专权独断，根本不把皇帝放在眼里。不久，他威逼西魏皇帝禅位给宇文觉，改国号为周，史称北周。

北周建立以后，宇文护更是专擅国政，扫灭功臣，诛杀异己，由此引起不少大臣的愤恨。大将赵贵、独孤信等人策划，要捕杀宇文护，不料宇文护事先觉察，先发制人，杀了赵贵，逼独孤信自杀。然后又杀了北周闵帝宇文觉，另立宇文毓为明帝。公元560年，宇文护又毒死明帝。北周皇帝简直如同宇文护手中的玩偶，想立就立，想废就废，想杀就杀。宇文护擅权期间，无人治理国政，从皇帝到大臣，整天惶惶不可终日，总担心有一天自己会死于宇文护的屠刀之下。北周的政治腐败，赋役繁重，户口凋残，民不聊生，社会矛盾日益激化。就在这样的形势下，宇文邕被宇文护拥立为北周的第三任皇帝，即周武帝。

周武帝即位时，才刚刚18岁，正是朝气蓬勃、风华正茂之时。他胸有大志，很想干一番事业。对于宇文护专权朝政，引起的朝野混乱，民怒沸腾，他早已铭记在心，准备重振朝纲，一展宏图。但前两任皇帝的结局还历历在目，搞不好，自己也会遭到同样的下场。周武帝不愧是具有雄才大略之人，他决定实行韬晦之计，迷惑宇文护，保护自己。因为他知道，自己刚刚即位，没有可靠的人辅助，除掉宇文护这个在朝内经营多年的老贼，谈何容易？对于宇文护的擅权、残暴，他恨在心中，藏而不露。平时，他似乎不大关心朝政，对于大臣的奏章，他总是唯唯诺诺，从不明确表态，而要听宇文护的裁决。对于宇文护的话，他总是言听计从，从来不提不同意见，看上去仍然像个孩子似的。这一招果然奏效，使宇文护产生错觉，认为周武帝是个平庸之辈，成不了什么大气候，不会对自己的专权造成多么大的威胁。除此之外，还有更使宇文护得意的是，周武帝和他总是兄弟相称，行家人之礼，每次会见皇太后时，宇文护都有个座位，而周武帝则站在太后身旁，垂手肃立。宇文护哪里知道，这完全是周武帝的一种策略，他要给宇文护造成一种假象，暗地里却在寻找机会，积蓄力量，准备除掉这个凶残的祸害。他知道自己的同母弟宇文直，因被宇文护免了官职，怨气很大，便通过他，联络了王轨、宇文神举、宇文孝伯等人，秘密筹划，商定诛杀宇文护的大计。

周武帝从即位之初，一直等待和筹划了整整 13 年，终于在公元 572 年 3 月 18 日，决定捕杀宇文护。这一天下朝之后，周武帝又引宇文护入内宫朝见太后。途中，周武帝对他说：“我母亲年纪大了，身体又不好，且又染上个习惯，好喝酒，又不知节制，我常常劝她老人家，但她根本不听，这次约兄长一同进宫拜见，请你替我劝劝太后。”说着，把一幅抄有《酒诰》的绫绢交给宇文护，他接着说：“念念《酒诰》，或许能起作用。”《酒诰》是《尚书》的一篇，相传为周成王所作。北周仿效周朝古制，《酒诰》自然带有很大的权威性。宇文护不知是计，欣然同意。见了太后，宇文护按照周武帝的要求，对老太太劝说了一番，然后展开《酒诰》，抑扬顿挫地读了起来。正当他念得起劲时，周武帝悄悄走到宇文护的身后，举起三尺长的玉珽，对准他的脑袋狠狠砸去。宇文护的头上顿时鲜血冒了出来，痛得他跌倒在地，滚来滚去。周武帝又命太监何泉抽取御刀砍杀。何泉吓得浑身发抖，连砍数刀，也未能击中要害，这时埋伏在窗外的宇文直冲进殿来，一刀结果了宇文护。紧接着，周武帝又将宇文护的几个儿子及其心腹死党召至殿内，一一就地正法，一网打尽。第二天，周武帝下诏，公布了宇文护的罪状："志在无君，义违臣节"，"任情诛暴，肆行威福"，"遂使户口凋残，征赋劳剧，家无日给，民不聊生"。

周武帝苦心经营了13年，终于一举剪除了宇文护集团，然后又从上至下地清除了一批贪官污吏，任命了一批正直忠诚、精明干练的官吏，把国家的大权夺回到自己的手中。从此，"朝政惟新，兆民更始"。他采取了"修富民之政、务强兵之术"的治国方针，在政治、经济、军事等方面进行了一系列卓有成效的改革，提高了皇权，增强了国力，为统一大业奠定了可靠的基础。

修富民之政

周武帝执掌权柄以后，立志要消灭东方的北齐、南方的陈朝，从而完成统一中国的大业。但是，要把理想变成现实，并非易事。没有强大的经济力量作为后盾是无法成功的。

北周与北齐对峙，就国力而言，北周不如北齐。北齐占有黄河中下游地区，生产发达，物产丰富，人力强盛。北周地处西北，那里虽然也有部分地区富庶，但难同北齐的中原沃野相比。北周人口一千余万，还不及北齐人口的一半。加上宇文护专权期间，大批良田荒芜，人口流徙多半，社会经济严重萧条。周武帝为了增强国力，完成统一大业，便采取了一系列发展经济的措施，实行"富民之政"，使北周的经济状况有了很大的发展。周武帝的"富民之政"主要有如下一些内容。

首先是继续实行均田制。早在北魏孝文帝时期，为反对豪富之家兼并土地，把大量因战乱而四处流散的农民安置到土地上去，实行了均田制，丁男授田60亩，妇女授田20亩。西魏时期，宇文泰在自己的统治区内继续推行了这一制度，并扩大了授田的面积，规定一夫一妻可授田140亩，未成家的丁男100亩。周武帝亲政之后，继续实行均田制，以满足农民对土地的要求。不少大户人家在宇文护专权时期，兼并土地过多，不少农民没有地种，周武帝下令，凡占地多者，须加倍交纳田租。各郡州官吏要鼓励无地农民多开荒地，并可免租3年。为了发展生产，与民休息，周武帝又多次下令减轻徭役。西魏时每个成年男子每年要出役两个月，北周初年减为一个半月，周武帝时又减为一个月，比北魏、西魏、北周初年要轻得多。周武帝认为："为治欲安，安在息役"，只要减轻徭役，使大量的人民安心休养生息，国家自然就会安定。由于周武帝推行了均田制，减轻徭役，使大量的闲散、流移人口能够安定下来，从事农业生产，北周的农业经济很快有了好转。

解放官私奴婢，是周武帝"富民之政"的又一个内容。奴婢制度最早起源于奴隶社会，即奴隶中大部分人从事农业、手工业和其他社会生产部门的劳动之外，还有一小部分人专门为奴隶主的日常生活服务，主要从事家庭内部劳动。奴隶制解体后，不少专门从事家务劳动的奴隶依然保留下来，昔日的奴隶现在成了奴婢。我国在进入封建社会之后，封建帝王、官僚地主、富商大贾、中小地主都或多或少地占有奴婢。据记载，有的大官豪族私占奴婢达几千人。北魏的鲜卑民族在进入中原之前，正处于奴隶制向封建制转化时期，奴婢制度非常盛行，鲜卑贵族把大量的战俘和他们的家人，收为官私奴婢。如西魏宇文泰攻陷江陵之后，一次就掳掠梁朝王公以下男女百姓数万口充当奴婢，归回长安以后，把这些奴婢分赏三军将士，仅主将于谨一人受赏奴婢就达千人。奴婢们不从事农业生产，专门为主人的日常生活服务。这一制度的存在，一方面使社会生产的劳动力大量减少，另一方面助长了官僚地主阶层过奢侈腐化的生活。周武帝于公元565年就下诏，要求官私放免奴婢："江陵良人年六十五为官奴婢者"和七十岁以上的官私奴婢，一律放免。亲政以后，更是加快放免奴婢的步伐。公元572年，他下令江陵被俘充当官奴婢者，不论老幼，一律放免为民。公元577年，下令河南诸州被北齐掠为奴婢的，不管官奴婢还是私奴婢，全部放免，任何人不得干挠，如有敢抵触者，严加惩处。与此同时，他严令禁止乡官隐匿户口、土地，正长如隐匿5户和10个以上，隐地3顷以上者，一律处以死刑。放免后的奴婢，要根据他们的愿望，自由选择居留地，“随便安置”。在此之后，周武帝又多次下诏放免奴婢。这样，大量的奴婢被解放出来，直接从事农业生产。他们的社会地位提高以后，劳动生产积极性大增，这就有力地推动了北周农业经济的恢复和发展。

打击佛、道二教，强制僧侣还俗，没收寺院土地，是周武帝“富民之政”的第三个内容。北魏建立以后，鲜卑贵族为了麻痹人民，加强他们的统治，大力倡导佛教。特别是魏孝文帝迁都洛阳以后，各种宗教都在发展，而以佛教发展为最快。到北魏末年，全国人口约3000万，僧尼多达200余万，寺院达3万余所，仅洛阳的佛寺就多达1367所。每个寺院都拥有大批田地。有的是皇帝的赏赐，有的是贵族、官僚的施舍，还有的是寺院的强占，《魏书·释老志》曰：寺院“侵夺佃民，广占田宅”。大部分寺院和地主庄园差不多，少数僧尼同大地主一样，一般僧众是寺院中的被剥削者，整日从事寺内劳动和杂役。较大的寺院还拥有较多的僧祇户，即依附于寺庙的佃户，他们的租税全部缴纳寺院。到了北周时期，佛、道二教的势力空前发展，全国人口不到1000万，僧众就达100多万，占国人口的十分之一，不少人“假慕沙门、实避调役”，纷纷投奔寺庙，使僧民数量急剧增长。寺院侵占了大量土地，又侵占了大量的劳动力，这就严重影响了北周政府的财政收入。

公元574年，北周武帝下决心打击佛、道二教的势力，要“求兵于僧众之间，取地于塔庙之下”。然而，在佛、道二教势力非常强盛的条件下，进行这一运动必须讲究禁佛的策略。早在6年多以前，他就开始做舆论上的准备，召集公卿百官和僧侣，讨论儒、佛、道三家的先后顺序，接着明令以“儒教为先，道教为次，佛教为后”。经过长达6年的准备，公元574年，他断然下令，禁止佛、道二教，销毁佛经佛像，勒令僧尼还俗，没收寺院的全部土地和财产，分赏臣下，立为国用。他在诏令中说道：“断佛、道二教，经像悉毁，罢沙门、道士，断令还民”，“三宝福财，散给臣下，寺观塔庙，赐给王公”。在强大的禁佛运动中，僧侣一律还俗，成百万的“僧祇户”和“佛图户”（即寺院奴隶）都被编入户籍。社会劳动生产力急剧增加，大大增加了北周的财政经济收入和兵役来源，也减轻了人民负担，“民役稍稀，租调年增，兵帅日盛”。公元577年，周武帝灭齐之后，又在北齐境内推行禁佛运动，还俗的僧侣达300多万。在中国封建社会的历史上，周武帝是以打击佛道二教，烧毁佛像、佛经，强制僧侣还俗，没收寺院财产而闻名于帝王史册的。

周武帝的“富民之政”，除上述主要内容之外，还有兴修水利，开挖河道，开垦荒地，改造盐碱地等措施。所有这一切，都使北周的经济有了很大的发展。与此同时，周武帝还大力提倡节俭，反对奢侈腐化。他带头过艰苦生活，日穿布袍，夜盖布被，后宫嫔妃不超过10人。他巡幸云阳宫时，下令将并、邺两地的豪华建筑全部拆毁，材料分给贫苦百姓，自己住在“简屋陋舍”。作为一个封建帝王，能够做到这样的程度，在封建帝王史上也实属少见。

务强兵之术

周武帝立志要灭掉北齐，统一中国。他深深地懂得，光有强大的经济力量，没有强大的军事力量，是根本不行的。为此，他开始改革军队制度，解决兵员来源，加紧训练军队，以完成他统一中国的宏图。“务强兵之术”，就是他提出的著名口号。

首先，周武帝全面改革府兵制度。府兵制为宇文泰所建，这一制度规定，府兵由6柱国分别统领，每一柱国统帅两大将军，共设12大将军，每个大将军统帅两个开府，共有24开府，每个开府统帅一军，共有24军，兵士约有5万余人。开府以下还设有议同、都督等军官。从柱国、大将军到都督，构成了一个完整的军事指挥系统。宇文泰时，6大柱国对其部下可以“自相督率”，兵士和武器、粮秣也由6柱国负责供给。所以，当时的府兵虽然已以禁卫军的形式出现，但实际上对朝廷还保持有一定的独立性。宇文泰和宇文护时，府兵系统归相府管辖，皇帝是无法调遣的。

相府掌握着军事大权，对皇权产生了严重的威胁。宇文泰在西魏执政时创立了这一制度，他自己以大冢宰、都督中外诸军事的身份，全面控制军事大权，所有的军队归相府管辖，没有他的命令，任何人，包括皇帝在内，都无权调动军队，相府的权力实际上已凌驾于皇权之上。北周建立以后，宇文护完全继承了宇文泰的这一套作法，他也担任大冢宰，都督中外诸军事，统帅全部府兵，因此，他对于北周闵帝宇文觉、明帝宇文毓，想废就废、想杀就杀，擅权朝政，无人敢问。北周武帝对这样一种府兵制度早就决心全面进行改革。

公元 572 年，周武帝杀掉宇文护以后，立即废除都督中外诸军事机构，所有的府兵直属于皇帝。相府虽然仍然存在，但已无权指挥军队。6 柱国“自相督率”的规定也随之废除，并下令“改诸军军士为侍官”，这样，府兵成为名副其实的中央禁卫军，直接受皇帝管辖、调遣。这种府兵制度一直延续到唐朝天宝年间，在中国古代军事史上影响大。解决了府兵领导权以后，周武帝又进一步扩大兵源。西魏时府兵的来源有着严格的规定，除鲜卑人之外，只能从关陇豪右以及九等户中的上、中等的富有农户中征发府兵。周武帝改革了这一规定，下令凡是设置军府的州郡，府兵都可以从均田的农户中征发，服兵役的贫下农户，可以免赋役 3 年，这种办法大规模地开拓了兵源。广大汉族贫民得以参加府兵，既能使府兵制与均田制结合起来，为北周军事力量的加强提供了雄厚的基础，又有利于府兵系统中鲜卑族和其他民族之间的融合。周武帝对府兵制度的改革，开创了兵农分离到兵农结合的先例。

其次，周武帝十分重视对府兵的军事训练工作。他运用了讲武和习武两种练兵方式。所谓习武，就是府兵平时的军事训练。府兵担任着守护宫廷的任务，一个月之中，半月执勤半月训练，轮番进行。集结在京城的卫戍部队，每个月要通过“简阅”的形式集中训练。所谓讲武，就是规定每年定期举行不同规模的军事演习。演习举行的季节不同，名称也不同，春季演习叫“振旅”，夏季演习叫“发舍”，秋季演习叫“练兵”，冬季演习叫“大阅”。当然，讲武也并不拘泥于四季，也有根据实际需要，不定期进行的。为了提高兵将习武、讲武的积极性，周武帝身先士卒，经常亲自参加军事演习，随部队爬山过河，穿越于丛林峡谷之间。据记载，周武帝先后举行过军事演习 13 次，其中大规模的讲武有 9 次。通过府兵改革和加紧军事训练，北周的军事力量日益强盛起来。

周武帝励精图治，“修富民之政，务强兵之术”，使北周国富民强，形势一天天好了起来。而东方的邻国北齐，这时却是主昏臣贪，政出多门，残害忠良，在一天天走下坡路。据说北齐当时的武成帝滥饮无度，整天喝得醉如烂泥，佞臣专权朝政，后宫妃嫔一个个锦衣玉食，穿一条裙子价值一万匹绢。他供养的许多狗、马、鹰、公鸡，也都被封官加爵，享受奉禄。国内各种矛盾激化，官吏腐败到了极点。就在这样的情况下，周武帝于公元 576 年，毅然下令，举兵伐齐，进行统一祖国的战争。

以往北周同北齐进行过几场战争，但由于当时北齐国力、民力、财力都远比北周强大，因而没有成功。后来，周武帝改变了策略，一方面派人去北齐，假意修好，麻痹对方，让北齐“懈而无备”；另一方面，联络陈朝和突厥，孤立北齐。当时的陈朝版图虽然不大，但在军事上很有实力，“控弦数十万”，强悍善战。周武帝派使臣南下与陈朝约好，一旦将来消灭了北齐，北周与陈朝平分中原。陈朝不知是计，随即派大将吴明率领重兵，进攻北齐重镇彭城，并在吕梁一线击溃北齐军队数万人。这样，北齐的相当兵力被陈军牵制过去，减少了其他地方的兵力。周武帝为了拉拢突厥，娶突厥可汗的女儿为皇后。经过这样的谋划，周武帝才开始大举进兵灭齐。

公元 576 年 10 月 3 日，周武帝亲率 14 万大军，挥师直下平阳（今山西临汾附近），周军很快占领平阳，并迅速完成对晋阳的包围。北齐后主当时正带着爱妃在天池（今山西武县西南管涔山上）打猎，告急文书一件件传来，昏庸的北齐后主直到围猎意尽，方才赶回晋阳，他拼凑了 10 多万齐兵向平阳反攻。两军在平阳城南展开决战，结果齐军大败。周武帝乘胜攻取晋阳，第二年正月又攻破邺城，并将逃跑在外的北齐后主高纬俘获。北齐就这样被周武帝灭亡了，中国的北方又一次实现了统一。

周武帝灭齐之后，又乘胜进军，决心“平突厥，定江南”，实现统一中国的宏伟大业。他派军队南下伐陈，很快占领了陈朝的淮南一带，消灭陈朝军队主力 3 万多人。北周的南疆拓展到了长江沿岸。在南方扩展了一段疆土之后，周武帝又挥师北进，攻打突厥。他想在灭了突厥之后再彻底占领江南，但不幸在攻打突厥的征途中感染了风疾，返回长安后便一病不起。公元 578 年 6 月，年仅 35 岁的周武帝宇文邕壮志未酬，饮恨逝去。

周武帝虽然没有能完成统一全中国的大业，但是，他在纷纷乱世中能够智除险臣，独掌朝政，“修富民之政、务强兵之术”，在政治、经济、文化等方面进行了一系列卓有成效的改革，消灭了北齐，结束了北方长期分裂的局面。这一切成果，为后来的隋文帝杨坚完成统一全中国的大业，奠定了人力、物力、兵力等方面的基础。周武帝英年早逝，留给了后人无限的遗憾，他对中国历史发展所做出的巨大贡献，是永远不可磨灭的。

隋文帝杨坚

——开创隋制　社会富庶

从东汉末年到隋朝建立之前的四百年间，中国一直处于割据战乱之中。中间虽然有过晋武帝司马炎暂短的统一，但很快又引起十六国之乱。公元 439 年，北魏太武帝扫清了十六国残余，建立了北魏政权，但南朝仍然霸主江南。连北魏王朝日益强盛时的帝王魏孝文帝，生前也不无遗憾地写下了“白日光天无不曜，江左一隅独未照”的诗句。公元 499 年，北魏政权又开始大乱，内部互相残杀，各地农民纷纷起义。中国土地上又出现了东魏、西魏、北齐、北周等朝国。直到公元 577 年，北周武帝灭齐，才又统一了北方，但南方仍有陈朝、后梁对峙，北方的突厥也时常南下袭扰中原……因此，有人把中国这段长达四百年的历史称为“乱砍”的历史。天下大乱，砍杀不断，白骨覆盖白骨，荒园连着荒园。四百年分裂割据的漫长岁月，广大人民饱尝了乱砍之苦。他们十分渴望祖国能够统一，国家能够安定，社会能够繁荣。

公元 581 年，北周的大丞相杨坚，废除了周静帝，自立为帝，建立了隋朝政权，改元开皇，随之进行了统一中国的战争。不到几年时间，杨坚灭掉后梁、陈朝，顺利地完成统一中国的大业。中国的历史上又一次出现了统一、繁荣、强大的盛景。隋文帝杨坚实现了人民的愿望和历史发展的要求，社会再次步入正轨，使隋王朝在中国的历史上留下了不可磨灭的功绩。著名的大运河就开凿于隋朝，它贯通祖国南北，促进了南北经济、文化的交流和发展，加强了国家的统一。秦汉时期是我国历史第一次大一统的时期，秦王朝留下了华夏子孙引以为自豪的万里长城。隋唐时期是我国历史上第二次大一统的时期，隋王朝留下了华夏民族引以为骄傲的南北运河。统一是历史的主流，只有统一，祖国才能繁荣昌盛。隋朝的粮仓之多，堆积物资之盛，同样是历史上少有。据说，当时的粮仓有数十个，仅洛阳城就有两个大粮仓。仓内“储米粟多者千万石，少者不减百万石”；①河南巩县的洛口仓城周围二十里，内穿三千窖，每窖可容米八千石。隋朝的粮仓内到底有多少粮食，谁也估计不出。据唐太宗说，直到隋朝末年，“计天下储积，得供五六十年”②。元朝时马端临说，古今称国家最富饶者，应为隋。当然，隋朝的富庶，首先说明了统治阶级对人民搜刮剥削得厉害，同时说明了当时农业生产的发展。因为只有农业生产发展了，统治阶级才有可能向人民搜刮这么多的东西。

隋朝是一个统一的朝代，也是一个富饶繁荣的朝代，虽然它是短命的。正如著名的历史学家范文澜先生指出的那样：“隋文帝的主要功绩，在于统一全国后，实行各种巩固的统一的措施，使连续三百年的战争得以停止，全国安宁，南北民众获得休息，社会呈现出空前的繁荣。秦始皇创秦制，为汉以后各朝所沿袭，隋文帝创隋制，为唐以后各朝所遵循。秦、隋两朝都有巨大的贡献，不能因为历年短促，忽视它们在历史上的作用。”③

政治制度的改革

改革官制

北周时期的官制，由宇文泰模仿《周礼》所订。他把军政大权集于

① 《通典·食货典·丁中》。

② 《贞观政要》卷8《论贡赋》。

③ 《中国通史》第三册4页。

丞相一人之手，以至后来的宇文护，也是权倾朝野，“外托为相，其实王也。”周武帝虽然也采取了一些措施，削弱丞相的权力，但整个官制体系没有多大改动，因此，丞相的权力仍然很大。

隋文帝称帝之后，在中央机构方面，废除了北周的官制，将秦、汉、魏、晋、南朝各代的中央官职做了一次大综合，建立了三省六部制。所谓三省，即内史省——是中央的决策机构，负责起草和颁布皇帝的诏令，长官称内史令。门下省——是中央的审议机构，负责审察政令，驳正违失，长官称纳言；尚书省——是中央执行机构，负责执行全国的政令，长官称尚书令，副长官称仆射。三省互相独立，又互相牵制，共同担负秦汉时丞相的职责，以避免丞相权力过大而危及皇权。这一制度的建立使丞相的权力大大削弱，而皇帝的权力得到加强。尚书省下设六部，即吏部、民部、礼部、兵部、刑部、工部，分别负责官吏任免考核、户口赋税、礼仪、军政、刑法、工程营建等方面的事务。六部长官皆称尚书。六部尚书分掌全国政务，这一制度从隋朝建立起，一直沿用到清朝末年，基本上没有多大改动。

在地方组织方面，隋文帝在公元583年，把东汉以来的州、郡、县三级制,改变成州、县两级制,(后来隋炀帝改州为郡、实行郡、县两级制。)变地方的三级制为两级制。在南北朝时，州郡县的设置既滥又多,《隋书·杨尚希传》中说:“或地无百里，数县并置;或户不满千,二郡分领”,形成“民少官多，十羊九牧”的局面。隋文帝废去郡这一级，撤郡五百余，并且合并了不少州县，裁汰了大批冗官。这种对地方行政机构大刀阔斧的精简，节省了中央经费开支，减轻了人民负担，提高了行政效率，加强了中央对地方的直接控制。

在州县属吏的任用方面，隋朝废除了秦汉以来地方官就地自聘僚属的制度。过去就地征用属吏，大多数是本地的豪强。这些人把持地方政权，贪污腐败，称霸乡里，极易引起民愤，也不利于中央对地方的控制。隋制规定，凡九品以上的地方官吏，一律由中央的吏部任免，州县佐官要三年一换，不得连任，所用之人，必须是外州县者，凡本地人一律不得征用。这样，就把地方官用人之权全部收归中央，州县属官回避本州县，又防止了地方政权被当地豪强所把持。这就进一步加强了中央对地方的控制。

隋文帝还十分重视吏治，奖励良吏，严惩不法官吏。汝南太守公孙景茂任职期间廉明清正，生产发展，社会秩序安定，隋文帝将他提任道州刺史，又将他的事迹颁告天下，让各级官吏向他学习。汴州刺史令狐熙政绩突出，隋文帝赐帛三百匹，布告天下。为了使州县官吏能够廉洁治民，隋文帝采取给田养廉的办法，奖励良吏，以使他们不去搜刮民脂民膏，堕入贪官污吏之列。与此同时，隋文帝采取严刑，重处不法官吏。他还经常派人侦察京城内外百官的执政情况，发现罪状便加以严惩。有时他秘密使人给官吏送去贿赂，一旦有官吏受贿，立即处以死刑。他假借年幼时，相面人赵昭告诉他的话："你将来做皇帝，必须大诛杀才得稳定"，大量诛杀污官污吏。在隋文帝时期，大批良吏不断涌现，全国各地社会秩序井然，这与隋文帝这一套吏治手段是分不开的。

隋文帝不光要求各级官吏要廉明清正，不得腐化奢侈，他自己也带头"躬履节俭"，是我国历史上以节俭而著称的封建皇帝之一。史载隋文帝教训太子杨勇说："从古帝王没有喜好奢侈而能长久的，你当太子，应该首先崇尚节俭。"太子杨勇、三子杨俊都因生活奢侈，被罢免官职，杨勇的太子也被废黜。宫廷所用衣物，大多是破了再补，直到不能用为止。据说隋文帝要配制止痢药，宫中竟找不到一两胡椒粉。有一官吏用布袋装生姜送给他，他认为太破费，大加谴责。在他崇尚节俭行为的带动下，社会节俭成风，当时的不少人士，衣服多用布帛，不穿绸缎，饰带只用铜铁骨角，不用金银玉翠。公元594年，关中闹饥荒，隋文帝派人去察看灾情，见百姓所食都是豆粉拌糠，他拿着食品给群臣看，涕泪泗流地责备自己无德，命令撤消常膳，不吃酒肉。他率领饥民到洛阳就食，令卫士不得驱迫民人，遇见扶老携幼的人群，自己引马避路，好言抚慰，道路难走处，令左右扶助挑担的人。这样廉明节俭，体恤民情的帝王，在中国历代帝王中确属罕见。因为他深深懂得，这样做对他政权的巩固，是至关重要的。

创立科举制度

隋朝之前，选拔官吏采取九品中正制度，做官要凭门第，仕途完全为门阀大族所把持。这是保证世族特权的官僚选拔制度。

九品中正制度起源于东汉末年。当时曹操当政，提倡“唯才是举”，他反对东汉时期把所谓“门第”、“道德”为用人的主要的标准，而主张只要“有治国用兵之术”的人，不论品德如何，都可以重用。他先后杀掉了不顺从他的名士孔融、杨修等人，提拔了不少平民出身的有才之士，这种用人政策是对东汉二百多年来世家大族垄断政权局面的一种改革。曹操死后，曹丕称帝，正式颁布执行了“九品中正制”，做为选拔官吏的制度。这是当时尚书陈群的建议，即选各郡有声望的人，出任原籍所属郡的“中正”，并由他们察访本郡有才能的士人，列为九等，以备选用。选用的原则，“盖以论人才优劣，所谓世族高卑”。这与其父“唯才是举”的政策精神是一致的。但是到了曹魏后期，尤其是到了晋朝，“中正”官职全为世族门阀出身的官僚所把持。这一制度成为他们培植私家势力的重要工具。选拔官职的原则完全以“家世”、“门第”为重，因而出现了“上品无寒门，下品无势族”的现象。这样，九品中正制已不再是真正选拔人才的途径。这一情况的出现，把大批具有才能而出身低微的人排斥在府门之外，世族豪门把持政权，从而加速了统治集团走向腐败。

公元587年，隋文帝下令废除九品中正制度，规定每州每年要推荐有才学的贡士三人，推荐的标准是“文章华美”，并受特别考试。当时山东士族由于受南朝影响，学华美文章的人才很多。为了适当控制，599年，隋文帝又令，凡是京官五品以上、地方官总管刺史，要以“志行修谨”（有德）、“清平干济”（有才）二科举人，就是把德和才结合起来，通过考试的办法来选拔人才担任官吏。到了隋炀帝时，开始设立十科举人，其中有“文才秀美”一科，即进士科。进士科的设置，标志着科学制度的成立。

科举，就是分科取士的意思。以分科考试的方法取士，其中最重要的是进士科，以考试诗赋为主。这当然与隋炀帝本人是个文学家有关。隋朝的进士一科，对后世影响很大。以科举制度代替九品中正制，这是选拔官吏制度的重大变革。这一制度把读书、应考和做官三者联系起来，这就使得无论是地主子弟，还是贫寒子弟，都可以通过读书、考试，获得做官的机会。由此便打破了门阀世族垄断做官的局面，扩大了封建政权的阶级基础。同时，也使得大批下层平民，为了将来能获取一官半职而安心读书，不再“犯上作乱”。这对于维护封建统治者的社会安定很有益处。因此，科举制度把选拔官吏的权力从地方大族的手中收归中央，使各层人民都有做官的机会，这就大大加强了中央政权的权力，巩固了中央集权的封建统治。

科举制度创始于隋朝，但在当时还不很完善，还正在形成、发展过程之中。而到了唐朝，便进一步发展和完备起来，在进士科之外，又设秀才、明法、明书、明算诸科，武则天时又亲行殿试，增设武举。科举制度沿袭了一千多年，直到清朝光绪 31 年（1905 年），推行了学校教育，科举制度才被废除。

改革刑律与兵制

自从秦朝制定了残酷而又苛刻的刑律之后，汉承秦律，直到魏晋南北朝时期，都是一脉相承。公元 578 年北周武帝死后，周宣帝继位。周宣帝昏狂暴虐，颁布了《刑经圣制》，用法更加残苛，大肆屠杀宗室大臣，外自朝士，内至宫女，人人恐怖，朝不保夕。隋文帝在辅佐周静帝时，革除了周宣帝的一些暴政，删削《刑经圣制》，改作《刑书要制》，用法宽大了许多。

公元 581 年，隋文帝即位之后，随即废除了前朝酷刑，他命令高颎、杨素、裴政等十余人修定刑律。裴政为主，上采魏、晋旧制，下及齐、梁，以“以轻代重，化死为生”为指导原则，制定了《开皇律》。此律废除了前代枭首（斩后悬首于木上）、车裂、鞭刑等酷法，除了犯谋反罪，一律不用灭族之刑。律文仅五百条，极为简要。刑名分死、流、徙、杖、笞五种。死刑只分绞、斩二等，流刑分一千里、一千五百里、二千里等；徒刑分一年、一年半、二年、二年半、三年五等；杖刑分杖六十至杖一百五等；笞刑分笞十至笞五十五等。此外，又有“十恶”不赦之条：即谋大逆、谋叛、恶逆、不道、大不敬、不孝、不睦、不义、内乱等。凡有犯者皆从重治罪，均不赦免。《开皇律》制定了《名例》、《卫禁》、《职制》、《户婚》、《厩库》、《擅兴》、《贼盗》、《计讼》、《诈伪》、《杂律》、《捕亡》、《断狱》等十二篇。此律为唐、宋至明、清各朝所鉴用。公元 586 年，隋文帝又下令废除孥戮、连坐之法。孥戮（即断子绝孙）之法，原见于《汤誓》，连坐创自商鞅，这是两种十分野蛮残酷的刑法，至隋终于全被废除。公元 592 年，隋文帝又下诏：死罪囚必须报经大理寺（中央最高司法机关）复审，各州县不得自决死罪，不得在当地处决。后又规定，死罪须经过三次奏请，才能行刑。民有冤屈可以逐级上诉，直至诉至朝廷。《开皇律》的制定，是中国法律史上的一大进步。

隋文帝是个非常高明的封建帝王。他对各级官吏往往小罪重罚，可以不依法律，在朝堂上任意诛杀。而对民众犯罪，用心却是平恕，即官严民宽。他认为，官吏本负有治国安民之责，拿着国家俸禄，知礼知法，渎职犯罪，必须严处。平民一年四季，耕作劳苦，自食血汗，知礼知法者不多，犯罪可以从宽。隋文帝晚年，即公元 600 年，正是他对待官吏更严，诛杀尤甚的时候。齐州有一个小官王伽，送囚犯李参等七十多人去京城，行至河南荥阳，王伽对李参等囚犯说，你们违反国法，理该受罪，但你们看看护送你们的民夫，多么辛苦！你们于心安吗？王伽决定遣散民夫，释放李参等人，约定他们某日都到京城集中，并说：“假如你们失约，不到京城，那我只好代替你们去受死罪。”等到了约定的那一天，李参等全部罪犯，都如期而至，不缺一人。隋文帝得知后十分惊异，召见王伽，大为赞赏，又召李参等人携妻子入宫，赐宴招待后全部免罪，并且下了一道诏书，要求各级官吏向王伽学习，要施以宽政，以慈爱之心待民。

隋文帝“官严民宽”的统治办法，到了唐朝武则天时期，被武氏加以发挥，把它变为诛杀官吏的手段：凡是要官的一律给官，一有过错立即杀头，看谁还敢再要官做？这既震慑了那些挖空心思想做官者，又使在官位者忠于职守，不敢怠慢。武氏的手段过于严暴，使当时很多在官位者每日胆颤心惊，担心不知什么时候会丢了脑袋。

隋文帝在改革刑律的同时，对兵制也进行了必要的改革。魏晋以后实行坊兵制。兵士以战争为职业，完全脱离生产。北周与北齐对峙时，由于人力物力不及北齐，宇文泰便创立了府兵制，府兵来源于农民中的强悍者，平时从事生产，本身免除租税，农闲时进行军事训练，战时由邻居六家供给军需。府兵制寓兵于农，但又自立军籍，不编入民籍，不属州县，可以随时调发，家属也随营居住，不入民户，随军流移。这比完全依靠军饷为生的坊兵制有省费之优点，因此，府兵制是对中国古代军事史上的重要贡献。

开皇十年（公元590年），隋文帝对府兵制进行了重要改革，规定："凡是军人，可悉属州县。垦田籍帐，一与民同"。即军人和家属都隶属于州县，垦田和户籍，和一般农民一样，也可按均田令分得土地。这样，军人和家属就有了固定的居处，可以从事农业生产。军人本身仍旧保留军籍，属于军府统领。军府是府兵制的基本组织单位。隋制设立十二卫，即左右翊卫、左右骁骑卫、左右武卫、左右屯卫、左右御卫、左右候卫，各卫置大将军，为府兵的最高将领，总统于皇帝，各卫下辖军府。

隋文帝改革后的府兵制，把北周之前的兵制和均田制结合起来，改兵农分离为兵农合一，寓兵于农，平时生产，战时打仗。这样，既增加了农业生产劳动力，又减少了军费开支。这种府兵制度，一直影响到明清时期。

经济制度的改革

均田与租赋

田地与租赋，是封建社会的两大矛盾。农民要生活，必须要种地，而官僚地主阶级把持着土地，迫使农民缴纳租赋。如果租赋过高，农民缴纳不起，就会放弃土地，地主富豪便会乘机兼并土地，加倍勒索农民。农民无法生存，忍无可忍，便会纷纷起来造反。这是封建社会普遍存在的一条规律。高明的封建帝王，为了维持自己的统治，稳定社会秩序，都要把田地与租赋控制得恰到好处。他们懂得，租赋过高，农民放弃土地过多，大量土地兼并于富豪之手，结果会使国家租赋更少，国库空虚，以至引起天下大乱。如果租赋适当，农民耕地增加，生产发展，结果会国库渐充，天下富庶。因此，任何一个封建帝王在大乱之后登上帝位，首先要进行土地与租赋方面的改革。

隋文帝继位后，在经济方面的措施首先是继续推行均田令。农民受田，仍按北齐的办法，每丁受露田八十亩，桑田或麻田二十亩，妇女受露田四十亩。露田在人死后还交国家，桑田或麻田可传给子孙。丁牛一头受田六十亩，一家限牛四头。据史书记载，隋文帝的均田制并不彻底，田“均”得相当有限。因为周武帝遵行齐制，隋文帝也遵行齐制，实际上就是承认富贵人家已占田地的合法性。但隋文帝也有他自己的高招，即派遣使官到各地推行均田法，地少人多的地方，富豪们想方设法抵制均田，甚至有人发动叛乱，隋文帝乘机发兵镇压，然后没收其田地，分给无地的贫民。或者是鼓励农民向地广人稀的地方迁移，大量垦荒。结果从 598 到 605 年，全国的耕地面积由一千九百四十余万顷扩大到五千五百余万顷。隋文帝时期经济繁荣，均田是一个坚实的基础。

与均田相联系的是租赋的调整。隋文帝接受苏威“轻徭薄赋”的建议，几次下诏减免徭役和租税。租赋一般以床（一夫一妇）为单位，丁男一床，纳租粟三石，桑田绸绢一匹（4 丈），绵三两，麻田纳布一端（6 丈），麻三斤。单丁及奴婢纳一半租税。在徭役方面，每丁男每年服役一个月。隋文帝不久又下令减轻租赋徭役，成丁年龄由十八岁提到二十一岁，减少了三年。每年服役时间由一月减为二十天，绸绢由一匹（4 丈）减为 2 丈。后来又允许五十岁以上的人可以输庸代役，即交纳布帛代替力役，这种办法被后来的唐朝所推广。隋朝的租赋，都低于以前的各个朝代。这就提高了农民的生产积极性，大大促进了农业生产的发展。

“大索貌阅”与筑仓积谷

“大索貌阅”，就是根据年龄和面貌，详细检查户口的一种方法。

南北朝以后，户口隐藏漏报的现象十分严重。农民为了逃避沉重的租税徭役，或虚报年龄，诈老诈小；或依附豪强，完全脱离国家户籍，所谓“百室合户，千丁共籍”，就是这种情况。隐漏户籍大大减少了国家赋租的来源，削弱了国家的经济力量，并且增强了各地豪强大族的势力。这当然是由于租赋过于沉重，农民担负不起所致。因此，隋文帝在推行均田制和调整租赋的同时，开始严格地检查户口。他首先设立三长，作为控制户口的基层组织，即在畿内设保长、闾正和族正，在畿外设保长、里正和党长，令他们负起检查户口的责任。为了防止虚冒假报，公元585年，隋文帝令各州县“大索貌阅”，根据年龄和相貌，详细检查户口。如果发现有隐瞒不实的情况，里正、党长都要治罪。这样，一下子就多查出四十四万三千丁，一百六十四万一千五百口。此外，对于那些“浮客”，即依附于豪强的农民，隋文帝采取大臣高颎的建议，颁布“输籍之法”。其办法是“定其名，轻其数，使人知为浮客，被强家收大半之赋，为编氓，奉公上蒙轻减之征”①。就是由政府规定各农户的等级，从轻征收其租税的数量，使那些浮客知道自己的劳动大半被强家所侵占，现在政府从农户手中征收的租税，要比他们被强家侵占的少。这是一种皇帝从豪强地主手中争夺农户的策略。

“输籍之法”公布以后，“浮客悉自归于编户”，过去依附于豪强地主的农民，现在纷纷脱离豪强，向地方政府报出自己的户口，向政府缴纳租税。于是，隋朝的丁口大增，国家租税的收入也惊人地增加。《通

① 《通典·食货典》。

典·食货典》在注中曰："高颎设轻税之法，浮客自归于编户。隋代之盛，实由斯也。"

轻征租赋，户口剧增，国家的财政收入也在急剧增长。没有几年时间，度支官奏称，"府库皆藏满，不能再藏"，只好堆积在廊庑之下。丰收之年不忘灾荒。隋文帝命人在洛阳、河南、河北等地大造粮仓，广积谷物，以防凶年。水旱灾年，贫民死亡流散，常常是社会不安定的一个重要原因。隋文帝筑的粮仓有两类：一类是官仓，一类是义仓。

官仓为国家掌握，内储租米，供朝廷之用。隋文帝建都长安，关中粮食不够京城消费，漕运又受到三门峡的阻碍，一遇荒年，关中军民便没有粮食。583年，隋朝在卫州（今河南汲县），筑黎阳仓，陕州（河南陕县）筑常平仓，在华州（陕西华县）筑广通仓，三仓逐次转运，供给关中。有一次，关中连年遇灾，仓谷无法应急，隋文帝亲自率领饥民到洛阳就食，因为洛阳的粮仓备有大量的谷物。后来，隋朝迁都洛阳，又在洛口筑兴洛仓。如前所述，此仓城周围二十里，内穿三千窖，每窖可储谷八千石。在洛阳北的回洛仓城周围十里，内穿三百窖。洛阳城内的子罗仓，储盐二十万石，仓西有粳米六十余窖，每窖储米八千石。另外，全国各州也筑仓积谷，以备灾荒。

义仓也称社仓，是民间自筑的公共粮仓。585年，隋文帝采纳度支尚书长孙平的建议，初置义仓。596年，又令诸州百姓及军人收获时，按照贫富分为三等，各出粮若干，最多不超过一石，在当地筑仓储蓄，委托乡官管理。义仓设在乡间，不让州官管理，开仓方便，一遇灾荒，随时可以开仓，就地赈济。

官仓可以防大灾，义仓可以防小灾，城乡共置粮仓，官民共同管理。这种积谷防灾的办法，确是隋文帝的又一高明之处。

统一钱币与度量衡

由于中国自从东汉末年以后，一直处于分裂状态，钱币和度量衡也都各不相同，非常混乱。秦始皇时期的统一货币、统一度量衡早已被历史所忘记。各朝各国帝王，自行一套。隋文帝统一中国以后，深感钱币不同，度量衡各异，严重地影响着社会经济的恢复和发展。因此，他也像当年统一中国后的秦始皇那样，进行了统一钱币和度量衡的改革。

钱币在南北朝时期，极为混乱。南朝，陈有五铢、六铢、鹅眼等钱，岭南诸州用盐、米、布进行实物交易，根本不用钱币。北朝时期，齐有常平五铢钱，制造很精，但市场上盛行私铸钱，种类繁杂。北周有永通万国、五行大布、五铢三种钱币，与齐旧钱杂用。河西诸郡也用西域金银钱。在各地都有私铸钱币的，朝廷法定的钱币也只是数种钱币中的一种。隋文帝统一中国之后，明令天下，钱币统一，新铸一种五铢钱，全国各地都发放样钱，凡是不合样钱的钱币，一律不允许流入市场。在此以往的各种钱币，全部废除，不许再用。585年，新五铢钱通行全国，给全国范围内的物资交流，全国的经济发展，提供了必要的条件。为了防止再有私铸钱币流入市场，破坏钱币统一，隋文帝严令，如有敢私铸钱币者立即诛杀。然而，到了隋炀帝时，私铸钱币又开始盛行，假钱大量出现，一千钱只重二斤，后来只重一斤，甚至剪铁皮、裁皮草，糊纸钱也混入铜钱币使用，钱贱物贵，币制大乱，一直乱到隋亡。

隋之前的度量衡也十分混乱。各朝官吏总想多搜刮民财，因此总是将度量衡由小变大。东晋南北朝时，增大尤为急剧，但各国的情况也不尽相同。以王莽改制后的度量衡为标准，南朝尺增大不到一寸，北朝增大到二至三寸。南朝，齐一斗等于王莽时的一斗五升，一斤等于一斤八两。北朝，魏、齐一斗等于原来的二斗，一斤等于原来的二斤。隋文帝即位后，下令停止使用原来的度量衡，规定一尺等于王莽时的一尺二寸八分，一斗等于莽制三斗，一斤等于莽制三斤。顾炎武在《日知录》中说:“三代以来，权量之制，自隋文帝一变。”由于唐沿隋制，宋、元、明、清又沿袭唐制，因此，历代再无更大变化。

统一钱币和度量衡，是为了适应国家统一、经济发展而出现的，它反过来又促进了国家的统一和经济的发展。以当时京城洛阳为例，有三大商业市场，即丰都市、大同市、通远市。其中丰都市周围六里，有一百二十行，三千余肆（店），四百余客栈，南北商贾往来，络绎不绝。粮、绵、纸、青瓷器、漆器、铁器、盐、香料等商品，应有尽有，市场商品经济之繁荣，可见一斑。

隋文帝创立的隋朝国家之富，是著称于史的。《文献通考·国用书》记载说："古今称国计之富者，莫如隋。"隋文帝曾下令在人口稠密的河北、河东地区，田租减三分之一，绸全免。这种富饶景象，据史书上所记，曾一见于西汉的"文景盛世"，经过七百多年，又见于隋文帝时。这一景象，一方面说明封建帝王对劳动人民盘剥严重，另一方面也说明当政的帝王，确有一些安定国民、发展生产、富庶社会的高明之策。唐朝初年，有人曾以十分艳羡的口吻来描绘隋文帝二十多年的统治，赞美他"躬节俭，平徭赋，仓廪实，法实行，君子咸乐其生，小人各安其业，强无凌弱，众不暴寡，人物殷阜，朝野欢娱，二十年间天下无事，区宇之内宴如也"①。这种歌颂虽然不免有过之处，但国家的富庶繁荣却是史实。因此，隋文帝所创立的隋制，他在政治、经济、军事等方面所采取的一系列卓有成效的治国之策，都被后来的历代的封建帝王所借鉴。即使在今天，我们仍然可以从中批判地汲取不少有益的东西。

① 《隋书》。

唐太宗李世民

——雄才理国　妙策兴唐

大唐王朝，是中国封建社会历史上极为兴盛的朝代。她版图辽阔，“东极于海，西至焉耆，南尽林邑，北抵大漠，皆为州县，凡东西九千五百一十里，南北一万九百一十八里”①；她物饶民丰，社会安定，“斗米不过三、四钱，终年断死刑才二十九人”②；民“外户不闭者数月，马牛被野，人行数千里不赍粮，民物蕃息”③；她人才济济，涌现出一大批像魏征、房玄龄、李靖等名垂千古的能臣贤吏，正如王夫之指出的那样，“唐多能臣，前有汉，后有宋，皆所不逮”④。而所有这一些，都不能不使人想起当年的一代英主——唐太宗李世民。

李世民出身于名门望族。曾祖父李虎，西魏时官至太尉，北周时“八柱国”之一，死后追封为唐国公。祖父李昞，北周时袭封唐国公，任安州总管，柱国大将军。父亲李渊七岁便袭封唐国公，后来任隋朝的太原

① 《资治通鉴》卷195。

② 同上，卷193。

③ 《新唐书·食货志》。

④ 《资通鉴论》卷20。

留守，隋文帝杨坚的独孤皇后是李渊的姨妈。李世民的祖母、生母都是北方的少数民族。因此，在李世民的身上，既有内地民族精明豁达的度量，又有北方民族慓悍刚烈的性格。公元626年6月3日，李世民发动了“玄武门之变”，杀死其兄建成、其弟元吉，迫使其父李渊退位，自己独掌权柄。李世民是靠着自已的文臣、武将，用权谋、刀剑和鲜血，给自己开辟了通往皇帝宝座的道路。

李世民即皇位之后第二年，改元“贞观”。当时，全国大规模的战争刚刚结束，政府对各地区的统治还不稳固，加之连年灾荒，全国人口户数由隋炀帝执政时期的九百余万，下降到二百余万，不少地方还是“茫茫千里，人烟断绝，鸡犬不闻，道路萧条”①的破败景象。唐太宗为了尽快改变这一状况，采取了一系列治国用人之策，使贞观之年出现了我国封建社会最为突出的太平盛世，史称“贞观之治”，成为继汉朝“文景之治”之后又一段辉煌的岁月。唐代史学家吴兢在《贞观政要》一书的序中说：“太宗时政化，良足可观，振古而来，未之有也。”著名大诗人杜甫在《北征》一诗中歌吟道：“煌煌太宗业，树立甚宏达”，表达了对太宗一生业绩的高度评价。唐太宗制定的治国、用人之策，也成为我国古代领导决策科学宝库中的历史财富，不断被后人所借鉴。

“重农安民”的治国之策

唐太宗执政之后，首先面临的一个重大问题是制定一条什么样的“安人理国”之策。大臣封德彝认为：“自夏、商、周以来，人心一天比一天狡诈刻薄，所以秦朝专用刑罚，汉朝杂用霸道。”现在面对“邪恶”的群民，必须继续采取严刑。魏征则认为，“若言人渐浇讹，不及纯朴，至今应悉为鬼魅，宁可复得而教化耶？”②就是说，假如三代以来，人

---

① 《贞观政要·纳谏》。

② 《贞观政要·政体篇》。

心一天比一天坏，那么到现在人都变成了鬼魅，还谈什么教化？他指出，治国必先安民，民不安，则国不治。“百姓欲静，而徭役不休；百姓凋残，而侈务不息，国之衰弊，恒由此起”①。

唐太宗“以古为镜”，认真总结了以往各个朝代治乱兴亡的历史教训，摈弃了“严刑治国”的观点，接受了魏征的建议，他认为，“为君之道，必先存百姓”②。因为“君依于国，国依于民，刻民以奉君，犹割肉以充腹，腹饱而身毙，君富而国亡”③。就是说，君王治国，必先存百姓，因为君王依靠国家，国家依靠人民，刻剥人民以奉养君王，就如同割自己身上肉充饥一样，肚子吃饱了，身体也就完了，君王富了，国家也就亡了。百姓与君王的关系，如同水与船的关系一样，水可载舟，亦可覆舟。根据这一思想，唐太宗把“存百姓”做为自己治国的根本大策。

如何才能“先存百姓”？这是历代的封建帝王都面临的一个非常重大的问题。

唐太宗十分推崇汉朝的文、景二帝，他把文、景二帝看成是治国安民的明君，并且尤为倾心于文帝“夫农，天下之本也”的重农思想。要“先存百姓”，必须以重农为本。贞观二年，他对大臣们说：“凡事皆须务本，国以人为本，人以衣食为本，凡营衣食，以不失时为本。”“营衣食”，就是搞农业。他还说：“国以民为本，人以食为天。”不注重农业是根本不行的。为此，他制定了一系列的重农政策。

恣其耕稼

这是唐太宗鼓励农民扩大耕地面积，多垦荒地的一条富农政策。

要“存百姓”，必须使百姓有地可耕，有田可种，做到人尽其力，地尽其用。隋末大乱，人口稀少，良田荒芜，唐初政局仍不稳定，人心浮动，不思耕稼。唐太宗对此深感忧虑。为了安定民心，使农民能够静

①② 《贞观政要·君道篇》。

③《资治通鉴》卷192。

下心来发展生产，贞观三年，他又开始恢复了“藉田仪式。”

“藉田仪式”起源于西周，后来天下大乱，亦被废除。直到汉文帝时，才又恢复了这一仪式。汉文帝身体力行，藉田劝农，使粮食逐年增产。可是到东晋以后，战乱不断，籍田仪式又被废除。四百多年之后，唐太宗又重新开始“天子藉田”，为天下百姓做一耕种田地的榜样。为此，他特地颁布了“藉田诏”，预做准备。《旧唐书·礼仪志》记载：“太宗贞观三年正月，亲祭先农，躬御耒耜，藉于千亩之甸。……此礼久废，而今始行之，观者莫不骇跃。”唐太宗鉴于前代不重农事的教训，采取“躬御耒耜”的举措，收到了“观者骇跃”的效果，在全国范围内掀起了尽力耕作的热潮。

唐太宗为了劝课农桑，经常派遣使臣到各地巡视、督察。贞观四年，他跟诸州考使谈了一番“劝农”的道理，十分生动。首先，他强调“国以人为本，人以食为命，若禾谷不登，恐由朕不躬亲所致也”。接着，他说自己在园苑里种了几亩庄稼，有时锄草不到半亩，就感到很疲乏，“由此思之，劳可知矣，农夫实甚辛苦”。因此，他要求诸位使者到各州县去时，“遣官人就田陇间劝励，不得令有送迎。苦迎送往还，多废农业，若此劝农，不如不去”①。唐太宗从重农为本的思想出发，强调“耕稼”放在一切事务的首位，“不可暂失”。例如贞观五年，礼部官吏根据阴阳家择用的吉日，要在二月为皇太子举行冠礼，这是国家的一个重大事件。但二月正是春耕大忙季节，唐太宗不顾阴阳家的说教，宁可屈礼而贵农，他说：“今东作方兴，恐妨农事，今改用十月。”②再如，唐太宗十分喜欢狩猎，以示不忘战备，但为了不妨碍农事，他都尽量选择在农闲时节进行。据史书记载，唐太宗贞观年间共狩猎七次，都是选择在十、十一、十二月间。为了保证农民“恣其耕稼”，唐太宗还用法律手段，制止各级官吏乱夺农时、“非时兴造”的行为。《唐律》中《非法兴造》条中指出：“诸

①《贞观政要》佚篇（罗振玉校录）。

②《贞观政要·务农篇》。

非法兴造及杂徭役，十庸以上坐赃论。”就是说农忙动工营造，违反农时，妨碍耕稼，被视为“非法”，要给予治罪。

做为一个封建帝王，能够体量到农民的“辛苦”，一切为农耕开路，并采取法律的形式给予保证，这正是唐太宗的开明之处。

唐太宗为了推行“恣其耕稼”的决策，他大力鼓励“狭乡”人民迁往“宽乡”。所谓“狭乡”，就是地少人多，没有足够的地供人民耕种。所谓“宽乡”，就是地多人少，还有大量的荒地无人耕种。唐太宗下令，凡“宽乡”农民应尽力“垦辟”，“庶尽地利”。凡“狭乡”豪强地主，不得兼并土地。如贞观初年，“狭乡”的泽州刺史张长贵、赵士兼并“境内膏腴之田数十顷”，造成不少“贫户”无地耕种，太宗命新任刺史长孙顺德，“劾而追夺，分给贫户”。凡是“狭乡”农民迁往“宽乡”的，可以免除赋役负担：“去本居地千里外，复三年；五百里外，复二年；三百里外，复一年之类”。如果地方官员不按此法执行，要受“徒二年”的刑事处分。

由于唐太宗推行了“恣其耕稼”的重农政策，人尽其力，地尽其利，调动了广大农民劳动生产的积极性，有效地改变了武德年间“田亩荒废”的局面，出现了从贞观到开元农田大辟的新局面。耕地增加，人心思耕，粮食产量开始增加，人民生活水平很快有了转变。

增殖人口

这是唐太宗重农政策的一个重要组成部分。因为要发展农业生产，必须有足够的劳动力。由于“隋末丧乱，豺狼竞逐，率土之众，百不存一”，武德年间，全国人口仅有二百余万户，比隋朝极盛时减少了六百多万户。这种劳动力的严重不足，极大地影响了唐太宗“重农为本”政策的推行。为了增殖人口，唐太宗采取了如下一些措施。

第一，赎回外流人口。隋朝末年，天下大乱，北方的突厥族进攻中原，掠走了大量的汉民。同时，不少汉民为了躲避战乱，也纷纷逃往北方，由此出现了“华人在北者甚众”的情况。唐太宗即位之初，立刻注意到向突厥赎回人口的问题。武德九年九月，突厥颉利可汗为了同唐修好，献马三千匹、羊万只。唐太宗尽管急需要马匹、牛羊，但并不接受马、羊，只“令颉利归所掠中国户口”。贞观三年，“中国人自塞外来归者”，“男女一百二十余万口”。贞观四年，颉利降唐。次年四月，唐太宗“以金帛购中国人因隋乱没突厥者男女八万人，尽还其家属”。此后，不断赎回外流人口，前后共达二百万人。

第二，释放宫女，任其婚配。封建帝王把大量民女纳入后宫，供一人享用，而民间大量男子，无法婚配。这同样影响了人口增殖。唐太宗即位后，曾两次释放宫女。一次是在武德九年八月，整顿内宫，放还宫女三千余人。另一次在贞观二年九月，派遣戴胄、杜正伦等在掖庭西门释放宫女，数字不详。但是前后两次释放宫女的总数，唐太宗自己说：“数年来又放宫人三五千人出。”①唐太宗在《放宫女诏》中说：“恐兹幽闭，久离亲族，一时减省，各从罢散，归其戚属，任从婚娶②”。就是让宫女返回民间，建立家庭，生儿育女，为社会增殖人口。

第三，奖励婚嫁，生育人口。贞观元年，唐太宗专门下达了《劝勉民间嫁娶诏》，规定凡男年二十、女年十五作为法定婚嫁年龄，凡到这个年龄的男女，应婚娶媾合，另立门户。丧妻之男和丧夫之女子，如果丧期已过的，“并须申以媒媾，令其好合”。为了保证育龄期内男女的婚配，诏令还责成乡里亲戚或“富有之家”，对那些贫穷而不能嫁娶者，采取“资送”的办法：“分窭之徒，将迎匮之者，仰于其祥近及乡里富有之家，裒多益寡，使得资送以济③。”唐太宗还把农间婚姻及时和户口增加，作为地方官员的职责，督促他们必须为此尽职，并以婚数及人数增减作为考核官员、决定升降的重要依据。诏令曰：“刺史、县令以下官人，若能使婚姻及时，鳏寡数量少，准户口增多，以进考弟。如其劝导乖方，失于配偶，准户减少，以附殿失④”。此外，唐太宗还以物质奖励男口的生产。贞观三年四月的《赐孝义高年粟帛诏》中规定：“女

① 《魏郑公谏录》卷四。

② 《全唐文》卷四。

③④ 《全唐文》卷四，《令有司劝勉民间嫁娶诏》。

人正月以来生男者，粟一石。”

由于唐太宗采取了上述措施，唐初的人口数量剧增。贞观二十三年，全国户数已将近三百八十万户，比武德年间增加了一百八十万户。人口的增加，给农业带来了生机和活力，昔日荒芜的田园和破败的村落，现在出现了“百姓熙熙往来”，鸡犬之声村村相闻的景象。

禁止滥征民力

历代封建帝王为了满足自己奢侈腐化的生活，滥征民力，劳役无度，争夺农时，农民负担过重，无法生存，因此引起天下大乱。秦王朝二世而亡，隋三十年而灭，皆与滥征民力有关。唐太宗在《金镜》诏文中曰：“多营池观，远求异宝，民不得耕耘，女不得蚕织，田荒业废，兆庶调残，见其饥寒不为之哀，睹其劳苦不为之感主也。”这些不重农时，破坏农业生产的君王，唐太宗深恶痛绝，称为“无道”之君。他有一句名言：“有道则人推而为主，无道则人弃而不用。”他把节约民力、发展生产，与君权巩固联系起来，力争使自己成为一个有道明主。

唐太宗在自己以往的生活经历中，亲自目睹了隋朝灭亡的全过程：“驱天下以从欲，罄万物而自奉，采域中之子女，求远方之奇异，宫苑是饰，台榭是崇，徭役无时，干戈不戢”，结果是：“民不堪命，率土分崩[1]”。鉴于此，唐太宗十分注意去奢省费，躬行节俭。例如，贞观元年，他想造一座宫殿，材料都准备好了，但一想到亡秦的教训，就不再兴建了。贞观二年八月，群臣再三建议营造一座高燥的台阁，以改“宫中卑湿”的条件，唐太宗想到这样又会征用民力，不利于农民休养生息，发展农业生产，便坚决予以制止。为了限制役使民工，他还运用《唐律》，从刑法上加以约束。《唐律疏议》卷十六规定：“修城郭，筑堤防，兴起人功，有所营造，依《营缮令》，计人功多少，申尚书省，听报始合役功。或不言上及不待报，各计所设人庸，坐赃论减一等。”即对那些滥用人

① 《贞观政要·君道》。

力者，要给予刑律处分。

唐太宗从重农为本的思想出发，努力克制自己的私欲，爱惜民力，并以此来教育众臣，以保证自己王朝的长治久安。他常对朝臣们说："人君的灾难不是从外面来的，而是由自己造成的。大抵人君奢欲太盛，就要多费财物。多费财物就要加重赋税，加重赋税就会增加农民的愁苦，农民愁苦国家就要危殆，国危了人君哪能不丧亡？我经常想这个道理，所以不敢纵欲。"又说："我在朝廷上，要说一句话，总得思考再三，怕说错了害民，因此不敢多说话。"晚年，他立李治（唐高宗）为皇太子，经常用这种思想来教育太子，如见太子吃饭，便说："你要知道耕种的艰难，你才能常有饭吃。"如见骑马："你要知道马的劳苦，不用尽它的力气，你才能常常骑它。"如见乘船，便说："水可以载船，也可覆船，民众好比水，君王好比船，船重载亦可翻覆。"

当然，唐太宗之所以这样做，无疑是为了巩固自己的统治，保障自己的长远利益。但是一个封建帝王，能够如此爱惜民力，克制自己的私欲，让农民休养生息，抚民以静，发展农业生产，给社会经济带来复苏，这种历史的功绩也是不可抹煞的。

兴修水利

水利是农业生产的命脉。唐太宗从重农为本的思想出发，十分关注水利工程的建设。

自唐太宗开始，专门设置了治水的机构和官员，以加强水利工程的管理与建设。工部设有水部郎中和员外郎，职责是："掌川泽津梁之政令，总舟楫、河渠三署之官属，……及京畿之内，渠堰陂池之坏决，则下于可由而后修之。每渠及斗门置长各一人，至溉田时，乃令节其水之多少，均其灌溉焉。"李林甫在渠长及斗门长下加注曰："以庶人年五十以上，并勋官及停家职资有干用者为之。"可见，唐前期对基层水官的择用是很慎重的，目的在于节约用水和均匀灌溉，以发展农业生产。斗门为灌溉渠与河流闸门，启闭闸门可以控制与调节水渠与河水的流量，利于排水和蓄水，这标明当时管理水利工程已趋严密。

贞观十一年七月，洛水暴涨，九月黄河泛滥，毁坏很多地方，淹没不少人家。唐太宗得知，亲自到白司马坂巡视水情，责成地方官吏尽快组织人力，挖疏河道，排除积水，抗水救灾。唐太宗以此为教训，同时命各地官吏，须用农闲之时，组织百姓兴修水利，以防水旱之年。据记载，贞观一代，约修了二十余处水利工程，居于唐代之首。贞观十八年扬州大都督府长史李袭誉，“乃引雷陂水，又筑勾城塘，溉田八百余顷，百姓获其利”。沧州刺史薛大鼎，辖区之内无棣河淤塞，不便通航与灌溉农田，上疏建议开河，太宗立即批准。在百姓的辛勤劳动下，河道疏通，溉田数百余顷，百姓为之作歌曰：“新河得通舟楫利，直达沧海鱼盐至，昔日徒行今骋驷，美哉薛公德滂被。”后来，又疏通了长芦河、漳河、衡河等，使地势低下的沧州免除了夏洪之灾的威胁，使之“境内无复水害”。

唐太宗还制定了专门的法律，来保护水利设置的合理使用，这就是《水部式》。《水部式》中具体规定了灌溉用水的时间、用水量以及用水的方法，详细地阐明了灌溉渠的管理办法，灌溉渠上的堰及斗门的安装等。还规定了河流航运的办法与桥梁的管理等。唐太宗严于执法，凡违反《水部式》的官吏，都要受到严惩。如贞观十八年，中书令韦挺负责把一部分粮食水运至辽东，由于他没有在事先视察河道，致使六百余艘粮船因河道“浅塞不能进”。次年，韦挺因“坐不先行视漕渠”，违反刑律，被“械送洛阳”，遭到“除名”的处分。

由于唐太宗以重农为本，采取了“恣其耕稼”、增殖人口、禁止滥征民力、大力兴修水利等一系列措施，使贞观初年的农业生产蒸蒸日上，不断获得好收成。以昔日荒凉贫穷的山东为例，到贞观六、七年时，已变得十分富强。《贞观政要·政体篇》中记载说：“行旅自京师至于岭表，自山东至于沧海，皆不赍粮，取给于路。入山东村落，行客经过者，必厚加供待，或发时有赠遗。此皆古昔未有也。”唐代史学家杜佑描绘说：“自贞观以后，太宗励精为理。至八、九年，频至丰稔，米斗四、五钱，马牛布野。外户动则数月不闭。至十五年，米每斗值两钱。”①外出旅行，不用携带干粮、银钱，所到之处，均可得到吃喝，并会收到不少馈赠，牛马遍野，外出数月门户不必关闭，每斗米由原来的数十钱跌至二钱。这是一种多么富饶、太平的景象啊！这里当然也有些溢美之辞，但这种“贞观之治”的盛景，也绝非乌有。而所有这些，于唐太宗重农安民的治国之策是分不开的。

“任人唯贤”的用人之策

唐太宗执政后，面临第二个重大问题是选用一批什么样的人，组织一个由什么样的人组成的官吏决策机构。天下人才甚多，关键在于帝王如何去发现、选拔、任用、驾驭他们。唐太宗清楚地看到，一个王朝巩固与崩溃，与能否团结一大批能臣强吏，组成一个坚强的领导核心关系极大。为此，他不避亲疏，任人唯贤；知人善任，取长舍短；以其卓越的人才观和用人政策，发现和任用了大批英才，为贞观盛世的出现做出了巨大贡献。

拔人不私于党　唯才是用

古人常讲：“一朝天子一朝臣，这朝不用那朝人。”说明帝王用人多用故旧，不用新进。而唐太宗却能以宽大的政治家的胸怀，提出自己选拔人才总的原则是：“拔人物则不私于党，负志业则咸尽其才。”就是选用人才不避亲疏，唯才是用。

李世民即位时，唐朝政府中的官员来源于不同的社会阶层，分属不同的政治集团，甚至不同的种族。当时主要有三大政治派别：一是李渊的一派，一个是李世民自己的一派，还有是太子李建成的一派。各派面对新帝，都有自己的心态。李渊的一派，大都是开国的元老重臣，已享用着荣华富贵。他们依仗着“太上皇”的权位，静待着新帝对他们的尊崇。

---

① 《通典》卷七。

为首的便是裴寂，此人是太原起兵的首谋，李洲的密友，李渊对他言听计从，此人嫉妒李世民的才能，是压制李世民的幕后人物。李世民心中早知，只是二人心照不宣罢了。李世民自己的手下，也有一批能臣武将，他们随李世民南征北战，又不顾性命地参与了“玄武门之变”，如今李世民当了皇帝，“一人得势，鸡犬升天。”他们瞪大着眼睛期待着李世民的高官厚赏。还有太子李建成的一派，他们原同李世民是誓不两立的仇敌，曾和李世民集团作过殊死的斗争。如今他们失败了，个个心怀疑惧，等待着新皇帝对他们进行报复。

因此，在李世民的面前摆着一个非常迫切的任务：如何在新政面前，选用、处理各派的人物。如何使父党心安理得，如何使敌党消除疑惧，如何控制私党的权欲。这些关系处理不好，有可能在统治集团内出现分裂，使国家陷入危机之中。李世民经过一番深思熟虑，开始对这些人逐一处置。

“玄武门之变”后，唐太宗执掌权柄。昔日的仇敌、李建成的亲信魏征，成了阶下囚。魏征当年曾多次为李建成出谋献策，谋诛李世民。轨除魏征，早在众人的意料之中。不料李世民却不计私仇，慕其出众的才华，出于公心，很快接见了他，并任命他为詹高主薄（相当总管秘书）和谏议大夫。不久又命他巡视东方，并给他自行处理事务的权力，后来不断提升，七年后，魏征成为贞观朝代的倾朝重臣。这一举动使人心骚动的敌党很快稳定下来。

公元626年8月，李世民当了皇帝，他当朝评定功爵官职，授房玄龄、杜如晦以重职。他的堂叔父李神通当廷抗议，他说：“太原起兵时，我第一个在关西响应。如今房玄龄、杜如晦光靠笔杆子在我之上，我不服！”李世民回答说：“叔父在关西首先响应起义，也是形势所逼。后来窦建德吞并山东，叔父全军覆没为何不提？叔父是皇家至亲，对叔父我不吝惜一切，只是不能因私恩就同功臣一样滥行赏赐！”李神通不仅是太宗的叔父，而且是太宗的亲密党羽。对李神通的训斥，使他的亲信们不得不收敛手脚。

当年10月，唐太宗又公布了一份“功臣”名单，共43人，为首仍然是父党重臣裴寂，“太上皇”的不少亲信也都榜上有名。

经过这样精心安排，各派冲突才缓和下来。除此之外，唐太宗还善于从各个政治集团中收揽有用之才。他手下的文武大臣中，既有隋朝旧臣，如李纲、萧瑀、封伦，也有来自李密、窦建德、王世充集团的，如李勣、秦叔宝、程咬金来源于瓦岗军，还有来源于刘武周集团的尉迟敬德等。

唐太宗在当了皇帝之后，也任用了一些秦府中的故旧，但都是些有才能者，那些庸才低能者并未授职。为此，不少人纷纷劝说太宗，对这些故旧也一概授于武职，宿卫宫廷。唐太宗反对说：“朕以天下为家，不能私于一物，唯有才行是任，岂以新旧为差？”①就是说，我是以天下为家，不能循私情，只要有才行方可授职，不能以新旧作为任职的标准。这些故旧碰壁后牢骚满腹，口出怨言，唐太宗对他们晓之以理，解释说：“今所以择贤才者，盖为求安百姓也。……才若不堪，亦岂以旧人而先用？今不论其能不能，而直言其嗟怨，岂是至公之道耶？”②唐太宗拔人“不私于党”，唯才是用，不避亲疏的做法，被后人传为美谈。

知人善任　取长舍短

一个人的才华能不能得到充分的发挥，关键在于选用者的识拔能力。而选用者能不能选拔出真正的有才之士，主要在于选用者是否具有知人善任的才能。世称唐太宗明于知人，善于用人，察看贞观史实，确非虚语。

知人难，难在不易尽知。“己之所谓贤，未心尽善；众之所谓毁，未必全恶。”就是说，自己认为是贤能者，未必都是好的，众人都说其坏的，未必都是全恶的。知人之难，就在于此。因此，唐太宗十分注重对人才的全面了解，并不听信一面之辞。他在选拔一些重要官吏时，总是派员下去调查了解，并不凭自己印象办事，也不听信人言。了解之后，要加以使用，在使用中再加深了解。即所谓“知能不举，则为失材；知恶不黜，则为祸始。”人有才能，就要使用，使用之后，发现恶迹，就须立即罢

①② 《贞观政要・公平篇》。

黜，不得姑息。因为“用得正人，为善者皆劝；误用恶人，不善者竞进”。意思是说，用一个好人，别的好人都来了；用一坏人，别的坏人就会竞相涌来，这样，吏治之风就会很快败坏下去。唐太宗就是通过了解——使用——加深了解的方式，来选拔人才的。

知人难，而用人更难，难在善任。因为“人才有长短”，不可能全才兼备。金无足赤，人无完人。用人必须舍人之短，用人之长，不能求全责备，否则，就会埋没人才。公元 628 年，唐太宗对宰臣之一的封德彝说：“治国的根本在于人，我让你选拔贤才，至今却不见选荐一人，是什么原因？”封德彝说：“不是臣下不尽心选才，只是眼下确实没有贤才。”李世民批评说：“用人如同用工具一样，工具各有各的用处，人也各有自己的才能。古代的明君都是从当代选拔人才，从不会从别代选才，只怕你不能知人，岂能说当今无才？”他常常告戒臣下，“人之行能，不能兼备，朕常弃其所短，取其所长”①。他对房玄龄、杜如晦、戴胄的任用，都是采取了取长舍短的办法。房玄龄“善谋”，只是不肯断决；而杜如晦“能断”，却不善谋划。唐太宗以他们分任左、右仆射，“二人深相得，同心徇国”，辅助唐太宗造就了贞观盛世。后人谈到唐代贤相，无不首推房、杜。戴胄“无学术”，不通经史，但却忠直，能秉公办事，唐太宗不让他担任学馆儒林之职，委任他为大理寺少卿，此人果然断狱干炼，敢于犯颜执法，成为一代著名法官。

善任，还必须以诚待臣，用而不疑。唐太宗说：“为人君者，驱驾英材，推心待士”。“推心”就是诚心诚意，信属任臣，不被谗言所挠。不少帝王对臣属“多疑”、“非诚信”，结果会造成“君臣相疑”，使臣下不能尽忠守职，为皇上效力，这是为君之道中的大患。唐太宗以隋文帝用人“多疑”而造成国家破败的结果为教训，“推心待士”，“洞然不疑。”刘武周手下大将尉迟敬德投降李世民不久，其手下两员大将叛逃，有人怀疑尉迟敬德也必反叛，便把他囚禁起来，力劝杀掉。唐太宗却说：“敬

---

① 《资治通鉴》卷 198。

德如要叛逃，还会落在那两人后边吗？”命人立即释放敬德，并召入宫廷，好言相慰，对他说：“大丈夫以意气相许，请不要把此事放在心上，我决不会因旁人的几句闲话而加害良士的”，临别时又赠送珠宝。敬德被太宗赤诚之心所感动，发誓“以身图报”，后来，果然为唐太宗立下了汗马功劳。再如有人密告魏征谋反，要太宗立诛魏征，唐太宗坚信是诬告，反将诬告者斩首。贞观十九年，唐太宗亲征高丽，留房玄龄留守长安，全权处理全国政务。有一官员对房声称，要向太宗告房玄龄。房立即用驿马将此人送往太宗所在的洛阳，太宗听说房玄龄有公文送告密者，已猜出八、九分。讯问来人，果然不错，太宗大怒，立即将告密者斩杀，并指令房玄龄：“你太不自信，我不会轻信谗言的，以后再遇此事，自行处理！”唐太宗“推心待士”，“驱驾英材”，使“妄事毁谤”的小人数量大减，使贞观一代的官吏们都能忠于职守，安心任事，不为谗言所分心，充分发挥了他们治国的才华。

“才行俱兼”，也是唐太宗选拔人才的一条标准。“才行”，就是指“才德”，选官用吏，必须是才德兼备的人。“人各有长短”，仅指才能方面有所不同，但“德”绝不可少。无德之人，绝不可用。唐太宗认为，战争年代，用人可侧重看才能，而太平之时，必须才行俱兼，始可任用。当时有一人叫许高阳，此人才华出众，少年得志，在武德年间“已为文皇入馆之宾”。然而，贞观一代终未受到重用。就是由于“高的才优而行薄故也”①。在封建时代，背叛主子，被视为不忠、无德。唐太宗在这方面也同样用“才德俱兼”的标准去衡量他们。如魏征，“玄武门事变”之后，唐太宗质问他：“你为什么要挑拨我们兄弟之间的关系？”魏征面无俱色，从容相告：“人臣各为其主，如果太子早听我的话，你肯定活不到今天！”太宗十分敬佩魏征这一忠直之举，立即委于官职。魏征不断受到重用，直至宰相职位。而参于江都兵变，杀死隋炀帝投降唐廷的军官裴虔通、牛方裕、薛世良等人，虽然也担任了唐朝的刺史，但太

① 《旧唐书·许敬宗传》。

宗都将他们发配边疆，一个也没有受到重用，其因在于“无德”。

总之，唐太宗知人善任，取长舍短，推心待士，才行俱兼的选人用人方法，为贞观一代选拔了一大批政治、军事、文化等方面的杰出人才。这些人忠心耿耿，披肝沥胆，为“贞观之治”贡献了自己全部的聪明才智，为“贞观盛世”做出了巨大的贡献。

盛开选举　网罗人才

“盛开选举”，就是开展、健全科举制度，向民间、下层网罗人才。科举制度开创于隋朝，唐太宗继承、发展了这一制度，使它成为贞观时期选拔人才的途径之一。贞观元年，唐太宗“盛开选举”，兹后又通过科举考试选取才士。唐朝的科举有常举和制举两种。

常举，即每年都要举行的考试。考试的主要科目有秀才、明经、进士、明法（法律科）、明字（文字科）、明算（算学科）等。应考者有两个来源，一是国子监和州、县学馆的学生，称为生徒。另一种不在学馆的人，自己向所在的州、县报考，考中后再被举送来参加考试，称为乡贡。当时应考者主要是争趋明经、进士两科，因为名臣多从这两科出，所以考试者争趋若鹜。明经科主要考帖经，就是从经书上提出一句，命考生把上下文默写出来。这种考试比较容易，重在对儒家经典的背诵与记忆。进士科主要考诗赋，作诗赋须有才学。从齐、梁、陈、隋以来，诗赋对文士有很大吸引力，考生大都愿应进士科，以表现自己的才能。特别是名人多从进士科出，进士出身者的仕途也优于明经，所以进士科最受人重视，考试也最难。考中人数，明经科一般是十人取一二，进士科一般是百人取一二，易难悬殊很大。当时流行着一句谚语：“三十老明经，五十少进士。”意思是说，三十岁考中明经科已嫌年老了，而五十岁考中进士者，还算年轻的。以致于从少年考到白头仍未中进士者比比皆是，甚至有人终生未中、老死科场的。凡考中进士的人，只是取得了做官的资格，还必须再经过吏部考试合格，才能正式做官，这叫做“释褐试”。如果这道关过不去，只好先到地方长官那去当幕僚，慢慢争取得到国家正式委任的官职。

制举，是由皇帝特别下诏举行的考试。考试的日期和科目，都临时决定，平常人和官吏都可以应考，考中以后，立即可以得到较高的官职。这是一种网罗非常人才的考试，并不经常举行，在唐代的科举制度中不占有重要地位。

唐太宗健全科举制，扩大进士科，为有真才实学之士铺垫了进身之阶。魏晋以后，实行“九品中正制”，使贵族垄断了官场，埋没了民间大量的有才之士。隋文帝开创科举，以才选官。太宗又进一步健全，使大批有真才实学者进入官场，发挥自己的才能。这一制度健全后，不仅使民间有才之士不凭借门第而进入官场，而且还可以有机会担任尚书、宰相之类的要职。如隋末孙伏伽出身小吏，考中进士后，贞观年间官至大理寺正卿。再如“家代无名”的李义府，贫苦人家出身，通过考试入仕朝廷，他担心自己寒家素门，不能参与朝政，做诗感叹曰：“上林许多树，不借一枝栖。”唐太宗知得后哈哈大笑，对他说：“吾将全树借汝，岂惟一枝？”李义府在贞观后期，官至宰相。

科举制打破了贵族垄断官场的局面，网罗了大批有才之士进入官僚机构，加强了帝王政权的巩固，使他们为贞观之治做出了贡献。但另一方面，它也是封建帝王控制、拢络知识分子的一种重要手段，是禁锢思想、推行文化专制的工具。对待知识分子，秦始皇认为他们“以古非今”，散布危险言论，不利于皇权的巩固，便采取了残暴的“坑杀”、“焚书”手段，结果遭到后人的唾骂。魏晋实行“九品中正制”，靠门第、权势，把大批知识分子排除在统治机构之外，结果是为官者不知书礼，朝政昏乱。隋文帝统一中国后，首开科举制，把读书、应考、做官三者联系起来，使知识分子可以通过一定的途径进入官僚机构，为改变官僚机构的成份、质量，起到了较好的作用。读书可以当官，而读书的人太多，官场上又怎能容纳得下？唐太宗的高明之处，就在于能健全各种科举制度，设置各种等级、关卡，一方面把大批知识分子吸引到考试做官的道路上来，使他们感到人生充满做官的希望；另一方面，由于关口甚多，考试甚难，又只是有计划地使一小部分知识分子进入官场为官。如有一次，唐太宗走到考试进士的地方，见新进士鱼贯出场，便高兴地说："天下英雄，尽入吾彀（gou 够）中矣。"① "彀中"，为弓矢所及之中，意即圈套。唐人赵嘏曾作诗曰"太宗皇帝真长策，赚得英雄尽白头"，形象地揭示了唐太宗利用科举制来控制知识分子的实质。

"爱之如一"的民族政策

唐太宗统治时期，不光是北方的突厥、薛延陀相继成为唐皇朝的威胁，而且西方的吐谷浑、吐蕃也不时向东炫耀武力。特别是突厥汗国，在唐初年年月月向内地侵扰，弄得李渊甚至打算迁都襄樊，以避突厥兵锋。唐太宗即位后，突厥颉利可汗亲率十万大军，直抵长安外围，京城为此戒严。李世民严阵以待，迫使突厥和他在渭水便桥订立盟约，又赠予大量财务，颉利才撤回塞北。

便桥结盟后，唐太宗卧薪尝胆，立志消除北方入侵的威胁，以保证唐皇朝的统治。贞观三年，他派大将李靖、张公谨出击东突厥。不到半年，李靖大败东突厥于阴山，降服了骄横不可一世的东突厥，颉利可汗被俘。唐太宗把西起阴山、北至大漠的广阔地带收入了版图，统一了北部边境。贞观八年，他又命段志玄、樊兴等率兵攻败吐谷浑，从而解除了河西走廊的威胁。贞观十二年，吐蕃攻唐。唐太宗命大将侯君集率兵破吐蕃军于松州城（今四川松潘）。贞观十四年，侯君集又奉命平定高昌，置安西都护府。次年，唐太宗命张俭、李勣等人率军大破薛延陀，后又平定焉耆之乱，统一龟兹。为了加强对西域的统治，太宗设立了龟兹（今新疆库车县）、疏勒（今新疆喀什市）、于阗（今新疆和田县）、碎叶（今吉尔吉斯共和国北部托马克城附近）四镇，合称"安西四镇"，有效地控制了西域，使"丝绸之路"又畅通起来。

---

① 《唐摭言》卷 1。

唐太宗作为一个英明的封建君主，不在于他胜利地指挥了对边疆地区的用兵，扩大了祖国疆土，建立了一个疆域辽阔的大唐王朝，而关键在于他用兵之后所采取的政策和措施。

德化政策

唐太宗的治国之术，向来是恩威并施，但重点是放在恩怀和德化方面。在对待边疆的少数民族来说，他仍然以德化为主。

汉唐向称盛世，汉武帝和唐太宗都是统一边疆大业的一代英主，但两人对边疆少数民族的统治之术却不尽相同。汉武帝主在用兵，偏重威服，是少怀德化，结果是费力多而收效小。唐太宗鉴于汉武帝的治术之失，用兵之后偏重德化，深得边疆人民的欢心，结果是费力少而收效大。他回忆自己刚刚即位之时，有人劝他“耀兵振武，慑服四夷”。他说:“惟有魏征劝我:‘偃革兴文，有德施惠，中国既安，远人自服。’朕从此语，天下大宁，绝域君长，皆来朝贡，九夷重泽，相望于道[1]。”可见，唐太宗根据魏征的建议，实行德化政策，果然使边疆的少数民族归心。

德化政策，对少数民族首领来说，主要是在政治上授之以官，在经济上赐之以禄。对少数民族平民来说，主要是给予一定的好处，采取较缓和的压迫政策。

第一，唐太宗提拔大量的突厥贵族到唐朝做官。突厥人不懂中国的传统文化，不能充当文官。当时，保卫唐朝中央的军队分为十二部分，称为十二卫，每卫都有大将军、中郎将等官职，李世民就任命他们充当大将军和中郎将，五品以上的突厥武官多达一百多人，几乎占朝臣的一半。这些贵族身居高官，享受厚禄，无不对太宗感恩戴德，忠心耿耿。不少少数民族出身的将领甚至不惜出生入死，以死图报。如阿斯那斯尔·丽斯摩、执失思力等，都是其中的佼佼者，可以同汉将齐名媲美。

第二，优待颉利可汗。颉利到达长安后，唐太宗把他和家属安置在

---

① 《贞观政要·城信篇》。

太仆寺内，厚加款待。但颉利可汗仍然郁郁不乐，不住房屋，在庭院里搭起帐篷，和家人悲歌哭泣。太宗得知，亲自探望，温言相劝，后任命他为右卫大将军，赏赐大量田宅。公元634年，颉利可汗死了，李世民命令按突厥风俗施行火葬，在灞水东面给颉利筑起高大坟墓，作为纪念。

第三，安抚突厥降民。平定突厥以后，有人主张强行迁徙突厥降民。太宗主张保全他们的部落组织，顺应他们的风俗习惯，把他们安置在今陕西北部和内蒙南部地带，其余部分散居在今北京直到宁夏一线的草原地区，使他们继续过着游牧生活。任命突厥的首领作都督，来统辖突厥降民。在租赋方面，比内地人民减轻许多。突厥灭亡之前，战争、灾荒、疾病，使突厥民众大量死亡，长城内外，尸骨成山。李世民派人前往，以酒肉致祭，一一加以掩埋。此举使突厥人大为感动。

由于唐太宗对突厥实行德化政策，不仅使突厥人心向唐廷，而且其他边境少数民族也纷纷向唐廷纳贡称臣。据记载，东北地区的奚、室韦等十余部落要求内属，逃到高昌（今新疆吐鲁蕃）的突厥人，听说内地突厥人待遇优厚，又投归唐朝，伊吾（今新疆哈密）城主携同属下十几城镇，也要求内属。边疆各族频繁内迁、降附和通使的，史不绝书。即使北方遥远的流鬼（即今北西伯利亚的堪察加半岛）也派来使修好。

爱之如一

唐太宗能够驾驭各个少数民族，除了“德化”之外，还有一点，就是对汉民和各少数民族，平等对待，“爱之如一”。

贞观二十一年，唐太宗询问大臣：“古代帝王有的能平定境内，却不能服境外戎、狄，我才能比不上古人，成功却比他们大，是何道理？”众臣们歌功颂德，一片赞扬之声。唐太宗十分不满，他自己总结了五条，其中有一条就是：“自古皆贵中华，贱夷、狄，朕独爱之如一，故其种族皆依朕如父母。”①就是说，自古以来的帝王都是贵中华，贱夷狄，

① 《资治通鉴》卷198。

而我却把夷狄同汉民同等看待，不分贵贱，一样爱护，因此，他们对我就如同父母一样。这一总结固然有溢美之辞，但他总结了自己在民族政策上与过去帝王的作法不同，是符合史实的。其“爱之如一”的具体表现有如下几点。

首先是和亲政策。过去虽然也有不少王朝嫁女出蕃，但大多是王朝无力抵抗外敌，被迫外嫁公主。而贞观时期，唐朝将强兵悍，国势强盛，唐太宗也要外嫁公主，是何原因？他说：“只要对人民有利，我决不爱惜一个女儿。公主出嫁，生了儿子，就是我的外孙，外孙总听母教，母子既有中原汉族血统，自然不敢对外公发动战争。”这虽然是出于战争考虑，但唐室公主外嫁夷狄人为妻，他体现了太宗“爱之如一”的思想。天子为天下臣民之父母，当然包括了各少数民族在内。原突厥处罗可汗的儿子阿史那社尔来降，太宗把自己的妹妹南阳公主嫁给了他；吐谷浑可汗诺曷钵入朝，又嫁弘化公主；吐蕃松赞干布遣使入朝，太宗又嫁文成公主。每次公主外嫁，常常伴随着大批人员、物资、文物典籍等源源而去，紧接着是少数民族的使者、学生、物产源源而来，这样使边疆各少数民族同内地汉族关系日益亲密起来。

其次，是对少数民族的平民和汉民一样看待。隋朝末年战乱，边境不少汉民和夷、狄平民被薛廷陀掠为奴隶，薛廷陀归附后，唐太宗不分汉民和夷、狄平民，一视同仁，一概以钱财赎还。在他们获得自由后，一律发给救济粮食，安排他们从事生产，并全都享受免除徭役的优待。

再其次，对汉将、夷将同等看待。帝王对本族大将一视同仁，并不太难，而能对汉、夷将领不存私心，视之为一，实在难能可贵。唐太宗从“爱之如一”的原则出发，在这个问题的处理上是超越前人的。如在平定吐谷浑战役中，汉将薛万均隐瞒战败实情，又排斥铁勒族将领契苾何力所建的奇功。唐太宗知道后，令撤薛万均的官职，授于何力。何力叩头谢绝，不少人恳求保住薛万均官职，太宗不许，坚持赏罚分明，此举使何力深受感动。再如贞观二十一年，出征龟兹，太宗以突厥族的阿史那社尔为行军统帅，位在汉将以上。突厥将领李思摩，原名阿史那思摩，因立军功，被赐李姓，授职右卫大将军。贞观十九年，他随驾出征，在进攻白崖城的战斗中，被流矢射伤，由于没有及时治疗，瘀血滞积，太宗爱将心切，“亲为之吮血”，消息传开，战士们“莫不感动”①。

唐太宗以其卓越政治家的宽广胸怀，实行了开明的民族政策，使中国发展成为一个地域空前辽阔、民族空前众多的国家。当时的长安城内，聚居着大量的少数民族。每当正月初一，长安宫城正南的顺天门门楼上，各个民族身着各色各样的民族服装，跳着各种各样的舞蹈，大街上穿行着各种肤色、相貌的兄弟民族。如此盛况，是在此以前的朝代所不曾有过的。在唐太宗“德化”、“爱之如一”的民族政策感召下，各族首领、人民心悦诚服。在太宗生前，他们无不尽力效忠，在太宗死后，个个失声痛哭，如丧考妣，有的剪发、割耳，血流遍地。阿史那社尔和契苾何力闻讯后，请求杀身殉葬。松赞干布来信说：“先皇晏驾，无子新立，臣子有不忠者，我将帅兵赴难。”

由此可见，唐太宗推行了“爱之如一”的民族政策，获得了广大少数民族的好感，在处理民族关系方面，取得了前人所末取得的成功，也为后来的帝王处理民族关系，树立了很好的典范。

贞观时期，“中国既安，四夷自服”，文治武功都达到了空前的盛况。唐太宗在总结自己成功的经验时，除了对汉、夷“爱之如一”之外，还谈了四条：“第一，从古帝王往往妒忌有才能的人，而我见到别人的才能，好像我自己的才能一样；第二，人各有长短，而我知用人之长，舍其所短；第三，人主对某个所爱的人，便抱到怀里来，一有错误，厌恶得要推到沟里去。而我敬重贤良，能原谅他们犯错误，也能让他们改正错误；第四，人主都憎恨正直人，明杀暗杀，历朝都有，而我即位以来，褒奖正直，求贤纳谏，从没黜责过一个人。”这些经验之谈，应该说是符合事实的。

---

① 《资治通鉴》卷 197。

唐太宗利用隋末农民战争开拓的局面，开创了一个昌盛的大唐帝国。他的许多政策、措施，为后来的帝王所继承。他的许多作为，被后代人所称道。他的许多见解，直到今天还有借鉴价值。他实行的民族政策，改善了各民族之间的关系。他的开阔胸怀，洋洋大国帝王的风度，为他的子孙们做出了榜样。唐太宗因而成为名垂青史的杰出帝王。

大周女皇武则天

——进取寒士　以杀立威

公元690年10月16日，农历九月九日，是重阳节。这一天，秋高气爽，浩日当空，大唐都城内鼓乐喧天，一片欢腾。67岁的圣母神皇武则天神采奕奕，目光威严，在群臣口呼万岁声中，登上了皇帝的宝座。她改国号为周，史称“大周皇帝”。从此，在中国封建社会的帝王史册中，武则天成为空前绝后的唯一的一位女皇帝。

武则天是一位很不寻常的女性，她经过几十年的苦心经营，把登基之日选在重阳节这一天，意义就很不一般。因为曹丕在《九日与钟繇书》中写道：“岁往月来，忽复九月九日。九为阳数，而日月并应，俗嘉其名，以为宜于长久，故以享宴高会。”因此，武则天也把自己名字的“照”，改为“曌”，意为武氏王朝将如日月当空一样，长久永存。

在封建社会中，男尊女卑的道德教条，不知扼杀了多少本应有所作为的杰出女性。然而只有武则天，从皇帝的媚娘、才人、昭仪，到皇后、天后、太后、圣母神皇，一直到自己龙袍加身，立国称帝。她当政50余年，独掌朝纲21年，其中有14年是名正言顺的大周帝王。武则天——这位中国女帝，以其政治家的心胸和胆略，曾使得芸芸众多的须眉帝王显得逊色。正因为如此，一千多年来，她一直受到不少封建文人的唾骂和指责，连明末清初的著名哲学家王夫之，也大骂武则天是“以妇人而窃天下”的“淫妪”。李塨在他的《阅史郄视》卷 2 中也向世人提出：武则天不但不应列入帝纪，连后妃传也不应列入，应该列入篡逆传。武则天是在一片谩骂声中成为中国妇孺皆知的人物的。

但是，女皇武则天的历史功绩，并不因此而被埋没。她当政期间，破除门第观念，使不少普通地主和寒族出身的人涌进了帝权机构，打破了被门阀豪族垄断朝政的局面；她反对国家分裂，维护社会安定，即使在对统治集团内部大开杀戒之时，也依然对平民采取宽宏安抚政策，大力发展生产，使全国人口由 652 年的 380 万户，到 705 年增长至 615 万户；她继承了唐太宗开创的“贞观盛世”，又为她死后 8 年出现的“开元盛世”打下了坚实的基础。正因为这样，女皇武则天在下层平民中间一直受到尊敬和歌颂。如四川广元在武则天童年生活的地方，有着以武则天命名的地名，每年正月廿三，不少地方都要举行“武则天会期”，以示纪念。在埋葬武则天的乾陵，历遭兵荒战乱，满目断壁残垣，但每年麦收之后，当地的老百姓都要前去祭祀武昭仪。在武则天墓前的无字碑上，明代一位诗人曾写诗曰：“乾陵松柏遭兵燹，满野牛羊青草齐。唯有乾人怀旧德，年年麦饭祀昭仪。”

武则天是中国古代杰出的女皇，她执掌帝权，运用国家机器，领导、统治偌大的封建国家，并且推动历史向前发展，在中国封建社会的发展历史上，写下了不可磨灭的篇章。

选人之策略

破门阀世俗　推行《姓氏录》

门阀观念，在中国封建社会中是一条扼杀人才的绳索，是为世族豪门培植私家势力的重要工具。它重门第，轻才学，以祖宗的功德大小，门第的高低贵贱，做为封官授爵的标准。

自从曹丕制定了“九品中正制”以后，“上品无寒门，下品无势族”的局面就一直没有真正被打破过。出身寒门的人为了能进入上流社会，总是要呼吁打破门阀观念，而一旦掌握了政权，就又会把自己的家系封为高贵等级，子孙后代，永享官禄，压抑其他等级。如唐高祖李渊的祖父李虎，在元魏政权分氏定族时，就被排除在高贵等级之外，这就使他“处世无入朝之期，在生绝冠冕之座”，就是说永远不会有获取高官厚禄的希望了。因此，李虎怀着满腔愤恨，参与了“六镇起义”和“河北起义”，提出要打破门阀观念，反对元魏贵族把持朝政。李渊、李世民都是这样，可他们一做了皇帝，有了最高门第，就又重建起以自己为核心的新门阀——“关陇集团”，排斥寒门俊杰。连素有任人唯贤之名的唐太宗李世民，晚年也疏忌魏征、李勣、张亮这一些出身普通门第的大臣，临死前把国事托付给关陇集团的领袖人物长孙无忌。

武则天踏上政坛之后，首先进行的一项工作，就是通过唐高宗，修订《姓氏录》，取消唐太宗时订立的《氏族志》。这是打破门阀制度，进取寒门俊杰的一个重要战略步骤。

武则天之所以这样做，是因为她本人就是出身于寒门之家，父亲是一个木材商人。唐太宗在贞观十二年修订的《氏族志》中就写道：“不叙武氏本望”，连突厥人都竞称“武，小姓”。武则天因此也受尽了坎坷，她 14 岁选入宫中，由于出身寒门，直到 26 岁，一直是太宗的才人，处于最低等级，很不得宠。唐高宗即位之后，要立武则天为皇后，由此也遭到了以长孙无忌为首的关陇贵族集团的强烈反对。他们认为，选择皇后必须是“天下令族”，“礼义名家”，而武则天的父亲至多只是一个木材商人，岂能立武为后？武则天便在一群不得志的官僚中间寻找自己的支持者，如中书舍人李义府、王德俭、御史中丞袁公瑜和许敬宗等人，这些人都是关陇贵族圈子之外的人。通过这些人的支持，武则天采取非常手段，终于挫败了长孙无忌集团，被立为皇后，于公元 659 年至 683 年，和唐高宗共同执掌朝政达 24 年，史称“二圣时期”。

武则天执政的当年 6 月，就指使许敬宗、李义府订立《姓氏录》，取代唐太宗时订的《氏族志》。《氏族志》虽然也是以唐朝官爵的高下做为等级的，但仍十分考究是否士族，旧的士族观念还很浓厚。新修的《姓氏录》是以皇后家族为第一等，下边按官职高低共分九等，凡是官员达五品以上者，皆可进入等级，无论祖上有无功德，门第是高是低，只要通过考科或军功，升至五品以上官吏均可升高家族等级。这样一来，许多出身低微的庶族官吏，都凭政绩可以提高自己的地位。而那些旧门阀的子孙，原先凭祖宗族望可以跻身于上流社会的特权被废除了。为此，他们纷纷起来，强烈反对《姓氏录》的规定，被列入书中的旧族官僚也耻于被叙录，也纷纷要求退出，企图使《姓氏录》成为一纸空文。武则天借用皇权，强行没收焚烧天下的《氏族志》，坚决推行《姓氏录》。不管武则天是怎样出于私利的考虑，《姓氏录》终究代表着一股冲击旧门阀观念的新潮流，对流行数百年的门阀旧制是一种彻底的否定，并从此结束了以门第定官职的历史。

旧门阀制度被打破之后，大批新成长起来的寒门出身的知识分子蜂拥而来，要求进入官场。新登上政治舞台的武则天，为他们打开了闸门，借以不断培植拥戴自己的官僚队伍。据史载，每年吏部接纳的选人成千上万，每年入流人数超过1400，比正常需要补充的人数高出几倍。武则天对如此急剧增加的人数不但不加以控制，而且在公元666年泰山行封禅礼之后，又宣布："文武官员三品以上赐爵一等，四品以下加一阶"，使一大批官员通过泛阶制度进入五品、三品高官。公元675年，武则天又始设"南选"，即在江淮以南，主要是岭南、黔中一带选拔人才。

武则天推行《姓氏录》，打破了门阀世俗，使一批又一批过去沉溺于下层的普通地主、寒门俊杰，登上了封建社会的政治舞台，这些人进入官僚队伍以后，又成为武则天推行自己政治路线的得力工具。可以说，武则天正是通过这些人登上大周皇帝宝座的。

发展科举制　选拔治世贤能

发展科举制，是武则天选拔治世贤能的又一种方法。

科举制开创于隋朝，它为打破魏晋以来实行“九品中正制”作出了积极贡献。唐太宗时对科举制进行了不少改革，无论在考试的内容、方法，还是对考生的录用、授官方面，都有一些新的规定。但是，唐太宗是个十分精明的君主，他一方面反对以门第取人，主张凭才学任官，而另一方面，又不愿使更多的寒士仅通过考试便获取高官。因此，他在把大批知识分子卷进争夺进士桂冠的激流中去之后，又设置种种关卡，仅使很少一部分人得到官品。唐太宗执政 23 年，一般每年才取进士几名至十几名，共取进士 205 名。因此《唐摭言》中说“进士科……盛于贞观”是不确切的，真正的兴盛则是在武则天执政时期。

武则天执掌朝政之后，大开科举之门。他对科举制的发展，一是改变考试内容，二是增加录用人数。

隋朝招考进士科，起初只是策问，太宗时又加入读经史一部，主要还是策问，而策问大多只是泛泛而论，并不能真正切中时弊。武则天在招考进士时，增加为三个内容：①帖经。②杂文两篇，成文、诗赋各一篇。③策问。史称：“太后颇涉文史，好雕虫之艺，永隆中始以文章选士”①。加试杂文制度，对于全面了解考生的知识、文才，以及对时事的分析等，有着重要的作用。这对以后的科举制度影响很大。《通典·选举典三》中载：“及永昌之后，太后君临天下二十余年，当时公卿百辟无不以文章达，因循日久，寖以成风。”这种政策种下了盛唐文坛繁荣的契机。唐代文坛空前繁荣，就是这一政策的直接产物。唐玄宗开元盛世年间的名相姚崇、宋璟、张九龄和文坛巨擘陈子昂、刘知几等，都是这时期通过科举制度选拔出来的杰出人才。

武则天为了加快培植自己的一帮势力，放开关卡，大量录用考试合格的考生。在其执政的 50 多年中，取进士达 1000 多人，平均每年录取人数，要比唐太宗时增加一倍以上。过去考试贡生，考卷都要用纸把考生的名字糊起来，以防考官作弊。武则天认为应该信任考官，废除糊名

① 《唐会要》卷 74《选部上·论选事》。

制，这实际上是要从宽取士。公元690年，武则天在洛成殿亲自主持对贡生的考试，以示皇恩。从此，贡生考试都有了殿试。除此之外，武则天还破格用人，放手给人官做。招官的办法主要有：①自举——九品以下官吏以及百姓，皆可自我举荐，请求做官或升官；②试官——各地举荐人才，凡是被举荐者，一律允许做官，称为试用之官；③员外官——即编制之外的及第士人，暂无官职，置为员外官，同正官一样享受俸禄；④武举——招收天下有武艺的人，此项内容为武则天在公元702年首次开创。由于武则天放开手脚，广开仕途，使大量的普通地主和下层贫民，涌进了武氏王朝的官僚队伍。当然，这一制度在冲破关陇贵族把持政局的同时，也出现了用人过滥的问题。刘知已当时曾上奏官员的冗杂，其中有一条说：赐勋阶太滥，每逢集会，绯服（四品、五品官服色）比青衣（八品、九品官服色）多，象板（五品官以上用象笏板）比木笏（九品官以上用木笏）多。又一条说：取士太宽，因此六品以上官毫不稀罕，和土芥沙砾一般贱。还有人指出，拾遗、补阙等官不可胜数，时人称之谓“补阙连车载，拾遗平斗量”①。

如何驾驭如此急剧膨胀的官僚队伍呢？武则天自然有她的办法。《资治通鉴》中说：“武则天虽滥以禄位收天下人心，然不称职者，寻亦黜之、或加刑诛。挟刑赏之柄以驾御天下，政由己出，明察善断，故当时英贤亦竟为之用。”就是说，武则天虽然放开手脚大量招收官吏，给人官做，但一发现不称职者，轻的革职，重的诛杀。据说，当时投机为官者很多，武则天法纲严峻，大量予以诛杀，使很多本想过官瘾的浅薄之徒，没上任几天便丢了脑袋。“为官三日成新鬼。”每任用一官，户婢（管宫中门户的官婢）就私下说：“死鬼又来了。”致使一些人一听到任己为官，吓得浑身发抖。结果有人说：“武则天是设下一个诱人的陷井，让爱做官的纷纷跳进去寻死，用心实在太险恶了。”其实，这样评价是不太公正的。因为武则天善于在实践中选拔有真才实学之士，任用官吏不是仅凭考试、

① 《资治通鉴》卷205。

推荐或自我吹虚，为官者不能枉受国家俸禄，在位者要胜任其职，造成损失者要拿命补偿。她能够听谏，多少有一些唐太宗的风度。她在大量的及第考生中，选拔、任用了不少文武大臣，其人数并不比贞观时少，如她当时任用的主要宰相魏元忠、狄仁杰、姚崇、张柬之等，都为大唐盛世的出现，做出了一定的贡献，也是中国历史上名扬千古的官吏。

治世之权术

分相权组织“北门学士”

“二圣”时期，表面上是唐高宗和武则天共同执掌朝政，由于高宗身体每况愈下，实际上是由武则天来处理大量的、繁重的国事。武则天当时是以皇后的身份参政的。她非常清楚，自己深居后宫，要想驾驭整个国家机器，还需要建立一支属于自己的亲信力量。当年曾为她争取皇后的亲信们，十多年来，大都被淘汰殆尽了，只剩了李勣、许敬宗两人，也已是风烛残年，不久于人世了。因此，武则天准备重新建立一支新的力量，做为自己治国安民的工具。

公元666年，武则天从左、右史和著作郎中，物色了一批才学俱佳的文人学士，这批文人学士被特许从北门——即玄武门出入禁中，时人称之为“北门学士”。在封建政权结构中，总是存在着皇权与相权这样一对既相互依存，又互相争夺的矛盾。特别是宰相控制外廷，处于一人之下，万人之上的地位。武则天以皇后身份参与朝政，更是无法控制外廷。于是，她才想出了广召文人学士进入禁中修撰，组织第三权力中心的办法。当时知名的有刘祎之、范履冰、元万顷、苗神客、周思茂、胡楚宾、卫敬业等。这些“北门学士”，有的出身士族，有的经过科举，初用之时，只是记言的左史，记行的右史。武则天“以修撰为名”，把这些文章高手召入禁中之后，也确实编写了一批署武则天名的著作，如《列女传》、《臣轨》、《官僚新诫》、《乐书》、《少阳正范》、《兆人本业》等，这大多是对太子以下各等臣民制定行为规范的儒家说教，也有涉及文艺科技的。

开馆招揽文人学士论学著述，历来都是具有政治色彩的举动。唐初就有过李世民的秦王府文学馆学士、李泰的魏王府文学馆学士。秦王府的文学馆聚集了一代贞观名臣。武则天建立的"北门学士"又是一代风流，他们名义上是修撰著作，实际上是武则天的智囊班子，武则天密令他们参决朝政，"以分宰相之权"。这批北门学士的智囊班子，为武氏造舆论、定主意是出了大力的。在此后的二十余年中，武则天不仅在皇后的位置上坐得稳稳当当，高宗死后她又临朝称制，并逐步造成改唐为周的形势，都与北门学士是分不开的。因此，武则天也没有忘记这些功臣，他们多数被擢升为三、四品高官，范履冰、刘祎之还做到宰相，长期受到重用。

"北门学士"不仅帮助武则天分减皇权和相权，而且帮助武则天在有关国家的经济、军事、文化、政治等方面，出过不少良策。公元674年，唐高宗称天帝，武则天升为天后，四个月之后，她就在"北门学士"的协助下，提出了治理国家的一个政治纲领："建言十二事"。其内容为："一、劝农桑，薄徭赋；二、给复三辅地；三、息兵，以道德化天下；四、南北中尚禁浮巧；五、省功费力役；六、广言路；七、杜谗口；八、王公以降学习《老子》；九、父在为母服丧三年；十、上元前勋官已给告身者无追核；十一、京官八品以上益禀入；十二、百官任事久，材高位下者得进阶申滞。"那些年，全国不少地方水旱虫雹灾害不断，京畿关中饥荒尤为严重，武则天建言劝农桑，薄赋徭，给复三辅地，并禁浮巧，省力役，对于缓解灾荒起到了一定的作用。据说武则天还常穿破间裙，以示节俭。特别是建言中第九条，父在为母服丧三年，提高了妇女的社会地位。还有第十条，慰抚被破赐夺勋而生怨恨的勋官，第十一条增加京官的俸禄，第十二条提拔有才能的百官，意在笼络官僚队伍，扩大自己的政治实力。

"北门学士"从组织起来，直到武则天登基称帝的二十多年中，一直是武则天手中的重要工具。武则天正是通过这些由文章高手组成的智囊班子，才一步一步地从皇后、天后，走向皇帝宝座的。称帝之后，武则天总揽朝纲，广招天下俊杰，北门学士的作用才慢慢消落下去。

用酷吏　镇压反对势力

武则天作为一个封建专制的君王，在治理国家方面，除了运用一帮文人学士之外，还组织了一批凶残狠毒的酷吏队伍，以严刑酷法来慑服群臣，镇压反对势力，维护自己的统治。武则天也因此而落得个“千古未有之忍人”、“万世闻其醒”的恶名。

武则天在称帝前后，都实行了一套酷吏政治，但前后有所差别。称帝之前，主要运用酷吏来清除自己临朝称帝的各种反对势力。武则天是个女人,她要登上皇权高位,面临的阻力之大是可想而知的。但她决心“以刑法理天下”，“肆斩杀怖天下”。①公元 694 年 2 月，中宗被废，武氏独揽朝政，同时开始滥用酷刑。她在朝堂放置铜匭，接受告密文书，并且规定:“有告密者，臣下不得问，皆给驿马，供五品食”，“无实者不问”。就是说，凡是告密者，其他官吏不得过问，一律用驿马送至京城，按五品官标准供给食宿，失实者不加追究。结果造成“四方告密者蜂起，人皆重足屏息”的恐怖气氛。对有的告密者，她还亲自接见。接着，她任用了来俊臣、周兴、李元礼等一批酷吏，专办告密信件。这些人凶狠歹毒，灭绝人性，专门编写了《告密罗织经》，教唆党徒按经上告，就会使被告无法自辩。他们还制造发明了“定百脉”、“喘不得”、“突地吼”、“失魂魄”、“死猪愁”、“求即死”等十号大枷和“宿囚”、“驴驹拔橛”、“玉女登梯”、“凤凰晒翅”、“猕猴钻火”等骇人听闻的酷刑，使被告者见之“战栗流汗、望风自诬”。凡被下狱者，几乎无一人生还，朝臣人人自危，不知什么时候会大难临头。不过武则天在这个阶段里，主要把屠刀指向宗室王公，尤其是唐高祖、唐太宗、唐高宗三代皇帝的皇子们。武则天通过酷吏，一批又一批地将他们杀掉，连续几年的杀诛，到她改唐为周称帝时，这三代皇子除了武则天自己生的李显、李旦外，在世的全部被杀。皇族近支，诛杀殆尽。对于唐室重臣元老，稍有不满，也大加诛杀。武

---

① 《新唐书》6 卷《则天武皇后传》。

则天靠着血腥的屠杀，摧毁了同自己争夺帝位的劲敌——李唐宗室，打开了通往皇帝宝座的道路。

武则天称帝之后，继续任用酷吏，大搞恐怖政策，主要为了帝权的巩固，其滥刑主要对象转移到了朝廷中的文武大臣，特别是权倾朝廷的宰相们。据统计，从684年到697年，14年间武氏共任用宰相58人，其中被杀的竟有21人，被贬的也有21人。称帝后的前7年中，宰相班子成员的变动尤为激烈，共任用宰相38人，每人平均任期为一年，这在封建社会宰相史上也是罕见的。朝臣连连被杀，宰相走马灯般地更换，以至形不成一个反武的中心势力。朝官们每次上朝，总是战战兢兢地同家人诀别，不知能否再相见？有人称这是中国历史上极为黑暗、极为恐怖的岁月。

武则天动用酷吏，主要是为了镇压反对势力。酷吏们滥杀无辜，到了群情激愤的时候，她也陆续杀掉酷吏，以平民愤，缓和政局，其中包括最大的酷吏在内。公元691年，她称帝后第二年，便杀掉了李元礼，流放了周兴，以向天下表示，以往的滥杀罪在此二人。697年，又诛杀了最大的酷吏来俊臣。由于来俊臣作恶多端，仇家们争着咬吃来俊臣尸体的肉，挖其眼珠，剥其面皮，剖其心肝。武则天为了收拢人心，立即下诏书,历举来俊臣的罪恶,并加以灭族罪,说是“以雪苍生之愤”。其实，来俊臣所做的一切，都是禀承她的旨意办的。

值得指出的是，武则天在动用酷吏和严刑对皇帝贵族和上层官僚大开杀戒的时候，也并非“随意滥杀”。如她在酷吏杀人最为猖獗的时候，保护了徐有功、狄仁杰、魏元忠等一批高才直臣。其实，武则天动用酷吏，以刑怖天下，与其破格用人的滥选是不无关系的，她是以快速流动的方法，来更换、筛选有用之士，打破僵死的政治机构和门阀世袭的特权，消除官员冗杂现象，使大量的普通地主和寒族出身的俊杰们，有机会登上政治舞台，施展自己的才能。正是因为武则天不断地在统治机构中更换新鲜血液，才使得当时的社会没有被酷吏的血腥气息所淹没，历史还是坚定地向前迈出了前进脚步。

无为治农

武则天在位时，也一贯强调“建国之本，必在务农”。但她的治农，不像唐高祖、唐太宗那样，发布均田令，靠政令去管理农业，而是采取“无为而治”的方法，任其自由发展。

武则天尊仰佛教，但也不排斥道教。如她在《建言十二事》中，提出“劝农桑、薄赋徭”、“给复三辅地”的同时，号召“王公以降学习《老子》”，这是以老子“小国寡民、无为而治”的思想，来教育王公大臣。老子是道教的祖师爷，是典型的虚无主义思想家。他认为人民不怕死地起来反抗，是由于统治者搜刮太厉害所致。统治者总认为加强法制，方可安民，然而，“民不畏死，奈何以死而惧之？”因此，他告诫统治者，对人民要“甘其食，美其服，安其居，乐其俗”，①“无为而治”方为治国上策。武则天十分尊崇老子，对土地管理，农民生产，不过多地干预。当时的均田制已实行了一个多世纪，封建国家对土地、人口控制很严，甚至连种植什么农作物也作具体规定，并不利于调动农民积极性。不少农民为了摆脱国家的奴役剥削和渴望新的自由生活，纷纷逃亡，这被称为“逃户”，即从国家户籍上脱漏。但这些逃户脱籍不脱产，一部分逃往荒原僻地去垦荒种地，一部分依附于王公百官富豪之家。

问题的关键，在于武则天对待“逃户”的政策上，同以往的统治者不同。以往不少帝王为了限制人口逃亡，增加国家税收，采取课罚、坐牢、没收土地的惩治措施，而武则天不但不罚，反而下诏规定：逃户还归，可享受给“复二年”的种种优待。敦煌发现的长安三年三月阴永牒说到以前在甘、凉、瓜、肃等州的沙州逃户时曰：“今奉明敕：逃人括还，无问户高等下，给复二年。又今年逃户，所有田业，官贷种子，付户助营。逃人若归，苗稼见在，课役俱免，复得田苗。”就是说，以往的逃户回来后，不论户等高低，给复二年。今年的逃户，田地由官府贷种托人经营。

---

① 《道德经》80章。

如果逃户回来，归还田地庄稼，课役全免。据统计，当时的逃户约有三、四百万之多，这是一支强大的农业生产队伍。他们逃往荒芜的地方，开垦出了大量的耕地。进入深山老林的逃户，开矿拓荒，给沉寂多年的山野带来了生机。这些人中间相当一部分是既摆脱了国家的控制，也不受地主豪富的掌管，成为自由民。自己垦荒种植，真正成了老子最理想的社会——小国寡民。

武则天对逃户和广大农民，采取放任和宽容的政策，减轻了地主官府对农民的盘剥，从而缓和了农民同统治者之间的矛盾，这样不仅使当时的农业有了一定程度的振兴，而且在武则天对统治阶级内部大行诛杀之时，全国农民却比较安定，没有出现大规模的农民起义的现象。这实际上是“以无为有为”的治农方略。当然，武则天也并非对农业一点也不管理。如她组织北门学士编写的《兆人本业》，就是教育臣民如何进行农业生产。她还规定，凡州县“田畴垦辟，家有余粮”，则地方官吏可得升奖，如“为政苛滥，户口流移”，则地方官要受惩罚。因而在武则天统治时，粮仓丰实，人口比贞观时还增加了一倍，这一功绩是人口皆碑的。

巩固国家统一　维护社会安定

平定叛乱

武则天当政时期，全国发生较大的叛乱主要有两起。一起是以英国公徐敬业、唐初四杰之一的骆宾王为首的扬州叛乱；另一起是以唐高祖第十一子韩王李元嘉为首的李唐宗室，为匡复大唐王朝进行的举兵反武。武则天为了维护社会的安定，出动军队，一一加以平息。

公元 684 年，唐中宗被废，武则天立第四子李旦为皇帝，即唐睿宗，但居于别殿，不得过问朝政，一切军国大事由她以太后身份裁决。她向世人宣称，自己临朝称制的原因是“皇帝谅闇不言，眇身且代亲政”，已显露出改朝换代的势头。一时朝廷内外气氛紧张，“唐宗室人人自危，众人愤惋”。不久，一批被武则天贬流的官吏，在扬州聚集，其中有英国公、柳州司马徐敬业，由长安主簿贬为临海丞的骆宾王，还有从御史一贬再贬的魏思温。他们打出“匡复庐陵王”的旗号，推选徐敬业为统帅，魏思温为军师，骆宾王为记室，举兵反武。为了招揽民心，他们还抬出了一个貌似李贤的人，扬言“贤不死，亡在此城中，令吾属举兵”。不到十天，便聚起兵马十万余人。唐初四杰之一的骆宾王，起草了流传千古，文采盎然的《讨武曌檄》。檄文中指责武则天“人非温顺”、“秽乱春宫”，“残害忠良，杀姊屠兄，弑君鸩母，人神之所共嫉，天地之所不容”。宣告他们起兵反武，是“奉先君之成业，荷本朝之旧恩”，“爰举义旗、誓清妖孽”，向武则天公开挑战，“请看今日之城中，竟是谁家之天下！”武则天读到此檄文不由得惊叹不止，问侍臣，“这是谁写的？”侍臣告诉她：“是骆宾王。”武则天说：“让这样的奇才流落在外，真是宰相的过失！”

十多万叛军，浩浩荡荡，很快攻占了扬州。扬州为控制东南的军事重镇，扼制着唐朝经济命脉的运河，这对武则天无疑是当头一棒。与此同时，楚州（今江苏淮安）司马李崇福也率部响应，叛军又占取了楚州。军师魏思温建议，应该率大军直捣洛阳，这样会使天下义士知道我们的目的所在，便会纷纷前来响应。但徐敬业、薛仲璋认为，“金陵王气在”，可守江自固，便掉头南下攻占了润州（今江苏镇江）。

叛乱发生后，武则天采取坚决手段，削去徐敬业祖、父官爵，劈坟斫棺，并命左钤卫大将军李孝逸为扬州道大总管，御史魏元忠为监军，统率三十万大军，日夜兼程，开赴江淮平息叛乱。经过四十多天的激战，终于大败叛军，徐敬业、骆宾王等人被部将所杀，从而使“海内晏然，纤尘不动”。

第二次叛乱发生在公元688年。当年5月，武则天加尊号“圣母神皇”，并正式称“陛下”。李唐宗室为保住大唐政权，聚集起来，要推翻武则天的统治。首先起兵的是唐高祖第十一子韩王李元嘉，以及其子通州刺史李谍，他们要“举兵唱天下，迎还中宗”①。博州刺史李冲，也伪造

① 《新唐书》76卷《则天武皇后传》。

皇帝玺书，称“神皇欲倾李家之社稷，移国祚于武氏”，他命博州长史肖德琮等召募兵卒，并分报韩、鲁、霍、越、纪等五王，“各令起兵应接，以赴神都①”。参与事变的还有唐高祖女常乐公主及其丈夫寿州刺史赵环，唐高宗的女婿太平公主丈夫驸马都尉薛绍及其两个哥哥。武则天派清平道大总管丘神勣和中军大总管麹崇裕等率领兵马，没费太大力气便平息了李唐宗室发起的兵乱。

武则天平息扬州叛乱和李唐宗室的兵乱，从主观上讲是为了巩固她自己手中的帝权，但从客观上讲，这两场战火能够得以很快平息，就避免了使中国的历史再回到一个世纪以前南北分裂的局面，维护了社会的安定。如果任凭战火漫延，就又会天下大乱，人民备遭涂炭，初唐社会经济上升的势头将会被中断，三十年后开元盛世也会化为乌有。因此，对于武则天这一历史的功绩，还是应该给予肯定的。

安抚边民

治理边民是历代封建统治者不可忽视的一个重要内容。国盛兵强的帝王，多以武力开边；软弱无能的君主，多以土地、财物、美女相送，苟和求安；而唐太宗则恩威并济，一面诉诸强兵悍将开疆，一面以“德化”治边，致使贞观之时，边疆三十年无战事。而到了唐高宗和武则天时，边疆又开始动乱起来，武则天在处理这个问题方面，也有自己的手段。

公元670年，原已归唐的吐蕃举兵反唐，攻陷了西域十八州城及龟兹、于阗、焉耆、疏勒四镇。679年，东突厥24州酋长也叛唐复立，边疆战事又起。叛军企图把战火引向中原。面对这些突然兴起的战争，素以武功见长的李氏家族后世子孙，远没有其先祖李虎、李渊、李世民的勇气与胆略，他们惊慌失措，不知该如何是好。武则天则很有点唐太宗的风度，面对叛军，她惊而不乱，采取了拉拢、安抚与兵抗的两手。

对于东突厥，她除了动用军队，防止其兵进中原之外，又不断派遣

---

① 《新唐书》76卷《则天武皇后传》。

使臣，向突厥酋长陈述利害，以求国家安宁。东突厥的反叛唐廷，主要想收回在咸亨年间被安置在丰（今内蒙临河东）、灵（今灵武西南）、代（今山西代县）、朔（今山西朔县西南）、胜（今内蒙准格尔旗东北十二连城）、夏（今陕西靖边县白城子）等六州的突厥降民。武则天得知，立即答应还降户数千，由其自治；并又给其"谷种四万斛，杂彩五万段，农器三千事，铁四万斤"，帮助他们发展生产。很快，同突厥之间的紧张关系缓和下来，突厥默啜可汗还两次出兵，帮助唐军袭击骚扰河北的契丹军队，使河北的战火很快平息下来。武则天又授予默啜"立功报国可汗"的称号，这表明，突厥民族仍然是大唐帝国的臣民。此后，武则天又不断地给突厥地区赠送大量的生活资料和农业械具，帮助他们发展生产。

而对于攻占西域的吐蕃军队，武则天从战略的眼光出发，为维护大唐疆土，坚持不断地派出大批军队，同吐蕃反复交战，特别是争夺安西四镇。安西四镇是扼守西北，维护东西方间丝绸之路的交通要道。武则天在西北边防大规模地开展屯田运动，增加西北防务。公元 692 年，大周将领王孝杰最后终于收复了安西四镇，并派三万汉兵镇守。当时，吐蕃请求能归还安西四镇，武则天拒不同意，声明置四镇予以据守，就是为了防止吐蕃东侵。强大的军事防备，震慑了猖獗一时的吐蕃叛军。此后，武则天为了安抚吐蕃臣民，不断派使臣向他们叙述友好，并多次称赞松赞干布和文成公主为加强唐蕃之间的亲密关系所做出的贡献，希望唐（周）蕃人民继续友好下去。在这种强大的政治宣传面前，好战的吐蕃首领论钦陵，终于在内讧中自杀。

当时，由于唐廷内部，文臣武将在武则天的酷吏政治面前弄得人人自危，无从顾暇边境防务和民族政策，因此，即使武则天采取了一定的政策来缓和边境冲突，也一直没有真正解决问题。西突厥十姓、契丹族、以及吐蕃等族，仍然时时进兵骚扰，给边疆各族人民带来了惨痛的劫难。

武则天是中国历史上的一代女杰，但由于权力欲的驱使，使她为了巩固自己的皇权大搞酷吏政治，在中国历史上写下了极其野蛮、黑暗的一页。这与她的历史功绩同时并存，并经常被史学家们以其凶残的一面掩盖其功绩的一面。当然，武则天是一个封建社会的帝王，这种凶狠残暴是由其阶级本质所决定的。正是由于她“滥杀无辜”，使君臣之间留下了深深的伤痕，最后终于在“五王政变”中结束了她的统治，也同时结束了大周王朝的命运。

公元 705 年 12 月 11 日，82 岁的则天武后凄凉地死在洛阳宫城西南的上阳宫仙居殿。死前留下遗诏曰：“去帝号，称则天大圣皇后，王、肖二族及褚遂良、韩瑗、柳奭亲属皆赦之。”①在临死之前，她赦免了被酷吏陷害致死的最后一批冤家。当时，有人反对武则天与唐高宗合葬乾陵。唐中宗没有理睬，亲自将灵柩护送回长安，为母亲举行了隆重的葬礼。在陵墓前，高耸着一块武则天的纪念碑。耐人寻味的是在这尊巨碑上，竟一字不镌。这实属中国历史上的独家之有，也像中国帝王史上独一无二的女皇一样。一千多年来，人们对这无字碑众说纷纭，有人说是因为武则天功高盖世，无法用文字表达。有人说女皇凶狠残暴，无可镌写。还有人说，武则天功过是非，当时人无法做出结论，留下这个空白，让子孙后代去评说吧！然而直到今天，对武则天可有一个公正的评价？

① 《资治通鉴》208 卷。

唐玄宗李隆基

——雄策拓唐　天下俱丰

唐朝开元、天宝年间，不仅是唐代，也是中国封建社会历史上极为昌盛的黄金岁月。据文献记载，这个时期物饶民丰，天下安定，粮食布帛价廉稳定，行人远走千里，不必携带食物和防身兵器，沿途村落道旁，皆有店肆，其内酒食俱备，可任意选用，临走时还有物品相送。当时著名的诗人杜甫在《忆昔》诗中，满腔热情地写道：

忆昔开元全盛日，
小邑犹藏万家室。
稻米流脂粟米白，
公私仓廪俱丰实。
九州道路无豺狼，
远行不劳吉日出。
齐纨鲁缟车班班，
男耕女桑不相失。

这是一幅多么动人的繁荣盛景！史学家把这一时期称为“开元盛世”。

其实，开元、天宝年间的盛景，不仅仅是因为粮仓充盈，海内富实，而且还在于她造就了一大批名扬千古的风流人物。在诗坛中，有“诗仙”李白、“诗圣”杜甫这两颗最瑰丽的诗星，还有贺知章、王之涣、孟浩然、崔颢、王昌龄、王维、高适、岑参等众多的诗杰。在政坛中，活跃着姚崇、宋璟、张说、张九龄等一批精通吏道、治世有方的栋梁之材。还有“画圣”吴道之、大音乐家李龟年、天文历算家僧一行……真是人才济济，犹如灿烂的群星，为大唐盛世增添了奇光异彩。有人把开元盛世的出现，归结为唐太宗开创的“贞观之治”，以及唐高宗、武则天继续推行唐太宗政策的余威。不可否认，这近一百年间国家的统一、安定，确实为开元、天宝年间的繁荣创造了有利条件，但是，如果没有唐玄宗——这位当时执政的帝王励精图治，选用贤相，束禁亲贵，改革吏治和兵治，实行开明的民族政策，盛世的出现也是根本不可能的。

唐玄宗文韬武略，安民有术，治国有方，是历代帝王中的佼佼者。然而，由于他晚年不求进取，政事昏庸，终酿成奸相专权和“安史之乱”，把唐王朝从极盛的顶峰又推落下来，留给了后人无限的遗憾。但是，古往今来的史学家们，都无不承认唐玄宗李隆基是一位杰出的封建帝王。

举相治国　驭相有方

唐玄宗是靠宫廷政变的手段获取皇位的。公元 705 年正月，“五王政变”推翻了武周政权，拥立唐中宗继位。中宗昏庸无能，大权操于妻子韦后、女儿安乐公主之手，张柬之等拥立功臣旋遭诛逐，武氏余孽迅速泛起，朝政日非，风云险恶。710 年 6 月，中宗被鸩杀于妻女之手，韦后窃权，欲步婆母武则天之后尘。李隆基联合姑母太平公主，毅然发动政变，一举歼灭了韦氏党羽，拥立其父李旦即位，是为唐睿宗，隆基被立为皇太子。一波未平，一波又起。太平公主又挟持懦弱无能的睿宗，左右朝政，“宰相七人，五出其门”，“文武大臣，大半附之”。713 年 7

月 3 日，隆基率兵诛杀了太平公主及其党徒，至此获取了全部权力。

玄宗即位之初，面临的政局是一副烂摊子。长期的宫廷内乱，削弱了中央集权的力量，吏治腐败，官员冗杂，王公贵戚拉帮结伙。边疆上战争频繁，形势吃紧，河北、陇右一带成为戎马蹂躏之乡，威胁着唐王朝的安全。土地兼并日益严重，农民大量流亡，“天下户口，逃亡过半，租调既减，国用不足”①，唐王朝处于危机四伏、财政拮据的严峻境地。为了尽快扭转政局，唐玄宗首先考虑的是如何建立一个领导决策机构，选拔贤相，以便能够大刀阔斧地革新朝政。

他首先起用的是具有无神论思想的唯物主义者姚崇。此人是一位“明于吏道，断割不滞”的干练的政治家，在武则天时期就曾担任过宰相，处理过许多军国重事，颇有声望。李隆基不顾其他大臣阻拦，利用行猎之机，密召姚崇于猎所，拜为兵部尚书同平章事。据说，李隆基在马前封姚为宰相，姚崇并不谢恩，李隆基问他何故，他奏称:“臣有十献，如不能行，臣不敢奉诏”，随即将十献奏上：“一请以仁义理天下，二不贪边功，三法不避亲贵，四宦官不能参政，五要裁汰冗员，六去一切额外征赋，七禁绝造寺庙道观，八礼待臣下，九采纳谏诤，十禁亲贵参政。”玄宗听后大喜，说道：“这十件大事也正是我所希望的啊！”姚崇听后，立即拜谢，成了开元年间的第一位宰相。

姚崇任相后果然不负重望，他处理军国大政极为明敏，而且善于分析和掌握时机，迅速剪除弊政，在政治、经济、军事方面都进行了一系列卓有成效的改革,被人们称为“救时宰相”。姚崇作为一个唯物主义者，坚决抑制佛教势力，反对封建迷信。中宗以来，后妃公主贵戚争营佛寺，给国家财政收入造成很大损失。姚崇上奏玄宗，严禁佛教发展，抑制僧侣地主势力。玄宗准奏，下令有司沙汰天下僧尼，还俗者一万二千多人，敕“自今所在，毋得创建佛寺，旧寺颓坏应葺者，诣有司陈牒检视。然后听之②。”这样一来，对旧寺的修理也严加控制，并一再下令

---

① 《旧唐书 · 韦思谦附嗣立传》。

② 《册府元龟》313 卷。

禁止王公贵戚、百官家同僧尼道士往来，禁止民间铸佛写经。只是到了后来，玄宗又开始倡导佛道，特别是道教。开元三年（公元715年），河南、河北诸州蝗虫暴起，百姓们手足无措，只能在田野“焚香膜拜，设祭而不敢杀”。姚崇奏遣御史督州县捕杀蝗虫。因为蝗虫来势凶猛，常常铺天盖地而降，被认为是天意，杀蝗反会震怒天帝，朝中大臣多数主张听天由命，不要违背天意。玄宗一时犹豫不决，姚崇力排众议，坚持自己的主张，认为：杀蝗除灾，总比不除要好，“若使杀蝗有祸，崇请当之”①。玄宗这才下令捕蝗。第二年，关东地区又复起蝗灾，姚崇又令御史督捕，汴州刺史倪若水拒绝从命，认为蝗灾乃天灾，非人力所能灭，还是修德以消灾吧！姚崇大怒，下书驳斥道：“倘若修德可以免蝗灾，那么贵处蝗灾大起，岂非长官无德所致邪？”由于姚崇态度坚决，各地捕蝗消灾，取得了一定的成效。尽管关东诸州连年蝗灾，却终于没有造成大的饥荒，这件事使姚崇名传天下。他确信人力可以胜天，以与困难做斗争的顽强勇气和贯彻正确主张的坚强意志，为开元盛世的出现，做出了积极的贡献。

开元4年，姚崇罢相，举荐宋璟为相。宋璟与姚崇在治政作风方面不完全相同，姚崇善于“应变成务”，大小政事包揽一身。而宋璟则注意“守法持正”，重在用人，随才任职，执法无私，又敢于犯颜直谏，对那些权宦之辈，从不放在心上。任相前宋璟为广州都督，唐玄宗派宦官杨思勖前去迎接，杨当时的地位仅次于高力士，但一路之上，宋竟不同杨说一句话。杨回宫后向玄宗哭诉，玄宗却感叹，如此人才，实在难得。他后来把宋璟奏对之言“书之座右，出入观省，以诫终身”②。宋璟为相，也是四年，在他和姚崇任相的八年间，对开元之前的各种弊政进行了大刀阔斧的改革，终于开创了开元初年“赋役宽平，刑罚清省，百姓富庶”③的新局面。后人称唐代贤相，前有房（房玄龄）、杜（杜如晦），后有姚、宋，

① 《资治通鉴》211卷，开元四年五月条。

② 《明唐书》96卷，《宋璟传》。

③ 《资治通鉴》卷211。

其余的宰相都不能同他们相比。宋璟之后，张嘉贞、张说、李元纮、杜暹等人又相继为相。这些人虽不如姚、宋，但也各有所长，他们帮助唐玄宗整顿纲纪，改革弊政，发展经济，为建设开元盛世奠定了坚实的基础。史学家们都赞美唐玄宗在开元年间，“所用之相，姚崇尚通，宋璟尚法，张嘉贞尚吏，张说尚文，李元纮、杜暹尚俭，韩休、张九龄尚直，各其所长”。

唐玄宗作为帝王，任用宰相，完全是为了缓和社会矛盾，巩固自己的帝位。因此，他对宰相在任用的同时，也采取了一定的权术加以驭制，以防宰相权重震主。

首先，是相位不久任。这是开元年间唐玄宗比较严格地实行的一条不成文的规定。如姚崇开元元年任相，开元四年罢相；宋璟开元五年任相，开元九年罢相；张说开元九年任相，开元十四年罢相。尽管这些人都是满腹才华，韬略过人，但一到限期，唐玄宗都找到一定的理由，坚决将他们罢黜。再往后来的历任宰相，在李林甫之前，没有一个是任期在连续四年以上的。这种大胆任用，无论政绩是多么显赫，都能按期坚决予以罢免的帝王是不多见的。

其次，是在朝臣中多树立对立面，以便互相钳制。唐玄宗尤通此道。如张说本来是玄宗十分宠信的宰相，非常干练，但玄宗偏又培植一个宇文融去牵制他。像括田、括逃户一类的政事，本是相权之内的事，然而玄宗却故意从监察部门挑选了宇文融，并给了他相当大的权力去主持此事，致使张说、宇文融之间矛盾重重。再如张九龄任相时，玄宗想提拔李林甫为相，去征求张的意见，张九龄认为：“宰相系国安危，陛下相林甫，臣恐异日为庙社之忧。”玄宗明知这样，还是擢用李林甫为相，从此之后，张、李之间争斗不停。李林甫任相时，企图拥立玄宗钟爱的寿王瑁为太子，以扩大自己的权势，而玄宗看出其中的奥妙，便毅然改变主意，另立素来与李林甫结怨甚深的忠王玙（即亨）为太子，致使两者互相牵制，一方面防止李林甫相权过重，另一方面又可防备储君势力膨胀的隐患。

第三，是重宠宦官，削弱相权。开元之初，姚崇上奏《十献》中就有“宦官不得参政”之说，玄宗应允。但随着社会政局的好转，玄宗为了防止相权日重，开始重宠地位卑贱的宦官。宦官干预政治，在唐代就开始于唐玄宗。首先得到崇信重用的就是高力士，文武大臣以及宰相的进奏文表，须经高力士之手。玄宗规定：“四方表奏，皆先呈力士，然后奏御”。这样，不仅一般朝臣，就连掌握重权的宰相也多巴结高力士。据史载，宇文融、李林甫、杨国忠等人，都是通过高力士而取得相位的。唐玄宗重用宦官，原因是宦官出身低微，为皇室家奴，易于控制，通过他们钳制掌握重权的宰臣，不至于皇权旁落。在“安史之乱”前，高力士等宦官虽然弄权，但权威未能超越皇权。“安史之乱”以后，宦官权势进一步扩大，以致权出皇帝之上，立君、废君、杀君如同儿戏一般，如唐穆宗、文宗、武宗、宣宗、懿宗、僖宗、昭宗等都是宦官所立，而顺宗、宪宗、敬宗、文宗均被宦官所杀害，昭宗也曾遭到宦官的囚禁。这是当年企图重宠宦官、削弱相权的唐玄宗所料想不及的。

束禁亲贵　巩固皇权

唐玄宗从小生活在激烈的宫廷斗争中间，他深知，对于侵夺皇权的危险性，除了外戚重臣之外，还有一个不可忽视的重要方面——皇亲贵戚，这些人争夺皇权的危险性往往比外戚重臣更大。当年的唐太宗，为夺皇权，喋血武门，杀害自己的同胞兄、弟，并抄灭满门；武则天专权，又大杀李氏子孙。唐玄宗自己也是靠诛杀韦后、安乐公主、太平公主才执掌皇权的。在大唐王朝近一百年的历史上，到处都抛洒着李氏骨肉的鲜血。因此，唐玄宗为了巩固皇权而又避免流血，便采取了束禁亲贵的政治策略。

首先从经济上严格控制各诸王贵戚的食封户数。

将帅强则易自立，王公富则国不宁。如果王公贵戚受恩惠过重，经济上过于富庶，一方面会助长他们的奢侈之风，并为此大力搜刮民财，增加百姓负担，从而引起百姓造反，危及皇权；另一方面，他们容易用重金收养天下贤杰，谋取天下。当年唐太宗李世民组织的秦王府文学馆，武则天组织的“北门学士”，都是前车之鉴。因此，在唐初太宗对功臣的封户不过几十家，最多的也不过千户，一般的诸王封户八百，公主封户三百，长公主可多加三百。这是作为一条制度规定下来的。但是后来到武则天时，武氏为广施恩惠，收拢人心，对王公贵戚的经济待遇陡然升高，相王李旦封户增到三千户，后来增至七千户，太平公主先至三千户，后至五千户，其他一般诸王、公主封户也都在千户以上，是唐初的几倍。到了唐睿宗时，太平公主又猛增至一万户。这样，国家的租税有相当一部分落入王公贵戚之手，财政收入逐渐减少，百姓负担成倍增加。

为了对王公贵戚的经济收入加以限制，唐玄宗下令：原来由诸王贵戚直接向封户征收租税的办法，一律废除，改为由政府统一征收，然后根据食封的户数，由政府统一发放。这就使诸王贵戚无限制地直接盘剥封户受到限制。这是唐玄宗在食封制度上的一项重要改革。除此之外，唐玄宗又对诸王、公主的封户数进行限制，规定凡是在开元之前已封的，考虑到历史的原因，封户不动，凡在开元之后，皇子封王者，只能食封户两千，皇女为公主者，封户只能为五百。唐玄宗对无端要求增加封户的万安公主说：“百姓租赋，非我有。士出万死，赏不过束帛，女（汝）何功，而享多户耶？”①

其次，唐玄宗从政治上对王公贵戚严肃法纪，严禁权贵的横行不法之风。

历代的王公贵戚都有不少无法之徒，依仗权势，不尊重官吏，侵暴百姓。此种风气如蔓延开来，会引起官民愤怒，削弱皇权。唐玄宗在开元初年，十分注意抑制权贵们的权势。如京畿三辅地区，“诸王公权要之家，皆缘（郑白）渠立硙，以害水田”，使广大农民的农田浇灌遭到破坏。玄宗得知，即令京兆尹派员全部拆毁，使“百姓大获其利”②。薛王业的舅舅王仙童，依仗自己的外甥是皇上的兄弟，侵占百姓财产，并肆意行凶，

---

① 《新唐书》83 卷，《万安公主传》。

② 《旧唐书》98 卷，《李元纮传》。

御史上奏要求惩治王仙童，薛王业要求玄宗不问此事。唐玄宗没有同意，并派人审核、查证之后，立即下令依法惩处了王仙童。于是，闻之“贵戚束手”①。对于一些胆大妄为的贵戚，唐玄宗不惜大开杀戒，坚决诛杀，以打击贵戚们仗势横行的气焰。史载开元四年，皇后的妹夫长孙昕与妹夫杨仙玉，殴打御史大夫李杰，玄宗闻后大怒，命立将二人斩首。有大臣奏曰：时值正月，是阳和之月，不开杀戒。唐玄宗仍然不依，毅然下令将二人杖杀于朝堂，还敕书安慰李杰。此事被后人传为美谈。

束禁宗室诸王，是唐玄宗维护自己帝位采取的又一种方法。

为争夺帝位，兄弟残杀的事件很多。唐玄宗自己的兄弟很多，不少人还执掌禁军，声望很高，如不加以防范，宫廷喋血，篡夺皇位的危险时有可能发生。当时在京城长安住有宋王成器，是玄宗的同胞长兄；申王成义，是玄宗同胞次兄；邠王守礼，是高宗的长孙，具有特殊的名分；岐王范、薛王业曾分掌左右羽林军，具有特殊的地位，俗称“五王”。“五王”常住京师，不利于皇权巩固。因为不少朝臣会在诸王中寻找靠山，图谋不轨。开元元年，唐玄宗使高力士为右监门将军，又使一些亲信宦官为三品将军，掌握禁军，严禁群臣与诸王交结。紫微令张说因潜越岐王范家，遂被贬为相州刺史。开元二年六月，唐玄宗让五王迁离京城，分任歧州、豳州、虢州、华州、同州刺史，割断诸王与朝臣的联系。为了防止“五王”在地方上搞割据势力，唐玄宗又规定，诸王到官，只领大纲，各州政务，均由朝廷命官负责处理。

唐玄宗的皇子也很多，皇子为王的先后共有十六人。玄宗命人在宫城旁分建十六宅，分给十六王，号称“十六宅”。每宅派宦官管理，除侍读官定时入宅教书之外，其他朝臣一律不许和诸王见面。后来皇孙渐渐增多，又设置了“百孙院”，也派宦官管理。唐玄宗对诸王忌心很重，防范很严，用宦官来监视他们的行动。因此，诸王和太子的祸福安危，完全取决于宦官了。宦官是诸王的监视者，又是保护者，有的太子或诸

① 《资治通鉴》211卷。

王后来登基称帝，总有一些宦官因拥戴有功而执掌大权，以至后来出现宦官专权，玩皇帝于股掌之上的局面。

唐玄宗为了巩固帝权，除了对诸王采取行政手段加以束禁之外，还十分注意以骨肉同胞之情去感化他们。为了使兄弟之间能和睦相处，玄宗特地让人做了长枕头，大被子和五王帐，时常招拢五王兄弟们同床共枕，以叙同胞之情，并在生活上给于优厚待遇。在宫廷内宅，玄宗与诸王兄弟相见，互相跪拜如常人一样。开元二年，玄宗在自己的住宅周围，分建其他四兄弟住宅，邸第相望，环于宫侧。每当诸王返回京城，玄宗总是约他们在一起吹拉弹奏，饮酒尽欢，或随意进出每个兄弟的院宅，在那里同榻宴谑，尽叙兄弟之情。有一次，薛王业得了病，唐玄宗亲自为他熬药，不小心被炉火烧了胡须，左右非常吃惊，而玄宗却说："为了使我兄弟的病能早日痊愈，烧了胡须又有什么？"

唐玄宗对诸王采取两种手段并用，使兄弟之间能够安然相处，善始善终，没有出现骨肉残杀的内乱，在加强中央集权制巩固的同时，又保持了帝权不被诸王篡夺，还赢得了天下的赞誉，这确是一种非常高明的统治手段。

禁逃户　反奢靡　发展农业经济

农业经济，是历代有作为的封建帝王十分重视的一个问题。贞观年间，唐太宗就看到："国以民为本，人以食为天"，不重视农业是根本不行的。唐玄宗不忘祖上教诲，在开元、天宝年间，采取了一系列发展农业的措施，致使天下出现"公私仓廪俱丰实"的富庶景象。

禁止逃户，搜括户数，是唐玄宗在农业方面采取的措施之一。

唐朝初年，由于隋末暴政，使"黄河之北，则千里无烟；江淮之间，则鞠为茂草"。唐太宗颁布均田令，按人口授田，使天下百姓以尽其力，广阔良野以尽其利，贞观年间的农业有了很大的发展。但随着国家安定，土地兼并现象日益严重起来，不少农民失去了土地，不得不流落他乡。

特别是武则天时期，从政策上鼓励农民外流，致使“逃户”大量增加。这种状况使唐玄宗十分忧虑。公元706年，韦嗣立上疏曰：“今天下户口，亡逃过半，租调既减，国用不足。”①国家财政受到损失，而地主富豪则私库充盈，因为他们利用兼并的土地，肆意盘剥农民，农民成为“逃户”，大多又依附于他们，成为荫户。大批劳动力流失，对农业发展影响很大。开元初年，唐玄宗下令开始对土地、户口的清理工作。第一步，首先对各级官吏进行教育，使他们能从思想上重视这一工作。如开元四年，他把户数的增减作为考核、升降地方官吏的第一条标准。其规定说：“其县令在任，户口增益，界内丰稔，清勤著称，赋役平均者，先与上考，不在当州考额之限。”②第二步，建立检察户口的具体制度。唐朝和以前各朝一样，基层有乡、里、村的地方组织，各有其正，由他们具体进行检察户口。采取的方法是一年一造计账，并要进行“团貌”，三年一造户籍，各级组织必须各司其职，严禁疏漏，各乡要自立一卷，一式三份，分送州县，各县也要自立成卷，一式三份，分送州和中央。第三步，严令逃户自首附籍。唐玄宗下诏宣布：“州县逃户口听百日自首，或于所在附籍，成牒归故乡，各从所欲。过期不首，即加检括，谪徙边州；公私敢告庇者抵罪。”可见法令之严峻。为了做好这一工作，唐玄宗起用宇文融担任监察御史，设立农判官十人，皆摄御史，分赴天下十道，开始在全国范围内督促、检查田畴、户口。

括户查田，前后经过约三、四年时间。结果“诸道括得客户八十余万”，田亦称是回到了天宝年间。户数由贞观时不满三百万，增加到九百多万，人数增加到五千多万。唐玄宗的括户查田取得了一定的成效，为开元盛世的出现，为农业经济的发展，打下了基础，因为户数查清，田畴查实，《唐律》中又有对于“占田过限”的处罚条款，就使大部分农业劳动力又回到土地上耕作，国家征收的赋税大为增加，公私仓库开始丰实起来。

---

① 《旧唐书·韦嗣立传》。

② 《唐会要·县令》。

节俭自励，反对奢靡，是唐太宗为增加社会财富的又一措施。

武则天执政后期，贵戚大臣穷奢极欲，肆意侵吞农民血汗。太平公主被赐死之后，被抄收的家私、钱财、物品堆集如山，各种珍宝相当于皇宫内的总和。田园利息，厩中羊马，数年取之不尽，为抄没者所咋舌。据说，安乐公主的一条裙子，值钱一亿，而太平公主在查看安乐公主院宅时，还惊叹道："见到这样的院落，我感到自己枉活了一辈子。"奢风之盛，可见一斑。

为了禁抑这种风气，开元二年七月，唐玄宗果断地宣布："乘舆服御，金银器玩，宜令有司销毁，以供军国之用；其余珠玉、锦绣，焚于殿前；后妃以下，皆毋得服珠玉锦绣。自今天下毋采得珠玉、织锦绣等物，违者杖一百，工人减一等。"百官服、带，三品以上饰以玉，四品饰金，五品为银，其余各官一律禁用。这些措施虽然过急，但可见唐玄宗反对奢靡的决心是何等之大。当年，武则天在洛阳建造一个"天枢"，用铜铸成，高 105 尺，径 12 尺，八面，各径 5 尺，下为铁山，周围 170 尺，用铜铸成的蟠龙麒麟萦绕之，上为腾云承露盘，径 3 丈，四龙人立捧火珠，高一丈。这是一种怂恿奢侈的象征。唐玄宗在除掉太平公主后不到十天，即下令销毁"天枢"，熔其铜铁，供为国用。据说，许多工匠化了一个多月，方才化完。当年九月，唐玄宗又下诏严禁厚葬，他说："坟墓茔城，务遵简俭，凡诸送终之具，并不得以金银为饰，如有违者，先决杖一百。州县长官不能举察，并贬授远官。"[①]有一次，玄宗在宫中散步，透过树丛看见卫士将吃剩的饭菜倒掉了，顿时大怒，立命人将卫士杖杀，多亏其兄宁王宪说情，卫士才免于一死。

开元初年的唐玄宗，励精图治，严禁奢靡，确实起到了聚敛天下之富的成效。但后来，他经不住珍奇珠宝的诱惑，又大开享乐之风，终于在奢侈中葬送了开元盛世的成果。

督察百官，劝农耕桑，是唐玄宗发展农业经济的又一措施。

---

① 《旧唐书·玄宗纪上》。

唐玄宗在选廷臣出任地方官吏时，曾作诗谆谆告诫他们："视人如当子，爱人亦如伤。讲学试诵论，阡陌劝耕桑。虚誉不可饰，清知不可忘。求名迹易见，安贞德自彰。讼狱必以情，教民贵有常。恤惸且存老，抚弱复绥强。"①地方官吏的升降，农业收成好坏是一个重要标准。为了使百姓休养生息，玄宗经常下令减免一些受灾地区百姓的租调，鼓励农民开垦荒地，军队屯田。史称"耕者益力，四海之内，高山绝壑，耒耜亦满"②。在河东、河南、河北等地，前后共垦荒五百多万亩，置军屯九百九十多个，这就大大减轻了农民负担。为了发展农业，唐玄宗还十分注意兴修水利，他在位期间，共修建了五十多项较大的水利工程，大大方便了农田浇灌。

由于唐玄宗在农业方面采取了一系列的有效措施，使开元年间的农业经济有了很大的发展。唐人郑綮的《开天传信记》中，赞美开元、天宝年间时说："河清海宴，物殷俗阜，……左右藏库，财物山积，不可胜数，四方丰稔，百姓殷富，管户一千万，米一斗三、四文，丁壮之人，不识兵器，路不拾遗，行者不赍粮。"从中可以看出粮食产量丰富，物价便宜的繁荣景象。1971年在洛阳发现天宝八年的含嘉仓，其中还有一窖约五十万斤左右已经炭化的谷子。据计算，这个粮仓当时可存放粮食五百多万石。从中可见，开元天宝年间，确是一个家给人足、繁荣兴旺的封建小康局面。

老子之术治天下

老子，相传是道家的创始人。但老子究竟是谁？司马迁在《史记》中已不能肯定，曾举出三个人。现在大多数研究者认为老子就是老聃，姓李氏，其主要思想存于《道德经》一书中。老子政治思想的中心内容

① 《全唐文·诛裴景仙敕》。

② 《元次山集·问讲士》。

是要求统治者“无为而治”，少一点欲望，少一点作为，对人民听其自然，“致虚极，守静笃”，这样做统治才能巩固。

西汉初年，刘邦当了皇帝，要士人陆贾总结一下历代兴亡的经验教训。陆贾根据黄老学说，重申了老子“无为而治”的观点。他说：“事逾烦，天下逾乱，法逾滋，而奸逾炽，兵马益设，而敌人逾多”，“贵清静而民自定”。刘邦、汉文帝、景帝都以此术治国，果然天下大定，出现了文景盛世。唐高祖李渊称帝后，为了抬高自己的门第，把老子尊为自己的远祖，立老君庙，大兴道教。唐太宗也推崇道教，说自己“夙夜孜孜，惟欲清静”，不去过多地烦劳百姓，结果也出现了“贞观之治”。唐玄宗总结了历史经验，根据当时国家的实际，决心也像前君一样，弘扬道教，以老子之术治理天下。

唐玄宗在《天宝元年南郊制》中明诏天下，要“载弘道教，崇清净之化，畅玄元之风”。此后，他一再申明其以道家方针治国的思想。为了治国的需要，他认真阅读研究了黄老之术，于“听政之暇，常读《道德经》、《文》、《列》、《庄子》等书”，同时在宫中多次召集群臣讲授《道德经》。开元二十三年，唐玄宗又亲自注释《道德经》，并进行了总结和阐述。他说“(《道德经》) 其要在乎理身理国，理国则绝矜尚华薄，以无为不言为教，故经曰：道常无为而无不为，侯王若能守，万物将自化。又曰：我无为而人自化，我无事而人自富，我好静而人自正。”为了崇尚道教，唐玄宗在开元二十五年正月，下令在科举中设置玄学博士，令习《老子》、《庄子》，称为道举。几年以后，又下令在长安、洛阳和诸州，兴建玄元皇帝庙（即老子庙），并命画工复制了许多老子像，分送各州，置于庙中。与此同时，玄宗还不断提高老子的地位。高宗时，老子升为“皇帝”，号曰“太上玄元皇帝”。天宝元年，玄宗追尊“玄元皇帝”为“大圣祖玄元皇帝”，追尊其父为“先天太上皇”，其母为“先天太后”，并亲自到庙中拜叩老子。就在这一年，在全国各地掀起了尊老子、崇道教的“老子热”。到这时，长安的道观增至 30 所，全国有一千九百多所，道士有一万五千余人，已形成一支庞大的道教队伍。

唐玄宗除了在思想上尊崇老子外，在治理国家方面，也坚持贯彻老子“清静无为”的治国思想。其主要表现为少征民力，反奢节俭，废除繁苛，民行自然，与民休息。他说:“爱民者，使之不暴卒，役之不伤性;理国者,务农而重谷,事简而不烦;则人安其生,不言而化也。此无为也”。并认为“清静则不挠，不挠则和平，和平则不争，不争则知耻，爱费而与休息，除烦而从简易，自当农者归陇亩，蚕者勤纺织，既富而教，乃克有成”①。

由于唐玄宗尊崇老子，并成功地运用了道家“清静无为"的治国思想，终于在使道教发展到极盛的同时，也迎来了国运昌盛，天下太平，府库充盈的开元盛世。其实，唐玄宗除了运用道教治国之外，还十分迷恋长生、求仙、炼丹、符瑞等道术。他常吃“仙丹”，以求长生不老。特别是到了晚年，追求享年，贪恋人生，诗人刘禹锡曾写诗形容道:“开元天子万事足，唯惜当时光景促”。不过，由于唐玄宗学了一些道家的养生之术，登帝之后，身体一向很好，一直活到了七十几岁，这在历代帝王中，也是属于长寿者。

唐玄宗在尊崇道教的同时，也并不排斥儒学。他从小受过封建文化的良好教育，对儒学雅士也十分尊重。如他的两位侍读马怀素、褚无量就是有名的儒士，玄宗对他们优礼备加，每次相见，总是躬亲迎送，以申尊师之礼。他让马、褚二人负责整理国家的图书典籍，搜集天下遗书，博采各家学说。开元九年，编出了《群书四录》二百卷，共收书四万八千一百六十九卷，这是开元时期唐代文化事业的一项重要成就。玄宗还命人设置了“丽正修书院”，网罗天下有才之士，修书讲学，纵论天下政事。开元十三年，玄宗又改“丽正修书院”为“集贤殿书院”，意集天下学者、贤哲之士。张说是开元时期著名的文学家，文坛领袖，宋璟之后，被玄宗任为宰相。此人执政时期，一面重道，一面崇儒，大兴文治，使唐玄宗“崇儒重道”的治国思想得到较好的贯彻。据史载，

① 《唐大诏令集》100卷。

开集贤殿书院，修太宗之政，论天下之治，皆由张说首倡，而得到了玄宗的首肯。有史学家评论说："重道之术，使天下安静，崇儒之学，使文治大兴"，这是很有道理的。开元、天宝年间，不仅诗坛有李白、杜甫，刘知已的《史通》、吴兢的《贞观政要》、贾联的《陇右山南图》和《海内华夷图》等，都是创造性的著作，大大丰富了我国古代历史学和地理学的宝库。还有天文学家张遂发明的《黄道游仪》，发现的恒星移动现象比西方早了一千多年。王冰注释的《黄帝内经素问》、《本草拾遗》等书，把我国古代医药学大大向前推进了一步。所有这一切光辉的科学文化成就，连同"仓廪丰实"的经济状况，一起构成了开元盛世的繁荣景象。而这都同唐玄宗"崇儒重道"的治国思想是分不开的。

强兵扬国威　民族大融合

开元、天宝年间，大唐王朝不仅经济繁荣，文治大兴，而且在武功治边、沸扬国威、促进民族大融合方面，也是"赫然可纪"的。这主要是唐玄宗实行了一套强兵之术和"天下一家"的开明的民族政策。

首先是改革兵制。南北朝时期，杰出的政治家和军事家宇文泰为了保证兵源，提高军队的战斗力，防止将帅领兵割据，创造了一种特殊的兵制——府兵制。这是一种兵农结合的兵制，平时无战事，兵士归属各府，从事农业生产，只有一小部分轮番到京师宿卫或戍守边防。一有战争，朝廷任命将帅，招集各府兵马出战。战争结束，兵散归府，将帅归朝，造成一种"兵不识将，将不识兵"的局面。这样，将帅不可能拥兵养成自己的势力。隋、唐初都承用了这一制度。特别是唐太宗，尤为注意以此制度防止军权旁落，对领兵将帅多用忠厚名臣，不久任，不兼统。而到了武则天之后，边境战争频繁，突厥、吐蕃、契丹不断以强兵挠侵唐境，有时两军对垒相持时间很长，有时一守就是几年、十几年、几十年，使原来三年一轮换的法令形同虚设，以致许多府兵一去终生未还，老死边境。唐诗中曾有"十五从军征，八十始得归"的描写。府兵长期戍守，而待遇不变，战时流血，平时生产，为边将干着繁重的杂役。不少边将勒索府兵的手段非常残酷，甚至有“使府兵速死”、“利其死而没入其财”的，兵士大量逃亡。因此，到了唐玄宗时期，延用了二百多年的府兵制已到了非改不可的地步了。

开元二年，唐玄宗开始改府兵制为募兵制，从民间招募士兵，使兵农分离，兵成为一种专门的职业，不再从事农业生产。这种募兵，开始称为“猛士”，后来改称“健儿”、“长征健儿”等。“长征”，即长期戍边征战，不再轮换的意思。实行募兵制以后，国家给其优厚的待遇，唐玄宗规定：“取丁壮情愿充健儿常住边境者，每年加常例给赐，兼给永年优复，其家口情愿同去者听。至军州，各给田地、房宅，人赖其利，中外获安，自是州郡之间，永无征发之役矣①。”这样，于兵于民都有好处，“既无兵革之事，足保农桑之业”。

与募兵制相联系的，是军事长官设置的变化。过去军事长官不握兵权，只有发生大的战争，由中央派要员前去统领。现在，募兵成为一种永久兵士，军事长官不可能再像过去一样，战争一结束，交出军队，归回朝廷，而要长期驻守边境。唐玄宗开始设置了节度使，全国设立了范阳、平卢、河东、朔方、河西等十个节度使。从东向西再向南，在边境上形成了一道戍防契丹、突厥、吐蕃、南诏等外狄的防线，兵将专一，边境防务很快大有改善。开元三年，漠北诸部拔也古、同罗、回纥等族，赶忙派使臣前来修好。开元五年，唐军收复了沦陷已久的营州等十二州，重建营州都督府，奚、契丹也前来归附。开元二十七年，唐军收复了武后时沦陷的西域重镇碎叶。天宝初年，大将高仙芝击败勾结吐蕃、大食与唐为敌的小勃律，俘其国王而归，使唐王朝国威大震，“拂林、大食、诸胡七十二国皆震恐，咸归附”。悍兵强将，一扫边境多年来频繁的战事，使唐王朝成为当时世界上最强盛的封建帝国。

不过，募兵制和节度使的设置也带来严重的弊端。节度使开始只是

① 《唐六典·尚书兵部注》。

单纯的军事长官，不过问地方民政、财政等事务。可是，由于边镇守兵数量巨大，战争所需的物资筹集不易，为了确保军队给养，调动各方面的力量，以利提高军队战斗力，唐玄宗又逐步让节度使兼任管田使、度支使，使这些人不仅具有军事大权，也控制了地方的行政、财经大权，成为这一地区最高的行政长官。结果，开、天后期，出现了割据势力，"安史之乱"就是例子。正如范文澜先生指出的那样，"募兵和节度使造成了唐朝中期的祸乱"①。

强大的军事力量，震慑了扰侵内地多年的外族。而唐玄宗决不只是一介武夫，他在位四十多年，仍然继续奉行唐初以来较开明的民族政策，同吐蕃、突厥、契丹等民族之间，长期保持着密切的联系，促进了各民族之间的融合，为我国多民族国家的形成做出了一定的贡献。

唐玄宗实行的民族政策，基本上是执行唐太宗李世民"爱之如一"、"天下一家"的原则。一是册封、和亲。凡是归附的少数民族的首领，都授以官爵，册封为王或可汗，或者将所领之地设置州府，任其为都督，进行民族自治，尊重当地民族习惯，不向少数民族百姓征收租税。另外，为了长期保持和好，唐王朝不断以宗室之女与民族首领和亲。二是信任重用蕃将。李世民当年为收拢蕃族，起用蕃将，给予官职，但一般不任正职、实职。而唐玄宗则在军队中大量起用蕃将，不仅人数多，而且委权重。如突厥族人哥舒翰，天宝时任陇右节度使，加河西节度使。高丽人高仙芝，任安西节度使。契丹人李光弼、胡人安思顺，都是唐军中执掌重权的人物。至于安禄山以蕃将而一身专任三镇节度使，更是超乎寻常。总之，唐玄宗以宽广的胸怀，视天下各民族为一家，使民族关系的发展在开元年间，涌现出一个新的局面。

唐玄宗的文治武功，使中国在开元年间，成为地域空前辽阔、民族空前团结、国力空前强盛的封建帝国。它东临沿海，西同泥婆罗（尼伯尔）、天竺王国（今印度、巴基斯坦）接壤，南到南沙诸岛，北达贝加

---

① 《中国通史》第三册，149 页。

尔湖，西北到巴尔喀什湖畔，和拂菻（即东罗马帝国）相接。当时的唐朝成为世界经济文化交流的中心，阿拉伯人、波斯人、印度人、日本人、朝鲜人都不断慕名而来，带来了外域的科技与文化，也带走了中国创建的文明，中国造纸术、印刷术，以及书法、天文、建筑、武器等方面的知识，被介绍到世界各地，为世界的文明做出了卓越的贡献，大唐帝国的名声也因之而沸扬至世界各地，成为一个享有极高声誉的国家。

当然，开元盛世也并不是劳动人民理想的天堂。这朵大唐王朝的强盛鲜花，是用成千上万劳动人民的血汗浇灌出来的。杜甫“朱门酒肉臭，路有冻死骨”的诗句，不就是对这一盛世另一个侧面最好的描述吗？唐玄宗贪图边功，动辄对边疆少数民族地区使用武力，造成无数士兵死在边陲，少数民族人民横遭涂炭，使广大农村田园荒芜，这是盛世中并不光彩的一笔。

唐玄宗在开元初期，励精图治，“公私仓廪俱丰实”，“男耕女织不相失”，确是一位不可多得的杰出君王。但是，他的晚年昏庸，昏庸得登峰造极，同样也是帝王中少见的。天宝四年，已银丝满头的唐玄宗，娶了青春年少的杨玉环，册为贵妃，从此开始了老年风流的奢靡生活，每日同杨贵妃厮混，不理朝政。白居易在《长恨歌》中描述道：“春宵苦短日高照，从此君王不早朝。”奸相李林甫借机把持朝政，他“妒贤嫉能，排抑异己，以保其位，屡起大狱，诛逐贵臣，以张其势”。由于贵妃得宠，杨氏兄妹皆飞黄腾达，沐猴而冠，三位姐姐均封国夫人，堂兄杨铦官至鸿胪卿，杨国忠则身兼四十余职，并继李林甫为相，把朝政腐败推到了极端。荒淫误国，必有大患。天宝十四年十一月，素被重用的安禄山在范阳举兵叛乱，顷刻间，河北沦陷，东都不守，潼关继失，山河变色。统御四十余年的玄宗皇帝慌忙携杨贵妃逃出京城，走到马嵬驿，从行的将士们又累又饿，愤怒、仇恨达到极点，便发动兵变，杀死了杨国忠，逼迫玄宗缢死杨贵妃。浪漫的“爱情”引起的乱火，不仅焚毁了玄宗皇帝的“爱妃”，也葬送了唐王朝“国容何赫然”的烈烈国威。唐王朝从此从极盛的顶峰跌落下来，并一蹶不振。

“安史之乱”爆发的第二年七月（公元 756 年），唐肃宗李亨即位于灵武，尊玄宗为太上皇，从此玄宗被迫退出了政治舞台。公元 757 年，玄宗从成都返回长安，被肃宗冷遇，软禁于宫中，五年以后，唐玄宗在寂寞、悔恨、悲愤与疾病中，悄然离开人间。

后周皇帝周世宗

——峻法治国　革除弊政

罗贯中在《三国演义》中，说了一句具有深刻哲理的话："天下大势，分久必合，合久必分。"中国历史的发展，似乎应验了这一句名言。

春秋战国时期，诸雄称霸，后被强秦统一。秦朝末年，天下大乱，结果又被汉朝统一。几百年之后，由于汉廷衰败，又出现了群雄纷争于天下，在华夏土地上，出现了"五胡十六国"的分裂局面，时间竟长达四百多年。不过历史还是在向统一发展。到了公元589年，隋文帝杨坚，力克群雄，平定了各种分裂势力，又一次统一了中国。大唐王朝在统一的基础上，励精图治，把华夏民族推到了极盛的顶峰，成为版图辽阔、威震四方的封建帝国。然而，到了唐朝末年，由于唐帝昏庸，小人专权，政治腐败，中国又一次出现了大分裂，史称"五代十国"时期。在这个时期，藩镇割据，军阀混战，即使在同一个势力集团内部，君臣父子之间，也都残杀不断。北宋时的欧阳修在《新五代史》中做过具体统计：五十多年间，五家十三个皇帝，其中被杀的就有八个，在位最长的是十几年，最短的几年，甚至几个月。帝王的变换犹如走马灯一般。

分裂——统一——分裂，似乎成为一条历史发展的规律。但是，这一规律又以严酷的现实告诉人们：每当国家分裂的时候，天下大乱，田园荒芜，外狄入侵，人民横遭涂炭；每当国家统一的时候，天下安定，相比较来说，人民能够安居乐业，经济复苏，人民生活比战乱之时要有所好转。因此，历代有作为的封建帝王，都无不致力于消除分裂，谋求国家统一之大业。

后周皇帝周世宗，就是这样一位在乱世中力挫群雄，谋取华夏统一的杰出帝王。

严刑峻法　威驭群臣

“五代十国”，是由唐末的藩镇割据演变而来的。经过黄巢大起义的打击之后，唐王朝虚弱不堪，无力控制地方藩镇，因此，北方各藩镇则肆无忌惮地进行混战、兼并，南方的节度使及刺史也纷纷割地称雄。公元907年，节度使朱温废掉唐哀帝后，各个节度使们都开始大过“皇帝瘾”。后晋大将安重荣就说：“天子宁有种耶！兵强马壮者为之尔。”①谁兵强马壮，谁就可以当皇帝。因此，五代十国的皇帝都是武人出身，他们大多数嗜杀成性，粗暴强悍，相互间攻城掠地，战争从未间断。

周世宗就是在这样的环境中登上皇位的。公元954年正月，后周皇帝周太祖郭威，因病去世，临死前留下遗诏，由柴荣继位，这就是周世宗。当时在朝廷内部掀起了一阵十分紧张的气氛。因为柴荣不是郭威的亲生儿子，而是郭威妻子柴氏的侄儿。柴荣小时候由于家里贫穷，就寄养在姑姑家里，加上他年纪较轻，不少握有重权的朝臣根本不把他放在眼里，而且都把郭威之死，看成是一个篡夺帝位的极好机会。在那种不讲信义、强者为帝的五代世风中，年轻的周世宗帝位能否坐稳，还是一个很大的问号。但是，周世宗也决非等闲之辈，他精明强干，志气弘大，决心“十年开拓天下，十年养百姓，十年致太平”②，在激烈的政治动荡中干出

① 《新五代史·安重荣传》。

② 《旧五代史·世宗记》。

一番事业来。

果不其然，周世宗刚刚即位，北汉主刘崇看出这是灭周的极好时机，便勾结契丹，向后周大举进犯。当时，北汉出兵三万，契丹出强骑一万，浩浩荡荡，直扑开封而来。这一阵势吓坏了周朝内部的不少大臣，有人想趁机投降北汉，有人想借机篡夺帝权。在这一生死存亡的紧急关头，周世宗深知这一仗对内对外的重要性。他决定亲自率兵出征，要胜强兵，慑众臣，安民心。不少大臣纷纷阻拦，认为皇帝不必亲自出征。周世宗说："刘崇之所以敢进犯我，是因为看我年少，又是新立，我倒要亲临前敌，同他较量一番。从前的唐太宗能定天下，不都是多次亲临前敌吗？我要学习唐太宗。"有位大臣竟敢破例嘲笑新皇帝说："我不知道你能不能成为唐太宗。"周世宗说："我破刘崇，势如以山压卵。"那位大臣又反讥道："我不知道你能不能成为山。"朝臣竟敢如此嘲弄君王，可见周世宗在群臣眼里的威望是何等低下。

周世宗力排众议，亲自从开封督促诸军，日夜兼程，直迎强敌。行军途中，一位亲军都指挥使赵晁散布说："北汉强盛，咱们还是持重缓进为好。"所谓持重缓进，就是畏缩不前，准备挨打。周世宗大怒，立刻命人囚赵晁于怀州狱中，以振作军心。从此，诸将都不敢再说退怯的话了。

周世宗进军之神速，是北汉刘崇所料想不到的。刘崇和契丹军刚刚从晋阳（今太原）南下，到了高平（今山西高平），周的大军也到了泽州（今山西晋城）东北。北汉刘崇率中军威立中阵，骁将张元徽在东，契丹将杨衮在西，军威雄壮，布阵严谨。周军这时只是周世宗带领的先头部队，后续大军刘词还没到来，敌我悬殊较大，周军众心畏惧。而周世宗却临危不惧，气宇轩昂，命白重赞、李重进率左军在西，樊爱能、何微率右军在东，向训、史彦超率精骑在中央，护围周世宗。谁知两军刚一交锋，后周大将樊爱能、何微不战而逃，右军立刻溃乱，周军全线动摇。周世宗见势危急，立刻一马当先，亲自率领亲兵直冲敌阵。宿卫将赵匡胤大呼部下："皇上都不怕死，咱们还能怕死吗？杀呀——"周军将士，顿时个个长了精神，蜂拥向前，直杀汉军。汉军立即慌乱起来，不久，全线崩溃，大败而逃。周世宗率兵进驻高平，刘崇几乎全军覆没，仅带百余骑逃回晋阳。

高平之战，周世宗的果敢英武，开始为群臣所信服。战斗结束之后，周世宗严以军法，立即将临阵溃逃的樊爱能、何微二将斩首，另外溃退的将校七十余人，皆按军法处斩。并当即从立功的将士中选拔七十多名，代替被斩首者的职位。“由是，骄将堕兵，无不知惧①”，从此，“军声始振”②。高平之战，是周世宗的建基之始，朝廷内外对这位年轻新主，无不刮目相看。

高平之战的险胜，使周世宗深刻地认识到：必须从严治军。过去的军队没有经过严格的挑选和训练，“累朝相承，务求姑息，不欲简阅，恐伤人情，由是羸老者居多，但骄蹇不用命，实不可用，每遇大敌，不走即降，其可以失国，亦多由此。”③他对群臣们说，“兵在精而不在多，一百个农民，还不够养一个甲士，我们岂能用农民的脂膏去养这些无用的兵丁？”他下令整顿禁军，去退老弱，留用精锐，全国各地的壮士，都可到京城考较武艺，只要武艺高强，能效命朝廷，无论什么出身，都可录用为禁军。他指令赵匡胤负责成立特精军队，称为殿前诸班。全国步骑诸军，各将帅按禁军选兵方式，进行检阅、挑选。这样一来，后周的军队战斗力大大加强了，即所谓“诸军士伍，无不精当”，“甲兵之盛，近代无比”，“征伐四方，所向皆捷”④。同时，裁汰了不少老弱残兵，减轻了“冗食之费”，节约了大量财政开支。特别是建立了一支精悍的禁军以后，使帝王直接控制的武装力量大大加强，以防止地方官吏和诸兵将领尾大不掉的现象发生。

周世宗从小生长在贫苦之家，非常痛恨官场的黑暗。因此，他多用严刑峻法，威驭群臣。执掌皇权后，他令御史张湜、王溥、范质等人详定《刑

---

① 《旧五代史·周世宗记》。

② 《东都事略·张永德传》。

③④ 《资治通鉴》292卷。

统》二十一卷。958年，又颁布《大周刑统》，成为全国推行的统一法律。他对官吏用法极严，如有失职误事，往往处以死刑，即使很有才干的人，也很少宽宥。有一年冬天，大将孟汉卿在征收稻草税时，放纵部下，向百姓额外加税，被判处死刑。有人说判罪过重，周世宗认为，如不从重处治，众官吏都如此搜刮百姓，天下岂能安宁？后来，朝廷修建永福殿，周世宗命宦官孙延希管理工程。有一天，周世宗到工地视察，看见民工吃饭时用瓦片当做碗具，折树枝当筷使用，勃然大怒，立即将孙延希斩首。并警戒百官，必须体恤百姓疾苦，绝不能视百姓如牛马，任意驱使。他认为，君王为天下之主，百姓父母，必须能关心百姓。而做到这一点，就需要有一批廉洁公正的官吏，特别是州县一级的官吏。一次，一个近臣对他说："现在老百姓常做坏事。"周世宗听后，严肃地对他说："这是因为管理老百姓的官吏不好，今后必须精选县令等地方官，免得老百姓遭殃受苦。"公元955年，他令在朝的文臣，每人举荐一个地方官，试用后如果称职，荐官受奖，如果贪污犯法，荐举官一同治罪。为整顿纲纪，改变官场上的黑暗局面，周世宗对百官施以重刑，果然后来的官吏都比较守法，它对稳定朝政，安抚民心，起到了较好的作用。

周世宗严刑峻法，制驭群臣，但他决不是一个滥杀众臣的暴君。因为他的原则是治国安民，在乱世中用刑法来惩处那些祸害百姓的贪官污吏。如有一次，他同将相们在殿上一起吃饭，便对大臣说："这两天很冷，我在宫中吃着这么好的饭，也不挨冻，可我无功于民，却在这里坐享天禄，心中实在惭愧呀！我既不能耕田食力，唯一的本领就是亲临政事，为民除害，申张正义，安抚百姓，心里才显得安稳些。"他用此话来告诫群臣。他向群臣表示说，前朝君主往往纵容勋旧功臣放肆作恶，而他自己就是要改变这些弊政，要赏罚分明。为了给百官做个榜样，他还亲自审理民间案件，为民平冤，这在历代帝王中也是十分罕见的。公元955年，汝州（今河南临汝）颖桥镇平民马遇的父亲和弟弟，被本镇将吏史彦铎诬陷而死，马遇多次上告州县，都得不到解决，便上告京师。周世宗把他召到宫中，亲自审讯，查清了马氏父子确系无辜冤死，立即给他平反，并赐他粟、麦各十石，绢三十匹，又惩罚了那些不负责任的昏官。

唐末以来，军阀武夫草菅人命，贪官污吏舞弊害政，人民群众痛苦不堪。但由于周世宗能够体恤民情，用严刑抑制各级官吏，使大周王朝的朝政很快为之一新，纷乱、黑暗的五代到后周才显现出一线光明。

革除弊政　以德治民

五代十国时期，战争之多，赋税之重，天灾之频，为中国历史上所罕见。群雄闹天下，战争的暴力与政治的黑暗结合在一起，使广大人民遭受了前所未有的灾难。有头脑的帝王都认识到，在这样的环境中，民心是非常重要的，古人云：得人心者得天下，失人心者失天下。因此，周世宗在严刑制驭官吏的同时，对广大人民大施德政，以德治民安天下。

早在周太祖郭威时，太祖就十分重视这一治民方略。他曾对宰相王峻说：“我是穷苦人出身，碰到有机会才做了皇帝，我岂敢只顾自己享乐而危害百姓呢？我多在行旅，不曾向谁学习过治国之道，但有一点：不敢横征百姓。”周世宗受到太祖的影响，为了寻求治国方略，十分注意求贤纳谏，他对群臣说：“我每当想到治理国家，平定天下，经常寝食不安。现在南有吴、蜀，北有契丹、北汉，统一中国的大业我是责无旁贷的。我想经常听到你们的建议。你们说了我不用，是我的罪过，我求言你们不说，就是你们的不对了。”他要求朝臣们每人写两篇文章，一为《为君难为臣不易论》，另一为《开边策》。王朴在《开边策》中说道：“以往君昏臣邪，兵骄民困”，朝内有奸党专权，地方上有专横的武夫，积重难返，已不成个样子。现在要想治理天下，第一要整顿纲纪，革除弊政，建立严格的考核制度和赏罚制度，君臣以诚相见。第二要发展生产，体恤民情，减轻赋税，让老百姓过上温饱日子。只有这样，国家才有了可用的人才、物力，天下百姓才会前来归顺，统一天下，好的日子就不会太远。周世宗对王朴的建议非常重视，整顿纲纪已如前所述，在发展经济，体恤民情方面，周世宗主要采取了如下措施。

一是安置流民，发展生产。当时战争连年不断，人口大量逃亡，村落破败，耕地长满蒿草。公元955年，周世宗下令，凡是抛荒无人耕种的土地，可任人开垦，归垦荒者所有。为招徕流亡人口，规定三年内返回故土的，可得原地额的一半，“五周年内归业者，三分交还一分。……如五周年外归田者，庄田除本户坟茔外，不在交付〔之限〕”。①这一政策，把逃户和荒田结合起来，鼓励人民进行生产，把大量的流动人口安置在荒芜的土地上，促进了社会经济的好转，同时也增加了国家的财政收入。

二是均定赋税。人口大量逃亡，除了战争原因之外，还有一个原因就是赋税太重，农民负担不起，不少富豪逃避税收，把所应交纳的赋税全都加在农民头上。为了革除这一弊政，公元958年7月，周世宗根据平均田租的原则，制成《均田图》，颁发给地方官吏，并派人分行诸州，测察黄河以南六十州的田地，规定应收的田租。为了防止豪强地主逃避负担，在历朝都受到优待被免纳租税的曲阜孔家，也要照常纳税，取消特权。周世宗还下令把课户、俸户②归入一般民籍，所有朝官和州县官吏的费用，一律由朝廷发给俸钱和米麦。课户、俸户是自唐初以来就有的，这些特殊户专为放债取息，盘剥农民，逃避税赋，数百年来，弊病很多。这些人入籍以后，使户口大量增加，“总计检到户二百三十万九千八百一十二”，③国家的税收增加了，同时也减轻了人民负担。均定田租这个办法，有利于抑制地方豪强势力，收拢民心，巩固中央集权统治。因此，到了宋朝宋太祖赵匡胤还继续采用了这一方法。

三是打击寺院佛教势力。佛教在唐、五代时期，是社会的一大蠹虫，唐武宗时开展过一次灭佛运动，给了佛教及寺院经济势力一次很大的打击。但唐宣宗继位后，又恢复了对佛教的崇信，使寺院经济又发展起来。后汉的李钦明指出，当时的佛寺精舍，“每县不下二十余处”，而“寺家耕种，又免征税”，境内僧尼不下十万，计其衣食，每僧日食米一

① 《五代会要·逃户》。

② 课户、俸户——指替官府放债收息提供俸给的富户。

③ 《旧五代史·食货志》。

升，则十万人日需米千石，每僧每年需绢五匹，锦五十两，则十万人年需绢五十万匹，锦五百万两，而这些僧尼不耕不织，坐费衣食，所以他说："聚僧不如聚兵，僧富不如民富。"①周世宗下令限制佛教的发展，打击寺院经济势力，废去寺院三万三百三十六所，仅保留二千六百九十四所，使大批僧尼还俗，参加农业生产。据载，周世宗为了打破人们对佛的迷信和敬畏心理，亲自执斧进入镇州（今河北正定）寺院，把一尊所谓"极有灵验"的菩萨铜像砸毁。他说："佛是最讲舍己利人的，只要做了对百姓有好处的事，就是信奉佛了。这尊铜像又不是佛，砸了它炼铜，可有很多用场，这有什么不可呢？佛是以慈善为本的，只要有利于百姓众生，连头颅、眼睛都愿意施舍，哪能连这尊铜像就舍不得呢？如果我的身体、生命可以利民，我也舍得！"在周世宗的亲自带动下，各个地方兴起了毁佛炼铜之风。后世的司马光对此评论说："不爱己身而爱民，不以无益废有益，周世宗算得是仁爱明理之人。"

四是体恤民苦，兴修水利。周世宗从小过惯了贫苦生活，十分注意农事的艰辛。为了留心农事，他让人雕刻农夫、蚕妇的木像，摆在大殿上，以提醒自己不忘农事。如前所说，他对那位让民工用瓦片当碗、以树枝当筷的宦官孙延希和多征民税的大将军孟汉卿，都不惜斩首，以警效尤。以往历朝征税，不等百姓收获、纺织完毕，就征收谷、帛，灾荒之年，使百姓生活如雪上加霜。即使是天灾之年，青黄不接时期，百姓缺粮，官府逼粮。寒冷冬天，百姓无衣，官府逼帛。时人聂夷中作伤田诗说："二月卖新丝，五月粜新谷，医得眼前疮，剜却心头肉。我愿君王心，化作光明烛，不照绮罗筵，偏照逃亡屋。②"956年，周世宗下令废除这一历朝相沿的规定，下诏夏税到六月，秋税到十月，方开始征收。对于一些受灾地区，各种租税都可以全免。在《资治通鉴》中，为了有意为后世帝王提供治民经验和表彰周世宗体恤百姓疾苦的行为，曾大量

① 《全唐文·清汰僧人疏》。

② 《旧五代史·冯道传》。

记载了他减免租税，以德安民的事迹。如战争年代，两军交战，百姓遭殃，为了避免百姓无辜死伤，每次在一个地方进行战争之前，周世宗要先派人前去安抚百姓，劝说他们不要惊慌乱逃，以免遭到伤害。行军路过村舍，一律不准扰动百姓。有一次，他的战马踏倒了几棵庄稼，周世宗立刻跳下马来，亲手把庄稼扶植好，并对周围的人说："庄稼长成这样，全是百姓用血汗浇灌出来的，如果不爱惜农民的血汗，我会日夜不安的。"周围将帅亲兵，听后无不赞叹君王这一片爱民之情。

水利是农业的命脉，在机械化程度极不发达的古代尤其是这样。有时水涝成灾，淹毁村舍、田园。有时久旱无雨，庄稼枯萎而死，百姓为了救活庄稼，不惜凿地数丈，远行数十里挑水浇田。周世宗为了防止旱涝之灾，曾多次大修水利，以解民难。如唐朝后期，黄河失修，河水经常漫流山东齐、棣、淄诸州，当地农桑全废。《五代会要·水溢》中记载说："幅员千里，水潦为沴"，"漂荡户口，妨废农桑"。人民逃离家乡，或者靠捕鱼虾、采菰稗生活。公元954年冬，周世宗命大臣李谷发丁夫六万人，深挖河床，堵塞溃堤，大干三十天，取得了很好的效果。后来，黄河又在原武（今河南原阳县）决堤，周世宗又派吴延祚去修筑河堤，这样使水患大大减少。在交通工具不太发达的古代，漕渠运输是一个非常重要的一环，由开封向东南的汴河，在唐初是一条重要的水路交通要道，唐末堤坝溃决，埇桥（在安徽宿县北）东南水道淤塞，漕运不通，政府为征调军粮，大量征用百姓挑运，百姓苦不堪言。958年，周世宗派人"浚卡口，导河流于淮，于是江、淮舟楫始通①"。他还疏汴水北入五丈河，连接济水，使山东地区与开封水道相连，大大方便了交通，同时也给农田灌溉带来了方便。在军阀混战，豪强称雄的年代，像周世宗如此关心农民疾苦，以解救天下难民为己任的封建帝王，实不多见。

由于周世宗能够以德治民，心中装有天下百姓，使许多割据政权下的农民，纷纷迁入周境，前后迁入周境的人数达数十万，使周国力大增。

---

① 《资治通鉴·后周世宗下》。

由于周世宗赢得了民心，受到了群众的拥护，致使后周王朝在政权迭起、群帝争雄的“五代十国”时期，才能够不断强盛起来，成为一个代表中国历史发展方向的政权。

力战群雄　谋求统一

周世宗的宏伟志向是：“十年开拓天下，十年养百姓，十年致太平。”他在短短的几年内，大刀阔斧地革除弊政，整顿纲纪，抚养百姓，使帝位得到巩固以后，便开始了开拓天下，统一中国的战争。

周世宗“自高平克捷之后，常训兵讲武，思混一天下”①。亦即有了统一天下的信念。当时克北汉刘崇之后，周世宗继续追至太原城下，兵围太原城。但由于当时刚刚继位，不少朝臣不愿通力合作，加上军需不足，地形不熟，结果败北。进攻太原的失败，使周世宗感到朝廷内部不加以整顿，没有一个坚定的核心机构和精悍的军队是不可能统一天下的。因此，他才首先以严刑峻法，威驭群臣，以德治民，使内部先巩固起来。在整顿内部期间，周世宗采取王朴的建议，对强盛的契丹以守为攻，在北疆一带筑城、设防，构成一道坚固的防线，防止契丹南下中原。从此，“敌骑虽至，不敢涉河，边民稍得耕收焉”②。

当时的南唐地域宽广，人口较多，由于江淮流域有良好的自然条件，经济发展较快，但兵力薄弱。周世宗决定先兵取南唐。公元 955 年 11 月，派李谷为淮南道前军行营总指挥，率领兵马攻唐军事重镇寿州（今安徽寿县）。由于南唐刘仁赡胆识过人，防守很严，周军久攻不下。第二年，周世宗带兵亲征，当周军大队兵马到达寿州城下时，南唐王李璟赶忙派人奉表称臣，贡献厚礼，乞求罢兵。当时送周世宗金器一千两，银器五千两，锦两千匹。周世宗对南唐使臣说：“你的南唐后主，自称

① 《册府元龟》卷 104《访向》。

② 《旧五代史・周世宗记》。

是唐朝子孙，应该懂得礼义，你我只有一条淮水之隔，从不通使求好，却经常越海勾结契丹，弃华事夷，礼义在哪里？回去告诉他，亲自来见我，不然我要进军金陵（今南京）。”李璟慌忙表示，愿献淮南寿、濠、泗、楚、光、海等六州土地。周后主考虑到当时南方多雨，不利于作战，便暂时罢兵，只留下李重进继续围困寿州。957年，李谷向周世宗建议：“南唐军现在兵卒疲惫，人心不定，寿州长期被围，城内粮草将尽，只要君王亲自出征，将士振奋，寿州唾手可得。”周世宗又率兵第二次亲征，携带战舰数百艘，沿汴水直达淮河，猛攻寿州城。李璟慌忙派兵增援，南唐大将朱元、朱仁裕率万人降周。寿州守军见大势已去，便开门投降，周军夺取寿州。不久，周世宗又第三次亲征，连续攻取南唐扬州、泰州等地，李璟无法，只好再次献地纳贡，愿意称臣。周世宗三次亲征，共得南唐十四州、六十县，二十二万六千多户，收南唐银十万两，绢十万匹，钱十万贯，茶五十万斤，米麦二十万石。至此江北之地，被周世宗扫平，南伐取得重大胜利。

公元959年，即取得淮南十四州后的一年，周世宗又开始北伐，展开了向契丹收复燕、云的斗争。这年三月，周世宗又亲自率领水陆大军，浩浩荡荡，“北伐契丹”。周军进兵迅速，军威雄壮，契丹在宁州（河北原青县）、莫州和瀛州的刺史，均相继献州投降，后周几乎是“兵不血刃”地收复了三州和瓦桥、益津、淤口三关，共计十七个县，一万八千多户。当地的许多百姓，早已闻知周世宗爱民如子，体恤百姓，纷纷持酒肉欢迎周兵。而契丹则“君臣恐惧，沿边城垒，皆望风而下，凡蕃部之在幽州者，亦连宵遁去”①。周世宗见状，十分高兴，召集诸路兵马将领，商议攻取幽州。而有的将领认为，现已取得大片土地，幽州有契丹精兵把守，不如就此罢兵。周世宗不允，督促先锋都指挥使李重进先行，占据固安城，其他各路，暂时休息。不料正在此时，周世宗由于连年不断征战，积劳成疾，忽然病倒，只好留下韩令坤、陈思让等将领镇

① 《五代史补·世宗上·病龙台》。

守燕南之地，自己率领大军撤回开封，不久便离开了人世。当时，周世宗才三十九岁。

周世宗在激烈的政治动乱中登上了帝位，他执掌皇权才仅仅五年零六个月，病魔在夺取他生命的同时，也夺取了他“拓天下”、“养百姓”、“致太平”的宏伟志愿，给历史留下了无限的遗憾。但是，他励精图治，革除种种弊政，抚国安民，抗击分裂势力，开辟了统一全国的道路，奠定了北宋王朝统一政权建立的基础。周世宗是中国封建社会中一位具有远见卓识、年轻有为的帝王。一千多年来，历代的史学家对他的评价都有褒无贬，很少争议，这在中国众多的封建帝王中是非常罕见的。

宋太祖赵匡胤

——强干弱枝　宽仁为治

公元960年元月的一天，一队前往北疆抗击契丹的后周部队，突然接到命令，在离京城汴梁东北五十多里的陈桥驿驻扎下来。将校们一个个神情严肃、紧张，大街上岗哨林立，一队队亲兵穿梭般地来往巡行，气氛显得非同寻常。

果然，有人在军队中很快就宣传开了："主上年幼，未能亲政，我们出生入死为国家打仗，他能知道吗？""有道理，我们的点检为人仗义，英武盖世，不如先策点检为天子，然后再北征！""对，咱们一块找点检去！"顿时，群情激昂，有人带头呼喊着，叫嚷着，围住了点检赵匡胤的大帐。

五代以来，骄兵悍将动辄拥主立帅，图以富贵，已是司空见惯。后周的开国帝王郭威，在十年前不就是采取这种手段登上帝位的吗？点检赵匡胤，本是后周的一员大将，深得周世宗的信赖。周世宗死后，七岁的柴宗训继位，赵匡胤被升为殿前都点检，执掌禁军大权。此人有勇有谋，战功显赫，对部下"恩威并济"，很能博得将士们的拥护。他不仅掌握一支强大的劲旅，还结交了一大批知兵善战的武将，如杨光义、石守信、王审琦等人，结为义社十兄弟。此时的后周王朝，"主少国疑"，人心浮动，七岁的小皇帝怎能统治住这样一大批骄臣悍将？周世宗开创的宏伟大业很可能因内部混乱而毁于一旦。不忍国乱的有识之士，把治国的希望寄托在赵匡胤身上，赵匡胤也早有篡位之心。因此，陈桥驿这场拥主的把戏早就有人声传在外了。不过，赵匡胤却演得很像。

当时，天刚蒙蒙亮，赵匡胤被呼喊声吵醒，他披衣走出大帐，见一群将校个个手执兵器，列队于厅前，他们齐声喊道："诸将无主，愿策点检为天子！"赵匡胤还没来得及开口，已被群兵簇拥到厅堂，有人把一件早已预备好的黄袍罩在他的身上，然后口呼"万岁"，拜跪于地上。赵匡胤还想再推辞，参与其谋的赵普上前说道："主帅素来爱兵如子，此次拥立如不应允，这些将校兵士将会落个大逆不道之罪名，死无葬身之地，主帅还是应允了吧！""对！应允了吧！"全体将帅齐声呼喊着。见此情景，赵匡胤装得无可奈何地说："你们立我为天子，必须听我的命令，否则我不应允！"将士们异口同声地说："我们愿意听你的！""那好，现在我宣布两条纪律：第一返回京城，不得抢掠，扰乱百姓；第二，少帝和太后都是我所侍奉的，公卿大臣都是我的平辈，你们不能伤害他们，以往改朝换代，都要大杀大抢，你们不能这样，如有违反，诛灭九族！"

这天下午，赵匡胤率领部队返回汴梁。京城中早有人接应，文武百官，列于殿前，欢迎新立的皇帝登基。因为赵匡胤所领的归德军就在宋州（今河南商丘），于是改国号为宋。至此，大宋王朝就在中国历史上出现了。这次以宋代周，是赵匡胤以和平的方式进行的。这是赵匡胤非常高明的地方，因为他要稳定局势，继承周世宗所未完成的内政改革和统一事业。他一上台，立即开展了一系列轰轰烈烈的改革活动。

治兵方略

五代时期，是个动荡不定的时代，也是叱咤风云、英雄角逐的时代。谁拥有强大的兵力，谁就可以发展他的野心。如刘守光说："我地方二千里，带甲三十万，直作河北天子，谁能禁我？"安重荣也说："天子，兵强马壮者当为之，宁有种耶？"在大分裂的五十多年间，军校拥立，弑君篡位，互相砍伐，战场断杀的现象，从未间断过。赵匡胤也是靠着自己手里有一支强大的军队才登上帝位的。他当年作为一个军人，也参与过拥立周太祖郭威的行动。因此，他一上台，首先考虑的是如何控制握有重兵的将帅，防止兵变的危险，以便永保帝业。

杯酒释兵权

杯酒释兵权，是宋太祖治军的第一个高招。他登基后不久，召见谋臣赵普，向他问道："自从唐亡以来，几十年间，帝王换了八姓，战争不止，生民涂炭，是什么原因呢？我想使天下战火永息，兵不再战，为国家作长久计，应当怎么办？"赵普回答说："过去的动乱，只是由于方镇太重，君弱臣强。如果改变这种状况，也并不太难，只要稍夺其兵权，管制他们的谷钱，收了他们的精兵，天下自然就会安定了。"①赵普这一番话，使宋太祖惊叹不已。他很快又说道："卿言过重，这些弟兄跟随我多年，他们绝对不会背叛我，你过虑了。"赵普又说："我并不是忧虑他们本人会背叛你，但万一他们手下的人要拥立，也由不得他们了。"宋太祖听后，联想到自己亲身经历的一次次兵将拥立的场面，顿觉不寒而栗。特别是他看到拥立自己的那些将帅和弟兄，有的是禁军的高级将领，掌握着全国最精锐的部队，如慕容延钊、韩令坤、石守信、王审琦等人，还有的自恃拥立有功，已经出现"偃蹇难制"的迹象。至此，宋太祖终于下决心削弱他们的兵权。

公元961年秋天的一个晚上，明月当空，月光如水。赵匡胤准备一席丰盛的晚宴，把石守信等几个军事将领请在一起，饮酒欢歌。等酒过三巡，菜过五味，宋太祖突然屏退左右，对石守信等人说："诸位爱卿，如果不是你们的出力，我哪能会有今天？因此，我对你们感恩不尽。不过这天子也不是好做的，还不如节度使快乐些，从去年到现在，我没有一个夜晚睡得安稳的。"石守信等人忙问缘由，太祖说："这还不明白？

---

①《续资治通鉴长编·2》。

我这个天子的位置，谁不想坐？”诸位将领听后大惊失色，慌忙问道：“现在天命已定，谁还敢有异心？”太祖说：“不对，你们虽然没有异心，怎奈你们部下会有些贪图富贵的人，如果有一天，他们也把黄袍加在你们身上，难道还容许你说不做吗？”将领们听罢，一起跪倒顿首说：“我们没有想到这些，万请陛下给指示一条生路。”宋太祖说：“人生就好像白驹过隙，转眼即逝。人们所追求的不过是多积金钱，吃喝玩乐，再替子孙们攒下些基业，也让他们过上好日子罢了。你们何不放弃兵权，出守大藩，选买些好的田宅，替子孙们置备下永远不动的产业，多置些歌儿舞女，天天饮酒作乐，如这明月当歌，过一辈子，岂不快哉！我还同你们结成儿女亲家，君臣之间，两无猜忌，上下相安，以终天年，这不是很好吗？”

众将领听罢，感到无可奈何。愿意也罢，不愿意也罢，第二天，他们一个个以各种理由提请罢免兵权。宋太祖十分高兴，立即应允，对他们假作安慰一番，又送给他们一笔丰厚的财礼，打发他们以节度使的名义，出外镇守去了。只有石守信还暂时兼着侍卫都指挥使，但已无什么实权。这就是历史上有名的“杯酒释兵权”。

改组军事机构

改组军事机构，是宋太祖治军的第二个措施。石守信等一批掌握重兵的将领军职被解除之后，宋太祖看到，如果不从军事机构上加以调整，还会有新的军事实力派产生。因此，他开始改组军事机构。北宋初年的禁兵，分隶殿前、侍卫两司，殿前都点检、侍卫亲军都指挥使，是最高的军事将领。宋太祖夺得帝位，就是利用了殿前都点检这一重要职位。所以，在上边各位将领提出辞职之后，一些重要的军职也随之撤消了。如慕容延钊原任殿前都点检，在改任慕容延钊为节度使时，就乘机撤消了殿前都点检一职。同年，副都点检高怀德改任节度使时，也撤消了副都点检的职位。到第二年石守信请解军职，又撤消了侍卫马步军都指挥使。这样，形成了禁军由官职较低的殿前都指挥使、侍卫马军都指挥使、侍卫步军都指挥使分别统领的“三衙”制度。“两司三衙，分天下兵而领之”，改变了过去一人统领三军的局面。三衙权柄虽重，但只有带兵权，而没有调兵权。调兵大权归枢密院，枢密院虽可以调兵，却没有带兵权。只有皇帝才可命令两院，执掌全部兵权。遇有战事，或者临时命将，或太祖自任主帅。战事结束，兵归宿卫，将还本职。所以，北宋末李纲说：“在祖宗之时，枢密院掌兵籍虎符，三衙管诸军，率臣主兵权，各有分守。”①两院互相牵制，皇帝一人从中驾驭，从制度上防止了军事实力派的产生。

强干弱枝

“强干弱枝”，是宋太祖治军的第三个策略。

所谓“强干”，就是在兵力布署上，把重兵、精兵布防在京师。“弱枝”，就是削弱地方兵力，使地方部队无法同京师兵力相抗衡。司马光曾经指出：“太祖既纳韩王（赵普）之谋，数遣使者分诣诸道，选择精兵，凡其才力技艺有过人者，皆收补禁军，聚之京师，以备宿卫，厚其赐粮，居常躬自按阅训练，皆以一当百，诸镇皆自知兵力精锐，非京师之敌，莫敢有异心者。由我太祖强干弱枝，制治于未乱故也。”②

为了加强禁军的力量，宋太祖对禁军进行了必要的整顿。他亲自检阅军队，骁勇的挑选为“上军”，老弱的淘汰为“剩员”。“剩员”编制主要用来容纳那些已经失去战斗能力的老弱禁军，让他们去干看仓、守护、清洁等杂役。“去其冗弱”之后，禁军需要大量补充，宋太祖令各州长吏，从当地挑选骁勇兵卒，送到京城来，补充缺额。挑选的标准是琵琶腿（即大腿粗壮）、车轴身（即肩宽腰细），高度适中，体力强健者。为了做好这一工作，他挑选一些“样兵”分送各州，后来又改用木棒，拿长短来分别等次。这样一来，各地的强兵锐卒统统集中于京师，组成了强大的禁军队伍。

---

① 《宋史·职官志》。

② 《包孝肃奏议·18》。

禁军除了在京师宿卫外，还要轮流外出戍守，即所谓“更戍法”。这样做一方面避免禁兵日久骄惰，让他们“南北番戍，以劳苦其身，远离其子，使习南北风土之异，而不得坐食于本营”。另一方面，可以造成“兵不知将、将不知兵”，“兵无常帅，帅无常兵”的局面。就是在一个城中驻扎的部队，宋太祖也十分注意“习其筋骨，以戒其骄惰”。驻扎在城东的部队，偏要让他们到城西仓库去取军粮；驻扎城西的部队，偏要让他们到城东仓库去领取军粮，城南城北也是这样。兵士们挑负着军粮，来回往往要走几十里路。通过这样长期训练，禁军士兵个个身强体壮。

全国军队的布防上，宋太祖都是经过精心考虑的。当时全部兵士有二十二万，有十万多驻扎京师，十多万分驻各道。这样京师的兵力可以控制外道，防止外道发生兵变。而各道的兵力总和又同京师相等，又防止了京师驻军的骚乱。这叫“内外相维”，互相牵制。在京师布兵也是这样，京城内有亲卫诸兵，城外是“诸营列峙相望”，城内的兵和城外的兵力又基本相等，也形成互相牵制之势。这就有力地防止了军事将领祸乱中央的现象产生。

荒年养饥兵

荒年养饥兵，是宋太祖在养兵方面前所未有的创造。宋初的军队兵士的来源是向民间召募，尤为特殊的是宋太祖除了平时补充兵员外，遇有荒灾凶年，更是大量召募饥民当兵。他很自信地对赵普说：“吾家之事，唯养兵可为百代之利，益凶年饥岁，有叛民无叛兵，不幸乐岁变生，有叛兵而无叛民。”①就是说，每当凶灾之年，把大量的饥民召入部队，使社会上的动乱因素大大减少，防止了饥民的反抗，从而稳定封建王朝的统治。这样的募兵制度，后来一直成为宋朝统治者的传统政策。到了宋仁宗时期，一遇到天灾严重的年头，州郡官员手拿着尺跑到农村去度量

---

① 《宋史·兵志》。

饥民，挑选兵士，挑选得越多，官吏有赏。这确是一种非常狡猾的治乱方略。

由于宋太祖在军事制度方面采取了以上各种措施，成功地防止了骄兵悍将对皇权的颠覆活动。大宋王朝历时几百年，与宋太祖采取的这一套治军方略是分不开的。

驭臣手段

宋太祖是军人出身，他深知军制弊端的危害性，但当他在军事制度方面进行了一系列改革之后，做为一个中央集权制国家的帝王，在如何驾驭群臣方面，他也采取了一系列相应的政策，以利于巩固皇权。

削弱相权

宰相在中央集权制的政府机构里，素来是在一人之下而万人之上，统率百官，总掌政务，权倾朝野。相权过重，往往对皇权造成一种威胁。因此，不少帝王总是采取手段，削弱宰相的权力。如汉武帝是专门建立一个“内朝”系统，同宰相为首的由三公九卿组成的“外朝”机构相抗衡。则天武后对宰相是采取急剧的杀、贬手段，不断地任命，又不断地杀贬，14年间共任相59人，被杀的有21人，被贬的有21人。变换之快，为历史上所罕见。

宋太祖赵匡胤在削弱相权方面，也有自己的高招。第一，设置副相削弱宰相政权。即在宰相之外，又设置一个职位，叫“参知政事”。开始参知政事只是一个陪衬，并无太大的权力，不用押班知印，也不设政事堂。后来太祖见宰相赵普专权过重，开始给副相以押班、知印、升政事堂的权力，与宰相轮流充任，使副相地位大大提高。与此同时，宋太祖又采取婉转方式，降低宰相的待遇。据说，太祖刚登皇位时，宰相上殿奏事，太祖都让坐献茶，待遇很优。后来宰相范质上殿奏事，太祖照例赐座，可开始奏事时，太祖说：“我眼睛昏沉，请把奏章拿近来我看。”范质便离开自己座位，走近太祖，太祖暗中已吩咐宦官，把宰相的座位撤去。从此宰相进见，也只能站着和皇帝说话了。第二，设置“二府”，分割宰相兵权。二府，指宰相府之外，又有一个枢密院，即政府和枢府。枢密院在五代时期权力都在宰相之上，仿佛是“宰相之外复有宰相”。宋太祖时，将枢密院改为执掌调兵大权，凡军国机务、兵防、边备、戎马等政令，都由枢密使主持，和宰相对峙，文、武二柄，史称“二府”。太祖设制，每逢入朝奏事，两府错开，互不相见，各说各的。这样就使皇帝能在双方的奏情中对比分析，掌握实情。从此，分割了宰相的兵权。第三，设置“计相”，分割宰相的财权。旧制时，宰相统辖军、政、财权，太祖时，设三司使，夺其财权。三司原属旧制官职，负责盐铁、度支、户部，平衡全国的财政收支。太祖有意提高三司的地位，号称“计省”。由三司使主持三司政务，其地位仅次于宰相，人称“计相”。这样就剥夺了宰相的财权。

另外，宋太祖还采取“官职分离”、“名实不一”的方法，干扰相权，使宰相无法行使统帅百官的权力。如侍郎和给事中，并不负责本省的政务。司谏官，如果不是奉皇帝的特旨，也不能过问谏诤之事。连中央政府的三省主官，也只有奉旨才能行使本部的范围之权。即所谓“官无定员，员无专职”，“至于仆射、尚书、丞、郎、员外，居其官而不知其职者，十常八、九”。在这一制度下，“官”、“职”和“差遣”是有明确区分的。“官”，是品位的一种名称，并无实际的权力，如中书令、尚书令，官位很高，但无权参与朝政。“职”，是具有某种权力的标记，某一职位，具有什么样的权力，但并无固定人员，无论你是什么“官”，只要让你担任此“职”，便具有此“职”的权力。宋时的“职”，往往给那些具有“文学才华”的人，多充当皇帝的顾问，阐述各种诏令等。“差遣”，指受到指派，某人可以行使何种职权，这就是具有了实际权力，可以“治内外之事”。如中书令、侍中都是“官”，只有带有上级的“差遣令”，方能担任宰相或行使其他实际权力。而“差遣”往往变动性很大，一个官员要随时听从“差遣”，接受新职。宋太祖就是通过这样的手段，来削弱宰相的权力的。

以文臣代武将　削减藩镇遗患

唐末天下大乱，五代中原厮杀不断，皆因藩镇太重之所致。武将们不仅拥有强大的兵力，而且掌握了地方的民权和财权。武将们专横跋扈，横征暴敛，发展割据势力，引起地方混乱，不易受中央控制。这一切对于武将出身的宋太祖来说，是十分清楚的。因此，当他运用赵普“稍夺其权”、“制其钱谷”的策略，剥夺了中央几位重要军事将领的兵权之后，又开始运用这一策略，解决地方的藩镇遗患。

当时的宋朝，在地方上实行州、县两级制。州长官称知州，过去多由武官担任。宋太祖从公元963年开始，逐步改由文臣担任。《宋史纪事本末》中记载说：“（太祖）或因其卒，或因迁徙致仕，或以遥领他职，皆以文臣代之。”这就是陆续委派文官，代替军人执掌一州行政。宋太祖继位之后，后周的官员基本上全部留任了，这对于稳定当时的政局，是策略之举。但此并非长久之计，随着“官”、“职”、“差遣”制度的执行，后周时期的不少官员逐渐失去了实职。各州的知州武将出身较多，随着以文代武，后周时期的官员从中央到地方，便基本上撤换完毕。文臣代替武将，执掌一州政务，宋太祖也并不十分放心。专权之事，不可不防。因此，他任命的知州，前面往往加上“权知”二字，以使他们觉得“名若不正，任若不久”，以堵塞他们专权的野心和地方势力的抬头。与此同时，在“知州”之外，另增置“通判”一职，这是赵匡胤在经过精心考虑后采取的一个重要措施，是他在削弱相权时采用的手段在地方政权中的继续应用。通判一职在本州中地位很高，权力也相当大，有权过问州中的一切政务，并可同知州分庭抗礼，直接专达中央。不少通判往往以“监州”自居，常说“我是朝廷派来监视你的”，以示权重知州。后来有人告诉宋太祖，通判权力太重，不利于知州行使地方职权，公元966年，太祖才又下令，“诸道州通判，无得怙权徇私，须与长吏连署，文移方许行下”①。就是说，没有知州与通判联名签署的政令，不能实行，

① 《资治通鉴·续》。

这就是使二者互相牵制，听命于中央。

县级机构中，在五代时期也多由军人把持。军人任县令的不多，但由于节度使委派“镇将”，屯兵县里，这些“镇将”往往干涉地方政务，县令任免官吏，也往往要征求他们意见，每年利用征集军粮名义，在一县之中横征暴敛。利用掌管盗贼、斗殴之权，肆意欺压百姓，以至形成了“事权旁落，县官失职”①的局面。为了扭转这种状况，宋太祖令吏部选派强干官吏，分到各县担任县令，抑制地方军人的跋扈势力。同时又在每县设置“县尉”一职，专门负责一县之内盗贼、斗殴等事宜，“镇将”不得再行插手。从此，县令才真正成为一县之长，总管县境的民政，平决狱讼，催收租税，劝课农桑。军人干预地方政务的现象得到有力的控制。

官不久任与巡缉窥伺

官任过久，容易产生官吏利用职权，盘踞专擅的弊端。宋太祖采取了“任若不久”的用官原则，规定州县一级和中央一些部门的官吏，一律任期三年，限期一满，立即另调他职，不得连任。特别是对于那些执掌司法大权的刑部、大理寺官员，任期要求更严，“期满日便与转官”，这是为防止司法官久任，出现受贿作歹，草菅人命的现象。太祖这一用官原则，多是受了武则天用人方法的影响，流水般地更换官吏，不使他们长久地掌握着一定的权力，以形成一股反抗中央的势力。居于某一官职的人，没等形成自己的政治势力，很快就转换他职了。这对于巩固中央集权制来说，是一种有效的政治措施。

密派亲信分赴各地，巡缉窥伺各地官吏，制治于未乱之时，是宋太祖控制官吏的又一方法。赵匡胤夺取后周政权，是依靠阴谋手段成功的，因此，他十分惧怕反宋势力也像他一样，秘密积蓄力量，推翻他的统治。其实，当时也确有一些军人实力派，蠢蠢欲动，阴谋颠覆赵宋。为了防范于未然，宋太祖从建国初期，就大量派遣亲信军校，

① 《东都事略·王审琦传》。

分赴全国各地，窥探有关各地官吏的情报。这种特务活动，曾使得不少官吏胆颤心惊。如驻真定（今正定）的节度使郭崇，听说赵匡胤做了皇帝，非常愤懑，以至悲伤痛哭，被察探窥知，立即报于太祖。太祖立即派人前去查处，使郭崇未敢轻举妄动。驻在蒲州的杨承信，暗中准备武装暴动，太祖以送生日礼品的名义，派密使前去侦察。杨承信惧怕暴露，未敢起事。

宋太祖对居住京城的官吏，防范更严。大街小巷，到处都布满着密探，他们随时随地监视各级京官。有一个密探叫史珪，就是靠告密，侦探出几桩大事，而被宋太祖提升为马军都军头、领毅州刺史。此人发迹以后，态度愈加粗暴，他的许多爪牙，分布京城各处，四出作恶。有不少密探敲诈勒索商人，让他们交纳钱财，否则以“欺妄”罪加以告官陷害。据说，不少商人死于密探之手，由此引起商界公愤，全城商店实行罢市，表示抗议。宋太祖得知后，下令凡对行商之人，“不许论讼，如是有人更敢言告，以其罪罪之”①。

除了派密探侦察各级官吏外，对占有重要地位的官员，宋太祖还经常亲自外出，改扮普通人装束，暗中寻察。他私访的对象，多是那些旧勋大臣，看他们有无谋反之心。据说，宋太祖微服私访的次数很多，弄得京城高官，人人不敢有丝毫的散乱。宰相赵普，每当罢朝归家，仍然穿着整齐，怕皇上随时前来。在一个冬天的晚上，大雪纷飞，寒风刺骨，他想这样的天气皇上不会出来吧，可是没有多久，听有人叩门，开门一看，竟是皇上。

由于宋太祖实行这一套严密的特务系统，使他对各级文武官员的举动，了如指掌，有力地巩固了皇帝集权。

宽仁为治

宋太祖控制大臣，在制度上规定甚为严谨，但为人宽宥，史称“以

① 《宋会要辑稿》6 册 5448 页。

忠厚为本”,“以宽仁为治”,从不滥施刑罚,暴杀大臣。即使有人犯罪严重,也不忍心诛杀。这在历代帝王中也并不多见。特别是在五代时期,各国帝王大都是暴杀成性,以杀立威,而宋太祖能够以“德化”治臣,被历代史学家所称道。

如对待周室旧臣、藩镇降王,一律实行宽大政策。历史上,一个新的封建王朝建立之后,对旧王朝的大臣往往大开杀戒,斩草除根,以防止他们复辟。而宋太祖认为,“本朝鉴五代藩镇之弊,兵也收了,财也收了,赏罚刑政一切收了,州郡逐日就困弱”①。我守着千里国家,拥着二十万军队,还怕他们反吗?治臣须“结其心”,暴杀只能引起更强的敌对情绪。因此,他对后周皇帝柴宗训,生前在生活给予优厚的照顾,死后又专立碑训:“柴氏子孙,有罪不得加刑,纵犯谋逆,止于狱内赐尽,不得市曹刑戮,亦不得连坐支属”②。后周驻守陕州的袁彦,听到赵匡胤兵变继位,便日夜缮甲治兵,图谋推翻宋朝,恢复后周。宋太祖得知后有意派大臣潘美前去观望,陈述利弊,使袁彦放弃反抗,束装归朝。类似的还有痛哭失周的郭崇、图谋暴乱的杨承信、策应反宋的郭威妃子的弟弟杨庭璋等人,赵匡胤都是以重金安抚,不予诛杀。每当将帅率兵前往各地平藩作战时,他总是告诫诸将,对待降王一律不得诛杀。他引批评古时名将白起的例子说:“起杀已降,不武之甚。”即是说,白起诛杀已投降的兵将,能说明他武艺高强吗?还有对反抗他的韩通,被部将王彦升杀了以后,宋太祖特地将韩礼葬,并追赠中书令。而对王彦升,终身不授节度使,以示惩戒。据说,有一次赵匡胤宴请岭南降王张鋹,亲自斟了一杯酒,递给张鋹。张鋹在岭南时,常用酖酒毒杀臣属。他一见太祖殷勤相劝,认为是要毒死自己,便接过酒杯,跪倒在地,泪流满面地说:“臣罪在不赦,陛下许我不死,臣愿做一个大梁百姓,看看太平盛世,不敢饮这杯酒。”太祖听后哈哈大笑,从张鋹手中拿过杯子,

① 《朱子语类》128页。

② 《陆游·避暑漫钞》。

一饮而尽，张铱一场虚惊才平静下来。

宋太祖除了对降王宽仁之外，对部将也同样宽仁。多数帝王继位之后，往往大杀功臣，以防他们自恃有功，不从皇上。太祖除了从制度上限制有功之臣的权限之外，多以金钱美女，田地宅院，予以安抚。“杯酒释兵权”就是例子。还有一次，太祖在后苑挟弓弹雀，忽有大臣急事求见，宋太祖赶忙跑去，接过奏章一看，原来是件一般事情，便责怪大臣说：“这桩事情，怎么能说是急事？”大臣反驳道：“这同弹雀相比，当然是急事。”太祖大怒，拿起东西朝大臣嘴上捅去，把门牙打下两颗。大臣一声不吭，捡起牙齿，放在怀里。太祖问：“你岂要告我不成？”那人说：“不敢控告，自然有史官会记载的。”一个宦官劝太祖杀了这个敢抗皇上的大臣，太祖听后，沉思片刻，不但不杀，反而赐大臣一些金帛，给予慰劳。赵普是太祖的重要谋僚，陈桥兵变的主谋，宋初任宰相，后因权重，太祖除了从制度上削弱他的权力之外，处处袒护。如有人控告赵普的不法行为，太祖听后竟对告状者破口大骂，并将其贬官。当然，在有时候，太祖也有对臣属重处的，这就是对那些贪官污吏，太祖毫不宽宥。如商河县令李瑶、大名府永济主簿郭颢、职方员外郎李岳、殿直成德钧等人，先后因贪赃被杀。

宋太祖作为一个封建帝王，他的“宽仁”总是有限度的，那就是无论是旧臣、部属，其行为不能危及皇权，如果触及了皇权统治，决无“宽仁”可言。如对后周反抗宋政权的李筠、李重进，都予以诛杀。宋太祖控制朝臣，手中拿着两个武器：一是金钱、地位，二是屠刀，最终目的是为了巩固自己的统治。最能说明问题的是对王全斌事件。王全斌因平蜀有功，受到太祖嘉奖，后来，他又因贪污钱财，引起了西川兵变，被判死罪。后来被赦，又恢复了他的节度使职。宋太祖还向他道歉说：“朕因江左未平，怕南征众将不遵守纪律，委屈你几年，为朕立法，现已攻克金陵，还给你的节度使。”①宋太祖深知“攻心为上”的政治策略，这比起那

① 《东都事略·王全斌传》。

些以屠刀理天下的暴君来说，确实高明得多了。

治国安民之策

五代时期，兵连祸结，战乱不止。广大人民饱尝战争割据之苦，渴望国家统一，社会安定。周世宗在位时，其他割据势力范围内的人民纷纷逃入周境。周世宗每平息一个藩镇，当地的老百姓携带牛、酒，前来欢迎。有不少地方的人民，因愤恨军阀的苛政，多次向周世宗求救。赵匡胤当时跟着周世宗南征北战，亲眼看到了广大人民要求国家统一的热切心情，因此，他继位以后，决心把周世宗未完成的事业进行下去，把统一祖国、稳定社会、发展经济，作为自己治国安民的基本之策。

平定割据　统一祖国

宋太祖当时采取了当年周世宗谋臣王朴的策略：先南后北。王朴昔日向周世宗献策："凡攻取之道，必先其易者"，"得江南，则岭南巴蜀，可传檄而定。南方既定，则燕地必望风内附"。江南经济繁荣，但政治腐败，军力薄弱，夺取江南，可得到经济实力。因此，宋太祖征伐的第一个目标就是高继冲盘踞的荆南。这里南通长沙，东距建康，西近巴蜀，是战略要地。正好在这时，割据湖南的节度使周行逢病死，其幼子继位，大将张文表图谋篡位，周幼主慌忙向宋太祖求援，增援湖南，而荆南是必经之路。宋太祖借此机会，派大将慕容延钊、李处耘率领数十万大军，一举攻取了荆南、湖南，平息了两个割据政权。接着，太祖又以西蜀欲勾结北汉攻宋为由，分兵两路讨伐西蜀。经过两个多月激烈战斗，终于灭掉西蜀。然后，又穿越五岭，灭掉南汉。南汉灭亡之后，宋军从三面包围了南唐。当时在进攻其他国家时，宋太祖对南唐采取了羁縻政策，如追尊李璟的帝号，向南唐后主李煜大量赠送羊、马、骆驼等礼物，以使其保持中立。现在，兵锋直指南唐，南唐后主李煜只会吟诗弄月，对宋朝大兵压境不知所措，还写词一首："无言独上西楼，月如钩。寂寞梧桐深院，锁清秋。剪不断、理还乱，是离愁。别是一番滋味在心头。"他派大臣徐铉去见宋太祖，问为什么要讨伐江南，太祖厉声喝道："江南与大宋之事，如同子父，父子能够分家吗？卧榻之侧，岂容他人鼾睡？"①975 年，宋灭南唐，李煜被俘。

平定江南以后，宋太祖又开始计划收复北疆国土。当时在北方各族中，契丹最为强大，太祖决定先攻取北汉，最后再同契丹较量。但北汉时常得到契丹的支援，致使几次攻伐北汉，一直未能取胜，而且还折损了骁将王廷义、石汉卿。朝臣们多次建议："太原兵少而悍，加以契丹为援，未可仓卒取也。"②结果此志未酬。宋太祖对北疆各种势力采取了守的策略。因此，在大宋的统一之时，并不包括塞北。长城内外形成了北辽与大宋的对峙局面，有人写诗曰："赵宋何以比汉唐，收尽江南余北疆。太宗③雄心取幽蓟，青史千载评藩杨。"

减轻徭役　奖励农耕

北宋初年，出于战争需要，太祖曾大力征役人民，百姓负担过重。当政局基本稳定之后，开始实行了宽减徭役的政策，以便使农民休养生息，发展生产。公元 961 年，他明令罢去各道州府征用平民充当急递铺递夫的劳役，改用军卒担任。第二年，又罢去征民搬运戍军衣物的劳役。如果有的州县不遵令行，百姓可以检举。《宋会要辑稿》中记载宋太祖的诏令说："王者之道，使人以时，非惟不夺于农功，亦冀无烦于民力。自今应诸道州府军县上供钱帛，并官备车乘辇送，其西川诸州合般钱物，即于水路官自漕运，不得差扰所在民人。"宋太祖减轻徭役，主要指那些运用民力，官吏私取其利的劳役。还有些是兵役，如他曾一再减少各

① 《东都事略·李煜传》。

② 《续资治通鉴长编》。

③ 指宋太宗，太祖之弟。

县的弓手名额。职役的充当，主要是用来发展生产，特别是修河。太祖自己就说："朕即位以来，平常没有别的差徭，只有春初修河，那是为了人民防患。"①在平息藩镇、统一南方的战争中，每攻下一个地方，除收编一部分精兵外，其余军士一律遣散返乡，帮他们修盖房屋，发给耕牛、种籽、粮食，鼓励他们积极生产，认真耕作。这样，大批的人力从繁重的徭役中解放出来，进行农业生产，对于宋初社会经济的恢复起到了好的作用。

当时，田地荒芜比较严重。为了刺激农民垦荒，宋太祖下令，凡是新垦土地一律不加征税，凡是垦荒突出的州县官吏给予奖励，管辖区内田畴荒芜面积超过一定亩数的，要给予处罚。桑、枣、榆等树，是古代主要的经济作物，桑树蚕丝业的发展关系密切，枣、榆可度凶荒之年。战争刚一结束，有人不爱惜桑、枣、榆等树，滥伐充作他用。宋太祖明令严禁砍伐："凡剥三功以上，为首者处死，从犯流三千里，不满三功，为首者减死配役，从犯徒三年。"宋时四百一十二尺为一"功"，如毁树长度共达 412 尺，即为一功。可见对滥伐树木者惩治之严。除此之外，太祖还鼓励农民种植桑枣，曾发布种树令：每县将农民定为五等，第一等种杂树百棵，第二等种八十棵，依次递减。如果是种植桑枣，只要达到半数，即可完成任务。由于鼓励种植桑树，使蚕丝业发展较快。北宋时的纺织业中仍以丝织业最为发达，工艺水平也达到相当的高度，如定州刻丝用各色丝线，织出鲜艳美丽的花草鸟兽，堪称丝织珍品。

在实行的农业政策中，宋初时把水利建设也放在非常重要的位置。因为水利除了灌溉、运输之外，对于防止洪害、稳定社会的意义也非常重大。出于使封建皇权长久治安的需要，宋太祖对有关国计民生有重要影响的黄河下了很大的力量。黄河主要是水患。五代时期，黄河决堤、改道，淹没村庄农田，宋初也不断有水灾出现。太祖在 962 年，令黄河沿岸修堤筑坝，并大量种树，以做防洪时用。如建隆三年诏曰："沿黄、

① 《文献通考》。

汴河州县长吏，每岁首令地分兵种榆柳，以壮堤防。”每年的正月、二月、三月，为黄河坝堤例修期，严格察巡，防患于未然。因此，素以黄害著称的黄河在太祖在位的十七年中，只有十多次溃决的记载，并且都没出现严重的灾害。除了黄河之外，宋太祖对运河、汴河、蔡河等主要河流，也做了不少修整。这对于农业经济的稳定，商业经济的流通，也起到了重要作用。

思想文化统治

国家的统一，社会的稳定，除了在军事、政治、经济等方面采取一定的措施之外，思想文化方面的统治也是一个不可忽视的重要内容。秦始皇的“焚书坑儒”、汉武帝的“罢黜百家，独尊儒术”、魏孝文帝倡导佛教、唐玄宗的尊崇“老子之术”……无一不是为了加强思想文化方面的统治。宋太祖赵匡胤吸取先代的统治经验，也采取了相应的政治措施来治理天下百姓。

制止符命迷信，反对元象图谶。因为这一类的胡谈，可能会刺激出一些图谋不轨的野心家来。赵匡胤自己就是这样发迹的。他原是一个市井无赖，赌博斗殴，毫无大志。一次他进了一个庙宇，碰见香案上有占卜吉凶命运的竹筊，他一边祷告，一边抛掷竹筊。第一次问的是可否当个小校，可连问几次，终是不吉；又问可否当个节度使，仍是不吉；他有些急了，壮着胆子问能否当个天子，不料竹筊一下现出吉兆。从此，他在心中立下了要当天子的宏愿，现在也果然当了天子。那么天下是否还会有像当年的他一样的人？因此，宋太祖在继位之后，严令禁止谶书、符命之谈。他宣布：“禁元象器物、天文图谶、七曜历、太一、雷公、六壬、遁甲等。不得藏私于家，有者并送官。”如有违者，往往被处以极刑。曾做过通事舍人的宋惟忠，就因“私习天文，妖言利害”，被杀了头。为了制止这一类东西在民间流行，宋太祖还采取了“以假乱真”的手段，即大量收购旧的图谶，组织人将内容故意删乱颠倒，胡乱参杂，抄写了约一百本伪本，流放于民间，因此引起民间伪本流行，难辨真假，从而达到破坏人们信仰的目的。

重振儒学，恢复纲常名教。五代时期天下大乱，君臣之道破废，父子之道不讲。大宋统一之后，太祖又开始极力提倡儒学，用等级名分的封建纲常来统治臣民。他继位后，在国子监和祠宇内，修饰“先贤十哲”，绘画“先贤”、“先儒”肖像，让学子后人顶礼膜拜，自己还亲自为孔子、颜回做象赞。他教育大臣说：“今之武臣，亦当使其读书，欲其知为治之道也。”就是要武将克服骄悍之气，学会以文雅治天下。同时，由于佛教可以使百姓忍受现实生活中的痛苦，以求死后进入“天堂”享受幸福，宋太祖又一改周世宗反佛的措施，开始提倡佛教。他亲自到京城中的佛寺，如大相国寺、开宝寺中作礼拜，以示尊崇。于是，天下信佛者日渐繁盛。僧尼人数剧增，以此麻醉人民。

宋太祖赵匡胤是一位十分高明的封建帝王，由于他采取了上述一系列的措施，从而结束了从唐中叶就已开始的二百多年的分裂局面，并稳定了大宋王朝的政局。他所创造的许多祖宗之法，为大宋王朝的昌盛与发展，起到了十分重要的作用。特别是他从制度上防止天下混乱，促进华夏民族的统一，扭转武臣乱政，提倡安民为本，在中国封建社会的帝王史册上，留下了不可磨灭的一页。

元太祖成吉思汗

——横征诸霸　威震中亚

公元1227年秋初的一天，辽阔的漠北大草原上，缓缓地行进着一队人马，人群护卫着一辆木制的马车，车上载着一副巨大的灵柩。天气阴沉，战马不嘶鸣，人群无声响，开路的兵士手执利刃，沿途遇人便杀，逢畜便砍，简直像着了魔一样。整个草原笼罩在一片威严肃煞的气氛中。

突然，大车陷进一个泥坑里，五匹骏马怎么拉也拉不出来。人们害怕了，慌忙跪倒在地，向着灵柩祷告："奉天承运降生我的圣主！……你征战建立的国朝，你福寿的皇妃和皇子，你出生的故乡和故土，他们都在等候着您，快显灵吧！"果然，马车走出了泥坑，一直走到鄂嫩、克鲁伦、土剌三河的发源地——不儿罕山的起辇谷，在那里葬下了那副巨大的灵柩。同时，也葬下了一位威声赫赫，震慑四方的一代天骄——成吉思汗。他就在那个灵柩中躺着。

成吉思汗是在征讨西夏的途中病逝的。当时战争还没最后取得胜利，为了稳定军心，灭掉西夏，成吉思汗在病危时留下遗嘱，死后秘不发丧，葬后不留陵墓。因此，人们直到今天，再也找不到埋葬这位巨人的确切地方。

几百年过去了，辽阔的鄂尔多斯大草原上，又出现了三座蒙古包式的大殿，明黄的墙壁，朱红的门窗，辉煌夺目的金黄琉璃宝顶，在蓝天绿草的衬托下显得非常庄严肃穆——这就是后人为纪念这位蒙古大帝国的缔造者而新建的陵墓。每年祭陵的日子，数百万各族人民云集在这里，带着草原上朴实骠悍的气息，感受着陵墓的威严气势，想象着七百多年前成吉思汗铁骑横征诸霸主，以“弓马之利取天下”的雄姿。

成吉思汗是一位叱咤风云的人物，他不但统一了塞外草原上诸多的蒙古族部落，建立了第一个统一的蒙古族大帝国，同时又灭西夏，伐金朝，为元朝的建立奠定了基础，还有他铁骑横征中亚诸国，对中国历史和世界历史的发展产生了重要的影响。

艰难的创业

十二世纪的内蒙古大草原上，分布着大约一百多个大小不等的部落。他们之间为了争夺牧地和牲畜，获得蒙古草原的霸主地位，相互之间展开了长期的血腥的屠杀。《元朝秘史》一书中有一首诗这样描写道：

有星的天，
旋转着。
众百姓反了，
不进自己的卧内，
互相抢掠着财物。

有草皮的地，
翻转着。
全部百姓反了，
不卧自己的被儿安睡，
互相疯狂地残杀。

在这众多的部落中，有一个蒙古族部落。在蒙古族部落中，又分为若干部，其中有一个叫孛儿只斤部，部中有两个强大的氏族——乞颜氏族和泰赤乌氏族。成吉思汗就是乞颜氏族首领也速该的儿子，当时他叫铁木真。也速该作为一氏之长，经常带领氏族成员四处征战，抢夺其他部落的财物。有一次，他误入了仇人塔塔尔的部落，吃下了有毒的食物，三天后就死了。当时才九岁的铁木真，从此开始了他艰难的人生历程。

也速该死后，他靠武力控制的一些部属，纷纷脱离了这一氏族的统治。其他一些部落也想借机吞并乞颜氏族，特别是泰赤乌氏族，抢走他们的牲畜，拉走他们的奴仆，不断欺压他们。铁木真的家境完全破败了。母亲诃额仑只好带着一群未成年的子女，移居到鄂嫩河上源的肯特山旁，靠打野兽、拾果子、挖野菜充饥，过着非常艰苦的生活。铁木真渐渐大了，他成为一个四肢强健，目光炯炯的小伙子，特别是艰险重重的生活，使他有一种坚强不屈的性格和遇事机敏的头脑。不少失散的部员又渐渐返回来了。泰赤乌氏族的首领担心乞颜氏族会重新兴盛起来，威胁自己的地位，便企图捕杀铁木真。在一次突然袭击中，他们抓获了铁木真，将他带上木枷，送到泰赤乌部的老营，逐营巡走示众，使铁木真受尽了侮辱。可是在夜深人静的时候，铁木真乘人不备，用木枷击倒看守，机敏地逃跑了。

为了恢复乞颜氏族高贵的地位，铁木真开始谋划，并进行了一系列的活动。他想，要对付泰赤乌氏族的压迫，必须联合一些强大的势力作为庇护。于是，他前往弘吉剌部落迎娶童年时订下的妻子孛儿帖，从而加强了与弘吉剌部落的联系。妻子的部落赠送了铁木真不少的礼物，其中有一张非常珍贵的黑貂裘。铁木真又把这张黑貂裘作为礼物，前往土兀剌河黑林（今蒙古乌兰巴托南）的地方，去拜见克烈部的首领脱斡里勒。脱斡里勒是铁木真父亲的“义兄弟”，铁木真尊奉脱斡为父。经过一番寒暄，果然获得脱斡的欢心。克烈部落是漠北草原足以和塔塔尔部、泰赤乌部相抗衡的强大部落。正在这时，三姓篾尔乞人突然袭击了铁木真的部落，铁木真仓促逃跑，而他的妻子孛儿帖因为没有坐骑，被篾尔乞人俘虏去了，他不得不去求脱斡里勒和札管剌部的札木合的帮助。札木合是铁木真儿时的伙伴，他们很快击溃了篾儿乞人，杀了许多仇人，夺回了妻子和被掠的家人，并将他们的妇孺掠为奴婢。经过这次战争，铁木真意识到团结力量的强大，也使他名声大震，不少当时的旧属民，又纷纷重新投靠于他，连一些原先有名望的贵族也向铁木真靠拢。铁木真的力量大大加强了。

1189 年，28 岁的铁木真被乞颜部落的贵族推举为首领，成立了部落联盟。雄才大略的铁木真早就意识到，参加联盟的各支贵族，都是为了自家的利益才联合到一起的，没有统一的制度，很难形成一个统一的强大势力。身经忧患的铁木真一经推举为首领，就立即建立起一套巩固自己统治地位的制度。首先，成立了专门保卫他的侍卫队，然后设立了带弓箭的、管牧羊的、管修造车辆的、管家内人口的、带刀的、掌驭马的、管牧马群的、负责守护部落的等机构。这些机构的负责人都是出身于奴隶或属民，是铁木真的心腹，全凭铁木真“用人肉养着，用铁索拴着”，随时可以放出去掠噬猎物。通过这套制度，铁木真造就了一支十分强大的军队。铁木真非常注意社会舆论的作用，他在部落中运用各种机会，大力赞扬将士们征战、杀掠的行为，使全部落都把这些行为看成是最受人尊敬的美德。在部落舆论的影响下，铁木真掌握了一支最精锐的快速铁骑，拥有一批英勇善战的将帅和指挥官，这支部队具有严格的组织纪律性，将士们个个马术精湛，战技高超，能够吃苦耐劳，敢于冲锋陷阵。强大的军事力量，开始把铁木真推向了草原的政治舞台。

天上只有一个太阳，草原上不能出现二王。铁木真原先的好友札木合，不能容忍这个新出现的强大势力，便伺机要铲除铁木真这个可怕的对手。恰好札木合的弟弟因为劫掠铁木真部下的马群而被射死，于是札木合以此为借口发动了十三翼之战。这是铁木真统一漠北诸雄过程中最为著名的战争。札木合纠集了泰赤乌等十三个部落共三万人，向铁木真进攻。铁木真也将自己的部落三万人组成十三个翼迎战。双方在答兰巴勒主惕的地方（今克鲁伦河之畔）摆开阵势，展开了空前的激战。结果铁木真大败，被迫退到鄂嫩河上源的狭地中去了。但是，札木合在胜利中显得十分残忍，他命令用七十口大锅烹煮战俘。这种野蛮的暴行激起了同盟者的不满，加上他“内无统纪”，互争雄长，不少人反而前去投奔铁木真。铁木真虽然失败了，可并没伤了元气，他十分注意收拢民心。在一次围猎中，他故意将快要到手的野兽驱入泰赤乌部属照烈氏的猎场，让他们多获。照烈氏首领本来就不满意泰赤乌贵族的欺凌，见铁木真如此仁义，便率部投奔了铁木真。他们对铁木真说：“我们好像无主之马，受尽了泰赤乌贵族的残害，你对我们如此友好，我们愿为你去冲锋陷阵，流血打仗。”没有多长时间，铁木真的力量又壮大起来了。

铁木真头脑机敏，很会利用矛盾，消灭强大的敌对势力。十三翼战役之后不久，金朝接连发动了对塔塔尔部落的战争。塔塔尔部落是蒙古诸部中一个强大的势力，长期以来依附于金朝，攻打别的部落。但是在1195年金兵进攻呼伦贝尔地区时，塔塔尔人趁机拦夺金兵的羊马，因而同金朝发生冲突。1196年，金朝派兵攻打塔塔尔部，铁木真得悉后，立即出兵帮助金朝攻打塔塔尔。结果塔塔尔大败而逃，铁木真借机捕杀其首领，掠走其车马粮饷，并声称是“为父祖报仇”。这次战争，使称霸草原的塔塔尔部从此一蹶不振。铁木真不仅获取了大量的物资，赢得了好名声，更重要的是同金朝又结成了联盟，并接受金朝皇帝授予的“诸部统领”的官职。金朝的封赏大大提高了铁木真的政治权力，从此，他就利用朝廷命官的身份，开始号令蒙古部落和统辖其他贵族了。

铁木真的崛起，使他的敌人感到有进一步联合的必要。1201年，塔塔尔、泰赤乌、合营斤等十一个部落联合起来，共推札木合为王，立誓消灭铁木真。铁木真得知消息，同克烈部首领，父亲的“义兄弟”脱斡联合起来，共同迎击强敌。最后终于打败了札木合，随之又横扫了塔塔尔部落，占据了水草丰美的呼伦贝尔草原。从此，铁木真的部落同蒙古草原中部的克烈部，西部的乃蛮部，成为鼎足而立的三股力量。

1203年，克烈部又企图吞掉铁木真的势力。克烈部首领脱斡本是铁木真尊奉的“罕父”，但为了争夺霸主地位，他们终于反目为仇。先是脱斡假意宴请铁木真，想借机杀掉他，不料计划泄漏，双方在合兰真沙陀（今内蒙古锡林郭勒盟乌珠穆沁旗北）进行了一场血战。这一仗是铁木真一生中最为艰苦的战斗。由于脱斡得到札木合的支持，铁木真全军溃散，他只带领十几名兵士逃亡到一个叫“黑河”的地方。没有水喝，他们从污泥中挤出水喝，没有吃的，他们射杀野物，敲石取火。铁木真在这里对天发誓：将来如成大业，定与大家同甘共苦，决不相负。不久，他又收拢残部，假意同克烈部求和，并愿意归顺脱斡。脱斡信以为真，没有提防，谁知铁木真在夜间突然袭击了克烈部落，经过三天三夜的激战，终于击败了强盛的克烈部，脱斡逃入乃蛮部界内，被乃蛮部所杀。从此，整个漠北草原，唯有乃蛮部落成为同铁木真相抗衡的一支力量。

乃蛮部落，又成为铁木真攻取的最后一个目标。乃蛮部是草原西部的霸主，号称“国大民众”，经济、文化都比较发达。克烈部的覆灭震惊了乃蛮统治者，一向被他们认为“土气息，破衣服”的落后的蒙古人，居然能把“在先的老皇帝”打垮，“莫不是他想做皇帝吗”？自恃强大的太阳罕决定出兵讨伐铁木真。其时，乃蛮部落内部并不团结，兄弟各据一方，军纪松弛，部将各自心怀别的主意。铁木真一方面通过收买中亚商人，让他们前去探听乃蛮军队的实力和部署，一面整顿自己的军队，以增强战斗力。他把军队按千户、百户、十户组织起来，任命了相应官长；设置管理给养辎重的把总；挑选亲兵成立亲卫军。这套制度不仅加强了铁木真的权力，而且也确定了那些追随他的伙伴们的权力和地位，从而激励他们更加忠实地去统一蒙古草原，为铁木真的“帝业”去战斗。整顿完毕，铁木真率军迎战太阳罕。双方在纳忽山展开激战，结果太阳罕受了重伤，率部突围时大部分将士从山崖上掉下来摔死，人马相踏，死伤惨重，太阳罕也因受重伤死去。铁木真乘机征服了乃蛮的部众。

铁木真在极其艰难的环境中，经过一系列的谋划、征战，终于铲除了草原上一个个霸主，使西起阿尔泰山，东至兴安岭的整个漠北草原上的各部落，几乎全都成了铁木真家族的部属。漠北草原的历史发展，终于选择了由铁木真来建立一个草原帝国。

草原上的蒙古帝国

1206年的春天，草原上鲜花盛开，人欢马叫，一片欢腾景象。45岁的铁木真在斡难河源头，隆重地召开了一次大聚会。他对着诸弟、诸子、诸将、贵族和其他部落的首领，庄严宣布“大蒙古国”正式建立，自己为全蒙古的“大汗”，是全蒙古草原的领袖。由于蒙古尚九尚白，便以九游白旗做为大蒙古国的标志。

宽阔的草场上挤满了游牧的骑士，一桶桶的酸马奶和各式各样的奶制品不断地散发给所有前来参加盛会的人。巫师阔阔出对大家宣布说：“我已见到了上天，上天告诉我说，他已把天下交给了铁木真和他的子孙。”然后又对铁木真说：“根据上天的意旨，如今地上称汗的各部首领都被你征服了，他们的领土、臣民全归于你，因此，你应该有‘普天下之汗’的尊称，上天的旨意，你应该被称为成吉思汗。”

“成吉思”的意思，有各种不同的解释。有的人说是“天赐”，有人说是“海洋”，象征着铁木真具有像海洋那样广阔无上的权力。也有人说，当时有五色鸟在天空中飞翔，不时地叫着“成吉思”、“成吉思”，因而就用这吉祥的声音来做称号。不管怎样，一个草原大国诞生了，成吉思汗的尊号也出现了。

大蒙古国成立以后，成吉思汗立即建立了一套比较完整的统治机构，这套机构具有草原游牧民族的特色。

千户制

千户制，它既是一个地方行政单位，又是一个军事单位。早在平定乃蛮部落之前，成吉思汗在自己军队中就按照千户、百户、十户地组织起来。现在，整个草原上所有的部落都是他的属下，原来的部落组织已全被打乱。有的部落在战争中抢掠或用其他手段吸收了大量来自外部落的人口，有的部落在战争失利后被强行拆散，分属于胜利者的各个部落，因此，大蒙古国需要用一种新的组织形式来治理这些人民。

成吉思汗推广了千户、百户、十户的制度，他把全蒙古的百姓划分为 95 个千户，分封各个开国功臣做千户长，分别进行统治。每个千户都指定一块地盘，供他们游牧、生活。千户之下又设百户，百户之下又设十户，都有相应的官吏。由下至上，层层隶属，千户长和百户长都有权力在自己管辖的地区内征派徭役，凡 15 岁至 70 岁的男子都要服兵役，要随时听候命令，自备马匹、兵器，由千户长、百户长率领出征。因此，所有属下的男子公民既是牧民，又是战士。他们“上马则准备战斗，下马则屯驻牧养”。为了防止百姓逃跑或千户之间为争牧地而发生争执，成吉思汗规定，每个千户的领地都不得随意扩大，相互之间必须各守其界限，违者要严惩。各个千户的百姓，也不许变动，如果哪个人离开了自己所属的千户、百户或十户，跑到别的单位去，要被处死，接受他的人也要受到严厉惩罚。成吉思汗这样做，是为了做好户籍管理，抑制草原牧民游散的特性，便于治理。

千户之上，还有万户。成吉思汗任命亲信大臣木华黎为左军万户，管辖蒙古东部直到大兴安岭广大地区的各个千户。博尔术为右军万户，管辖蒙古西部直到阿尔泰山地区的各个千户。纳牙阿为中军万户，统领全部护卫军。万户、千户、百户等各个等级之长，都是世袭的，但如果不称职或不忠于成吉思汗，将会被撤销职务，另换他人。他们是蒙古大国帝王的臣仆，同时又是高踞于普通牧民头上的统治阶级。成吉思汗就是通过这一套机构，这一班官吏来管理他的国家的。

亲卫军

亲卫军，它既是一支国家常备军队，又是皇家的忠实卫队。在长期的战争锻炼和草原部落政治风云的变幻中，成吉思汗深知建立一支精悍的、忠实于自己的亲卫军，对于保存和发展自己的势力具有非常重要的作用。1203 年，他已经组织了一支亲卫军，但当时只有五百五十个成员。现在，他将这支部队扩编到一万人，亲卫军的成员大都在贵族子弟中挑选，如万户长、千户长、百户长的儿子。也有一小部分来自“白身人”（即自由民）。这些人必须身体强健，军事技术高超。所需费用在原来的千户内征取。

一万名亲卫军被分为三部分：宿卫一千人，箭筒士一千人，散班八千人。散班和箭筒士负责白天的护卫，分四班，三日一轮换。宿卫负责夜里的护卫。护卫的纪律十分严格，误班一次，罚打 3 鞭子。误班两次，罚 7 鞭子；误班三次，罚打 37 鞭子，流放远处。成吉思汗还规定：“夜里，宿卫在宫帐的卫士，如有人闯门，砍断他的肩，切掉他的头！”“不准在宿卫中间行走，不准探问宿卫的人数，在宿卫跟前行走的人，就要逮捕他。”成吉思汗以自己的独特方式，树立起皇权的威严。亲卫军的责任重大，地位非常崇高，享有一定的特权。成吉思汗规定：“我的护卫地位高于在外的千户之上，我的护卫的伴当，高于在外的百户长、十户长之上。在外的千户长和我的护卫相互斗殴，罪罚千户长！”亲卫军成员虽然已经离开原籍，但对本户仍旧享有继承权。这些亲卫军平时守卫，战时随成吉思汗出征打仗。成吉思汗把亲卫军当成整个大蒙古国军事力量的核心，是自己对外征战时最精锐、最可靠的中军。由于这些兵士又都是各千户、万户、百户长的子孙，成吉思汗把他们控制在自己身边，同时也是为防止各户官长的不轨行为。

总断事官

总断事官，这是蒙古国最高的行政长官，相当于中原官制的丞相，所以后来的汉族人把担任此官职的失吉忽突忽，称为“胡丞相”。

总断事官的职责是分配人口户数、审理盗贼、诈伪之事，该杀的杀，该罚的罚，任何人不得违背。“凡断了的事，写在青册上，以后不许诸人更改”。从 1202 年起，铁木真就已开始制定“札撒”（习惯法）。大蒙古国建立以后，总断事官把成吉思汗的命令、规定编制成“札撒”，成为全体社会成员必须遵守的法律条文。据说，成吉思汗给每个场合都制定一条法令，给每种情况制定一条律文，而且对每种罪行制定一条刑罚。

编订成册的大札撒现已失传，但它的一些概要和片断还散存在一些著作中。从大量的史料中可以看出，大札撒是一部规模相当大的法典，大约包括国际法、公法、刑法、私法、商法、立法和司法等多方面的内容。例如，札撒承认私有财产的子嗣继承权；确认父权和夫权；禁止人户转移，也不准有人收容和庇护；禁止奴隶逃亡，逃奴必须还回原主；禁止逃避服役；禁止临阵怯逃；禁止盗窃、奸淫、妄语和背叛。凡是违反上述札撒的，一律经总断事官审理后处死。但是，皇室宗亲违反了札撒，仅处于监禁或流放。

“别乞”与蒙古文

“别乞”与蒙古文，这是对广大牧民进行精神、思想方面统治的手段。蒙古人当时普遍信仰一种原始巫教——萨满教，他们相信巫师能够和上天通话交谈，传达上天的意旨。成吉思汗本人就始终相信“长生天”具有极大的威力。“成吉思汗”的名字，就是巫师阔阔出根据天的意思给铁木真提出来的。大蒙古国建立以后，为了能使自己的统治思想，通过“长生的天”的名义去治服天下各部首领和人民，成吉思汗在建国的大会上，又任命兀孙老人为“别乞”，主管萨满教事务。他规定：担任别乞的人，穿白袍、骑白马，坐在众人的上面，选择吉日良辰，发表具有重大意义的议论，全体臣民都应该尊敬他，他的话具有天的威力。

蒙古人原来没有文字，调发兵马时靠结草为记或刻木记事。1204年，成吉思汗消灭乃蛮部落时，俘虏了为乃蛮可汗掌管印章的畏吾儿人塔塔统阿，成吉思汗问他管的印有什么用处，塔塔统阿告诉他：“凡是出纳钱谷、委任官长，一切号令的发布，都要用它作为凭据。”乃蛮可汗的章是用古畏吾儿字刻的，成吉思汗就命令塔塔统阿用畏吾儿文的字母来拼写蒙古语，创造了蒙古文。全蒙古贵族的子弟都要向他学习。蒙古文创造出来之后，成吉思汗就用它来发布命令，登记户口，记录所办的案件和编集法令。在他的亲卫军中，专门设有“必阇赤”（书记）一职，掌管文书，这就进一步加强了国家机器的职能。

千户制、亲卫军、总断事官和别乞、蒙古文的使用，构成了大蒙古国国家机器的基本内容。在蒙古国这些政权机构的建设过程中，成吉思汗表现出非凡的组织才能和政治谋略。他所创造的军事、行政合一的千户分封制，完全符合当时草原上的实际情况；他所创造的亲卫军制，在巩固皇权，保卫蒙古大国根本利益方面具有独创性；总断事官、别乞等等官职，在处理国家行政事务，统治广大牧民方面，也起到相当的作用。更为重要的是，这套国家机器的创立，标志着蒙古高原的诸部落从野蛮的、分散的社会，进入了文明的、统一的游牧封建社会，在辽阔的蒙古高原上，不同语言、种族、文化、风俗习惯的诸部落，开始结合为一个共同体。一个以蒙古为名称的、强大的、新的民族，在成吉思汗所建立的政权的领导下，开始出现在历史舞台上，并从此对中国和世界的历史产生着重大影响。

以弓马之利取天下

蒙古国成立之后，成吉思汗并没有改变那种草原游牧贵族强烈的掠夺欲望。在这种欲望的驱使下，他差不多把全部的精力都投入到接连不断的对外征服的战争，蒙古国的疆界跟在他强劲的铁骑后边，在一步步地向外扩展着。

当时蒙古国的西边，与畏吾儿、哈剌鲁相邻；南边与西夏、金朝接壤；在蒙古草原北边的森林中，还有一些没有降附的、比较弱小的部落。建国第二年，成吉思汗派将先去征服森林地带的百姓，然后，开始发动了大规模的战争：一是南攻西夏和金朝；一是西征中亚和波斯，史称其“以弓马之利取天下”。

出征西夏

西夏，是由党项族建立的政权。1038 年，党项族首领李元昊称帝，建国号为夏，以兴庆府（后改为中兴府，今银川）为国都。到成吉思汗时，西夏已有二百年的历史。西夏管辖的地区在今天的宁夏、甘肃和陕西的西北部一带。那里土地肥沃，物产丰富，经济比较发达，文化也很繁荣。成吉思汗把它做为第一个攻取的目标，不仅仅出于掠取大量财富的考虑，更重要的还有战略上的原因。

蒙古国南边是金朝和西夏。西夏又在金的西边。金朝当时无论从政治、经济、军事等方面，都要比西夏更强大，而且西夏经常还向金朝纳贡称臣。如果先取金朝，西夏很可能在金朝的指使下，从西侧攻击蒙古军，对成吉思汗造成犄角之势的威胁。从蒙军自身来说，擅长于在开阔的原野山地乘马鏖战，如果先攻金朝，蒙军进入人口稠密的农耕定居地区，攻击设防坚固的城堡壁垒，取胜的把握不大。因此，成吉思汗考虑再三，不顾大臣李藻、田广明等人力劝攻金的战略，决定还是先易后难，首征西夏。

1207 年秋天，成吉思汗借口西夏不愿纳贡称臣，率兵直取西夏。蒙军很快占领了兀剌海城，驻营以后，纵兵四出，劫掠大批人口和骆驼、羊马，然后固守营地，没有轻易向深处推进。而到五个月之后，又率兵撤回蒙古高原。成吉思汗老谋深算，这次进军仅仅是一次实力侦察，为大规模的攻夏战争收集情报，熟悉地理环境。经过两年的筹划，1209 年春天，成吉思汗才真正开始对西夏进行大规模进攻。首取目标仍是兀剌海城。蒙军占领兀剌海城后，又长驱直入河西地区，直捣夏都中兴府。夏帝李安全忙命嵬名令公率兵五万拒抗，嵬名令公在贺兰山险隘克夷门设防，试图扼制蒙军的进攻。这里两山对峙，崖壁峭立，陡不可攀，中间只有一条小道通过。蒙军在此受到强阻，夏、蒙两军激战相峙达两个月之久，未分胜负。后来，成吉思汗用计，引诱嵬名令公进入伏击圈，擒之，遂破克夷门，围逼中兴府。

蒙军兵临都城，皇帝李安全亲督全城将士守御城墙。在坚固的城防面前，铁骑将士久攻而未能成功。九月，成吉思汗没有办法，便下令挖河筑堤，引黄河水灌城。中兴府四周，一片汪洋。十月，李安全派使臣突围出城，向金朝求援。金朝皇帝竟昏庸地说："蒙、夏相攻，正是吾国之福。”拒绝救援。一直到十二月，河堤突然溃裂，洪水倒淹蒙军大营，西夏才转危为安。

这时，成吉思汗看到自己消耗太大，不如采取缓兵之计。他派西夏降将进城劝降，李安全答应蒙古的条件，将公主嫁给成吉思汗，并向蒙古纳贡称臣，成吉思汗这才带兵返回蒙古草原。这次战争虽然没有攻取西夏，但大大削弱了西夏的力量，特别是加深了西夏与金朝之间的矛盾，分裂金、夏联盟，使他可以放手地进攻金朝，以达到全胜的目的。

南攻金朝

金朝为女真族人阿骨打在 1115 年所建，都城会宁府（今黑龙江阿城南）。后来不断壮大，1125 年灭辽，两年后又灭掉北宋王朝，宋徽宗第九子赵构逃往杭州，建立南宋王朝，金朝遂在中原立国。金朝的强大，成吉思汗是早有所闻的。早在 1196 年，成吉思汗帮助金朝攻打塔塔尔部时，曾以金朝授予自己的官职而为荣。但在这时，金朝已度过了自己的鼎盛时代，国势日渐衰落，朝政昏乱，君臣之间各疑，朝臣勾心斗角，军队长期不耕不战，士气低落，平时欺凌百姓，国内各种矛盾异常尖锐。成吉思汗在征服西夏之后，又开始攻取金朝。

金朝长期以来，为了防止北部蒙古各部强盛起来，曾实行“减丁”政策，每隔三年派兵北上剿杀人口，并挑拨蒙古各部之间的关系，使之互相残杀。成吉思汗的攻金，带有反抗民族压迫的正义性。1211 年春天，他在亲率大军进攻金朝时，登上克鲁伦河畔的一座高山，举众誓师，对天祈祷道：“长生的苍天啊，金朝皇帝辱杀了我们的祖先和人民。现在我们要去复仇，请你助我一臂之力，并让已经死去的先祖来帮助我吧！”为祖先报仇雪恨，大大激发了蒙古铁骑将士攻金的斗志。二月，蒙军越过大漠，三月，抵汪古部地域，暂先休养马士，侦探军情。七月，蒙古铁骑以迅雷不及掩耳之势的闪电攻击，突破金朝用来防御草原游牧民进攻的边墙，在野狐岭（今河北张北）大败金兵，死者“蔽野塞川”。蒙军乘胜追击，大杀溃兵，金朝的精锐部队，有约一半丧生于这次战斗。

蒙军追至金朝中都(今北京),金兵利用城防坚守,蒙军久攻不下。1212年,成吉思汗便移军进攻金朝西京(今山西大同)。成吉思汗在指挥攻城时不幸被流矢击中,只好率兵退向阴山一带休整。1213年,成吉思汗又集结军队,再次由野狐岭入长城,在怀来(今河北怀来)与金兵决战,结果金兵大败。这一仗,使金朝精锐部队几乎全被消灭,伤亡的士卒“如烂木般地堆着”。随即,蒙军直逼军事要冲居庸关。

居庸关素为要地,金兵在居庸关外布铁蒺藜百余里,用铁水浇灌凝固住居庸关大门,置重兵把守,真可谓“固若金汤”。成吉思汗不愧为久经沙场的老将,他避实就虚,留部将与金兵对垒,自带轻骑,夜循小道偷袭紫荆关,一举成功。然后分兵三路,攻取金朝山西、山东、河北和辽东的许多州县。随后,三路大军集结于中都附近。成吉思汗深知中都城墙坚实,不易攻取,便有意以强兵作威慑,逼金求和。这时的金朝,刚刚发生过权臣胡沙虎弑君另立的宫延政变。面对强大的蒙古铁骑吓得不知所措,金宣宗只好献出公主,加上大批金帛、童男童女、骏马等物,向蒙军求和,由丞相恭送成吉思汗出关。

这年五月,金宣宗不顾大多数朝臣的反对,迁都南京(今开封)。六月,留守中都的部分军队哗变,成吉思汗得知后,立即率兵南下,经过一番激战,城中军民投降,蒙军终于占领了这座华北平原上的名城。

公元1217年,成吉思汗准备集中力量西征,便把对金朝战争的大权交给左军万户木华黎,封他为太师国王,明确宣布:“太行以北,朕自经略,太行以南,卿自勉之。”随后,他开始全力以赴,准备西征。

西征中亚地区

在蒙古国的西边,还存在着一个比较发达的古老的民族——畏吾尔,他的西边还有一个西辽王朝。西辽王朝统治着河中(锡尔河与阿姆河中间地区)一带,首都是虎思斡尔多(今吉尔吉斯共和国托克马克附近),曾一度是中亚地区最强大的国家。畏吾尔受它控制。成吉思汗看重畏吾尔的文化,便采取拉拢、收买的办法,占领了畏吾尔地区,打开了通往西域的交通要道。并通过畏吾尔人，了解西方的情况。随之，在1218年，成吉思汗亲率数万精锐铁骑，一举攻灭了中亚强国西辽王朝。蒙古军开始同中亚另一个更强大的国家——花剌子模接触。

花剌子模是位于阿姆河下游、咸海南岸的一个文明古国，当时正处于鼎盛时期。早在1216年，成吉思汗在东方草原上崛起的消息，很快通过商人传到了花剌子摸。花剌子摸国王为了探听虚实，便派一个使团带着锦缎、布匹，来见成吉思汗。成吉思汗热情地接待了使团，为了表示自己的诚意，成吉思汗用高价买下使团带来的礼物，同时又派出一队蒙古使团，回访花剌子摸，并带了很多珍贵的礼品。不料使用行主讹答剌城，被花剌子摸驻守将领劫获，经国王同意，没收全部礼品，除一个人跑回蒙古外，其他使团成员全部被杀。成吉思汗闻讯大怒，据说他三天三夜滴水未进，哭着对天起誓，必报此仇。1219年，成吉思汗集结了十多万军队，开始向花剌子摸进攻。

花剌子摸国力虽然强大，但遇到了东方草原更加强大的势力。成吉思汗是一位杰出的军事家，他领导的军队长年奔袭作战，也具有相当一套作战本领。为了试探敌军，他或派游骑四出，或登高瞭望，或搜捕居民了解情况。在掌握了地势、道路、粮草之后，再驻营扎垒。交战时，先以骑兵冲击敌阵，敌方松动则长驱直入，如前队冲击不利，则中队、后队接踵而来，轮番连续冲击，直至把敌军冲垮为止。然后又从四面八方包围过来，歼灭敌人。有时进攻时用牛马搅敌，弓箭手开路，退兵时有用土撒、拖木，使尘土冲天，阻止敌人追击。有时故意掷黄金、掉辎重，诱敌中伏。有时骑兵四散奔走，使敌人无法追赶。攻城时常用火炮发射，挖掘地道，或用引水灌城等战术。在强大无比的蒙军面前，花剌子摸的军事重镇撒马耳干（今译撒马尔罕，乌兹别克共和国）、不花剌（今译布哈拉）、玉龙杰赤等城接连丢失，国王最后逃到黑海的一个小岛上病死。他的儿子札兰丁继续组织力量抵抗，他屯兵于八鲁湾（今阿富汗喀布尔北）。成吉思汗派兵围剿。最后，在中河（今印度河）边大败札兰丁，札兰丁逃入印度境内。从1219年到1222年，成吉思汗率领蒙古铁骑，在中亚、波斯的广大地区到处驰骋，给花剌子摸以毁灭性的打击。但是，他这次出征的主要目地是报仇，因此，所到之处，烧杀抢掠，无所不为，时人丘处机目睹惨状，曾写诗曰“十年兵火万民愁，千万中无一二留”。成吉思汗的西征，给中亚广大人民造成了极其严重的灾难，使广大文明地区变成一片荒凉。

成吉思汗的西征，同时也打开了东西方交通的道路。从这时候起，中国各族人士不断进入中亚、波斯等地，中亚、波斯、钦察、阿拉伯以至欧洲的人士，也不断来到中国，这样，东方人和西方人在蒙军铁骑的后面相互沟通了联系。

公元1225年，成吉思汗返回蒙古本土。1226年又开始向西夏进攻，第二年病死于进攻西夏的征程中。死前，他下令秘不发丧，待西夏国王前来谒见时便把他杀掉。这年7月12日，成吉思汗病死，三天后，西夏皇帝出降时被杀。

成吉思汗，这位“以弓马之利取天下”的蒙古国第一任帝王，幼年时受尽艰辛，成年后屡遭挫折，但他毫不气馁，以坚强的毅力，扫除了一个又一个强大的敌手，把蒙古草原上数以百计的大小部落统一起来，建立了蒙古历史上的第一个统一政权，使东起呼伦贝尔草原，西到阿尔泰山的辽阔地区，语言、种族，文化不同部落结合为一个整体，形成了蒙古族这个勤劳勇敢的民族。他率领蒙古帝国的铁骑，征西夏、攻金朝，横扫中亚强国，一生中“灭国四十”，在中国历史和世界历史上写下了惊心动魄的篇章。

成吉思汗是一个永远值得记住的人物。

元世祖忽必烈

——鼎新革故　附行汉法

公元1259年春天，蒙古大国的第四任汗王蒙哥，分兵三路，南下灭宋。他亲率一队主力进入四川，八月，在合州遭到守将王坚的拼命抵抗，双方激战多日，蒙军受到重创。在这时，忽必烈正指挥东路大军，越过淮河，准备强渡长江。突然，一匹飞马来传送一封信札，忽必烈打开一看，不禁大吃一惊，是异母弟弟末哥来告："蒙哥在合州攻城时被宋军炮石击中，已死于军中，请速速北返。"

忽必烈思索片刻，便强忍悲痛，秘不声张，继续率兵强渡长江，把宋军守城鄂州团团围住，炮声阵阵，杀声震天。但城内宋军顽强抵抗，双方一直僵持到十二月。鄂州城被破，看来也并非易事。正在这时，忽必烈又接到妻子来信，告诉他其弟阿里不哥正在加紧策划，准备继承王位，请他务必北返。忽必烈这才接受谋臣郝径的《班师议》：放弃攻宋，整顿内乱，以防腹背受敌。便同宋军妥协议和，以江、淮一带为中立地带，然后率领大军开始向北回撤。

1260年3月1日，忽必烈到达开平，在东路大军将领和部分蒙古贵族的策划下，召开议会，匆匆忙忙地举行一系列的仪式，抢先宣布登上了王位。忽必烈从此成为蒙古帝国的第五位汗王，后来又成为中国历史上元朝的开国皇帝。

巩固王位　统一全国

根据蒙古国的习俗，选举汗王，必须在蒙古人的发祥地进行，必须有各系宗王参加，才算合法。而忽必烈在开平举行的选王之举，是不合蒙古人的传统习惯的。因此，他的行为引起了部分贵族诸王的不满。特别是早在忽必烈南征未回时，阿里不哥就已经拉拢一部分人在策划夺取王位。当阿里不哥听到忽必烈自立为王以后，也于 1260 年 5 月匆匆纠合了一批附己的宗亲、勋旧，在阿尔泰山的驻夏之所，宣布继承王位，与忽必烈相对抗，从而引起了长达四年多的内讧。

从当时的形势看，阿里不哥比忽必烈有着一定的优势。他当时驻守和林有控制着蒙古本土的便利，在蒙哥死后，他一面以当然的监国身份，遣使于诸王贵族，约会前来鄂嫩——克鲁伦之地，为蒙哥举哀发丧，一边调将布兵，以防止忽必烈可能的反抗。他先命脱里赤为断事官，占据燕京，号令四方；又命玉木忽儿率领东路大军，出和林，越漠北，谋取开平；再命阿兰答儿率领西路军，下河西走廊，企图与屯守在六盘山的浑都海部会合，以形成对忽必烈的包围。当时的关中地区最为复杂，蒙哥死后，他所带领的伐宋主力，退回到六盘山屯守，与原来驻守部队浑都海部会合。阿里不哥在即位前就任刘太平、霍鲁怀到陕西任职，企图控制陕川。这两个人都是忽必烈的死对头，如果驻守在六盘山的这支劲旅悍然进攻京兆，秦、陇、陕、蜀之地将尽为阿里不哥所有，对忽必烈的威胁之大，是不可想象的。

忽必烈也决非等闲之辈，他在即王位之后，首先采取的军事措施，就是先派廉希宪、商挺为京兆等路宣抚使，安抚关中。当他们得知刘太平、霍鲁怀前来联系六盘山驻军，图谋作乱时，便采取断然措施，将此二人捕杀。忽必烈遂令陕西、四川宣抚使八椿节制诸军，又令汪惟良征集秦陇、平凉等地部队，加强关中防务，严密监视六盘山部队。值得忽必烈庆幸的是六盘山驻军不但没有乘势直捣京兆，反而因久驻思归，竟沿河西走廊北撤，这就大大缓和了关中的局势，使廉希宪得机会调部队加紧布防。北撤大军到甘州后，碰上阿里不哥派遣的阿兰答儿部，两军汇合后，除一部分继续北撤外，大部分又折回南进。到达删丹（今甘肃山丹县）后，阿里不哥的部队正好同八椿、汪惟良部相遇，双方大战一场。结果阿里不哥所属的军队败北，阿兰答儿、浑都海先后被杀。忽必烈得知情况后，十分高兴，立即带领部队亲征阿里不哥的驻地——和林，阿里不哥闻讯逃亡谦州（今叶尼塞河上游南），忽必烈在第一阶段终于占据了优势。

1261 年 9 月，阿里不哥经过一番休整，伪装愿意归顺忽必烈，带领部队前往和林。等到达和林后，他采取突然袭击的方式，击败忽必烈所属的也先哥部，随之占领和林，接着又挥师南下。忽必烈闻之大惊，赶忙命令张柔、严忠嗣、张宏等七个汉军，与阿里不哥军大战于昔木土脑儿之地。双方激战数日，胜负难分。至冬，阿里不哥率部北撤，忽必烈部南返。第二年春天，阿里不哥带部队进驻阿力麻里地区（今新疆霍城西北）。由于阿里不哥游牧劣性不改，纵兵烧杀抢掠，内部将领互不团结，闹得军队日衰。特别是 1264 年春天，又闹起饥荒，民怨沸腾，兵士四处逃散，阿里不哥被迫无奈，又于当年 7 月归降忽必烈，不久后因病去逝。

忽必烈对阿里不哥的胜利，不仅仅是双方在军事力量、作战方针上不同，更重要的是忽必烈实行了一条比阿里不哥先进的政治路线。忽必烈早在青年时代，就受到耶律楚材父子的影响，经常向他们访问中原历代帝王治国安民之道。据说，当他听到唐太宗为秦王时为了将来成就大业，广召天下有识之士于秦王府，向他们求问治世之道，结果终成大业时非常高兴，便决心以唐太宗为楷模，密切注视着政治形势的变化，积极创造条件，准备参与政治。史称：忽必烈在潜邸“思大有为于天下，追藩府旧臣及四方文学之士，问以治道”。他广召汉人中的有识之士。王鹗原是金朝的状元，他将“修身、齐家、治国、平天下之道”统统讲给忽必烈，还有白文举、李涛、张德辉、李进之、张文谦等一大批汉族地主阶级的知识分子，纷纷拜倒在忽必烈的门下，成为他的重要谋士。李谦在描述忽必烈召揽人才盛况时说，忽必烈“始居潜邸，召集天下英俊，访问治道，一时贤士大夫，云合辐凑，争进所闻”。正是由于这样，使忽必烈在拥有一部分蒙古贵族的支持之外，还有这么一大批汉族地主阶级的文人谋僚为他做政治上的策划，这就使他远比阿里不哥要占有明显的优势。阿里不哥只有一部分蒙古贵族的支持，他游牧贵族的劣性毫无改变，以为凭着骠悍强劲的兵力，就会像祖先成吉思汗那样驰骋于天下。然而，历史已不再是半个世纪以前的情况了。他除了烧杀抢掠外，没有一套治国安民的政治路线，终于败倒在忽必烈的手下。

对忽必烈的威胁，不仅仅来自于蒙古族内部阿里不哥的对抗，还有中原汉族军阀李璮的叛乱。

李璮，原是成吉思汗南侵时，农民起义将领李全之子。李全后来率起义军投降了蒙古，在攻南宋时战死。其子李璮承袭益都行省职，成为山东军阀，臣服蒙古。忽必烈继王位后，李璮暗中买马，囤集军粮，赶制兵器，准备谋反。当忽必烈同阿里不哥内部相争的时候，李璮加紧了叛乱的步伐，后被人发觉，密告忽必烈。当时，忽必烈正同阿里不哥打得难解难分，无力兼顾，便采取重金收买的方式，稳住李璮，并授以高爵，以换取后方的暂时安定。1260 年 6 月，加李璮为江淮大都督；7 月，赐金符二十，银符五十嘉奖李部全体官兵。以后，又不断赐给金银财物。当时的李璮，手中握有一支五万人数的精兵，内有自己的姻翁王文统充任忽必烈的中书平章政事，参与忽必烈的一些重要谋划会议，外娶诸王塔察儿的妹妹，又结好一批蒙古贵族，同时还同山东、河北各地军阀书信相通。这股力量对刚刚登上王位的忽必烈来说，威胁之大是可以想象的。

尽管忽必烈对李璮采取拉拢收买的办法，可李璮见忽必烈与阿里不哥打得正紧，于 1262 年 2 月 3 日，公开举行叛乱。他将涟（今江苏涟水）、海（今江苏连云港）等三州献于南宋，遣使请求南宋支援。忽必烈听到这一消息，便请谋臣姚枢分析形势。姚枢说：“李璮此行可有三策，乘我北伐之机，濒海而直捣燕京，然后闭我于居庸之外，使中原解体，这是上策。与南宋联合，据益都为持久计，扰我边地，使我疲于救应，是中策。如出兵济南，幻想山东诸位响应，就将束手就擒，是下策。”忽必烈问：“那么李璮将取何策？”姚枢肯定地说：“走下策。”果然如姚枢所料，李璮在二月初还据益都，然后兵取济南。忽必烈立即杀了王文统，命诸王合必赤总督诸路军马，进伐李璮。来自河南、河北、山东等地的蒙汉部队围攻李璮，将李璮困于济南城中。李璮向四处求救，希望得到山东、河北等地军阀的响应，但是应者无几。数月之后，城中粮尽，李璮无计可施，便投大明湖自杀，由于水浅未能淹死，被蒙军抓获，随即斩杀。李璮的叛乱很快被平息了。

李璮叛乱，对忽必烈触动很大，他感到地方军阀世袭，包揽军民权力于一身，是一种非常不安定的因素。因此，忽必烈在平息李璮叛乱之后，随即采取一系列措施，改变这一弊端。当时，史天泽率先上书，说：“兵民之权，不可并于一门，行之，请自臣家始。”于是，忽必烈顺势解除了史氏父子、张柔、严忠嗣等大家世族的兵权。又令：“罢诸侯世守，行迁移法”，即废除诸侯世袭，执行调官法。还诏曰：“各路总官兼万户者，止理民事，军政勿预”。“诸路管民官理民事，管军官掌兵式，各有所司，不相统摄”。军、政分立，防止地方官专权。接着又调换将领，使将不专兵，兵不识将，防止将帅专权。这种废除世袭、军政分立、将不专兵的策略，从根本上改变了军阀割据的不安定因素，使中央集权制在蒙古汗王的手中又重新确立起来，巩固了忽必烈的王位。这一系列措施的制定和实行，只用了很短一段时间，足见忽必烈不愧是一位杰出的政治家。

忽必烈为了实现自己“大有为于天下”的宏愿，在平定了内乱之后，又开始进行了对南宋的战争，决心统一全国。

这时，偏安在江南的小朝廷，已彻底腐烂。宋理宗赵昀“嗜欲既多，怠于政事”，阎妃受宠乱政，与宦官董宋臣狼狈为奸。他的后继者度宗赵基、恭宗赵显，更是昏庸无能，穷征暴敛，使江南人民受尽了苦难。1267 年，忽必烈以南宋当局扣留信使郝经为借口，命阿术为主帅，开始大规模的统一南宋的战争。他采取南宋降将刘整的建议，集中优势兵力，进攻江、汉之间的军事重镇襄、樊两城。1271 年 5 月，又令四川等地军队，水陆并进，包围襄樊。襄樊两城军民奋勇抵抗，坚持守城战斗达五年之久，忽必烈久攻不下，便采取张弘范之计，先切断襄、樊两城水上联系，又集中力量先攻陷樊城，襄城守将见大势已去，便投降了忽必烈。襄、樊是通向江南的大门，占据了襄、樊后，忽必烈兵分两路，一路从两淮方向进攻，牵制宋兵；一路从襄阳沿汉水而下，进入长江，直指南宋都城临安（今杭州）。到 1276 年正月，在强大的蒙军面前，谢太后、宋恭宗赵显只好投降了忽必烈。南宋随之灭亡。

忽必烈统一全国，不仅表现了他卓越的军事才能，同时表明了他有一套经略中原的政治策略。早在 1271 年 11 月，他就公开宣布废除大蒙古国号，取《易经》中“乾元”之义，定国号为“大元”，完全采取了中原历代帝王统治中国的组织形式，从而保证了统一全国战争的最后胜利。随着南宋的灭亡，一个空前规模，全国大统一的封建王朝，又出现在世界的东方，中原数百年的混乱从此结束，这是忽必烈永远值得称颂的功绩。

鼎新革故　改行汉法

忽必烈从蒙古大国的汗王，成为统治整个中原大国的元朝帝王，历史迫使他必须采取一整套治理中原的政治路线，巩固皇权统治。

他在刚登上元朝帝位之始，就明确宣布要“鼎新革故，务一万方”①。鼎新，就是要实行一套新的政治路线，以适应经济文化比较发达的中原地区需要；革故，就是要革除蒙古族游牧民族那些旧的，不适应中原大国的措施和办法。“务一万方”，就是要使这些新的路线、措施，作为统治“北逾阴山、西极流沙、东尽辽左，南越海表”②这一广大版图的政治纲领。忽必烈从小在蒙金战争中长大，他亲眼看到蒙古族贵族入主中原以后，大量掠夺农田，放荒牧马，“所在官吏，皆得自专生杀，少有忤意，

① 《元史·安南传》。

② 《元史·地理表》。

则刀锯随之[1]”，严重地破坏了中原地区的先进经济和千年文明。蒙古贵族的这种游牧劣性，引起了中原地区广大劳动人民的强烈反对。当时的西北、华北地区农民起义如火如荼，如不改变这种状况，蒙古族的统治就很难再维持下去。忽必烈在即位之初，就曾对先祖的统治经验进行了总结，说他们“武功迭兴，文治多缺”。要改变这一状况，就必须吸收“汉人之法”。

公元 1260 年 8 月，谋臣郝经向忽必烈进呈了《立政议》一疏，其中明确提出新王朝的政权建设，必须是“以国朝之成法，援唐宋之典故，参辽金之遗制，设官分职，立政安民，成一王法”[2]。他进一步指出：“元魏始有代地，便参用汉法，至孝文迁都洛阳，一以汉法为政，典章文物，粲然与前代比隆，天下至今称为贤君”。1265 年，许衡在给忽必烈的奏章中也明白地指出：“考之前代，北方之有中夏者，必行汉法乃能长久，他不能者，皆乱亡相继，史册具载，昭然可考”，“以是论之，国家之当行汉法无疑也”[3]。就是说，考查历代，北方的民族霸主中原，必须实行汉法，才能长久，否则，先乱后亡。史册上写的清清楚楚，治理国家，这些前车之鉴是万万不能忘却的。在这一群谋臣们的建议下，忽必烈不顾蒙古贵族中一些旧臣的反对，坚定地说道：“今后形势，非用汉法不可。”

所谓“汉法”，就是指中原历朝各代帝王实行的统治制度。这一套统治制度在一千多年的长期发展中，已逐渐完备起来。由于成吉思汗的南征和金朝的灭亡，使中原这一套统治机构、政治制度被打破了，同时又引进了原始游牧民族的落后的东西。这种对中原统治机构的破坏，同时也破坏了蒙古元朝帝国的统治。忽必烈从巩固皇权统治的需要出发，断然决定用汉法治国。

---

① 《元文表》卷 57。

② 郝经《临川文集 32》。

③ 《元史 · 许衡传》。

仿汉制　定机构

要行汉法，必须有一套机构。因此，忽必烈首先仿照汉制，制定出一套从中央到地方的统治机构。

中央的一级行政机构，设中书省为最高行政机关，总管全部政务，下辖吏、户、礼、兵、刑、工六部，各设尚书、侍郎。中书省长官为中书令，以下有右、左丞相（元朝尚右，右在左上），即实际的宰相。设枢密院以掌兵权，其官长为枢密使。枢密院不仅掌管军机，而且负责宫廷禁卫及军官选任及调迁事宜。因此，此部官长多由皇太子兼领。设御史台以掌司法，其长官为御史大夫，下设御史中丞、侍御史、治书御史。御史台所辖机构有殿中司及察院。殿中司设殿中侍郎史二员，掌管朝仪、殿中纪律及在京百官到任、告假等事宜。察院置监察御史 32 员，专掌刺举百官之事。上述情况表明，忽必烈的中央行政机构，实际上是承袭金朝制度，以行政、军事和监察三权分离，上统皇帝一人之手。另外，还设大司农司，掌农桑水利；设翰林兼国史院，掌制诰文字，纂修国史；设集贤院，掌提调学校，征集人才；设宣政院，掌宗教及吐蕃事务；设宣徽院，掌诸王供应；设太史院，掌天文、历数；设通政院，掌驿传；设操作院，掌工匠；如此等等，组成了元朝中央政府复杂的统治机构。

地方一级的行政机构，有行省、行台、宣慰司、廉访司等。行省全称为行中书省。今天的河北、山东、山西等地称为“腹里”，直属于中书省管。此外，设有十行省，即岭北、河南、辽阳、陕西、四川、甘肃、云南、江浙、湖广。各行省的组织均仿中书省，皆设丞相、平章政事、右丞、左丞、参知政事等，处理一省的政务，掌管全省民政、财政、经济和军事。元朝的行省制使中央对地方的控制更加严紧，对以后各代影响很大。元朝之后，行省的名称一直沿用下去。我们现在所设的“省”，也是从那时沿用下来的。在行中书省下，又设辖路、府、州、县四级，它们的关系一般是路辖州、州辖县，府有的隶属于路，也有的不隶属于路，而直接受制于中央，即所谓直隶府。

在行省与路之间，还有“道”的设置。道分两种。一种是分道设置宣慰使司，掌管军民之政，有宣慰使、同知、副使等官。这种道不普遍，共有十一道，多在行省边陲地方。另一种是分道设置肃政廉访使司（初称提刑按察司），掌管稽查司法，有肃政廉访使、副使，佥事等官。这种道遍布全国，共有二十二道，分受中央的御史台、江南行御史台和陕西行御史台的领导，完全是监察机构。

在采取汉制，设官分职的同时，忽必烈对于如何从人员上控制和监察这些官府，以保证其民族特权统治，也作了精心安排。如在中央和地方行政机构、军事系统中，都设有蒙古人担任的“达鲁花赤”（意为镇守官）一职，以加强民族防范，这些人在重大问题上都有最后的裁决权。他在1265年2月正式规定：“以蒙古人充各路达鲁花赤，汉人充总管，回回人充同知，永为定制。”

改军事制度

元初的军队分两大系统：禁卫军和镇戍军。禁卫军又分为怯薛军和五卫亲军。怯薛军即成吉思汗遗留下来的亲卫军，由皇家贵族子弟充当。五卫亲军是忽必烈专门建立起来的。他受姚枢等人的建议，仿效唐、宋内重外轻的办法，抽调精锐，用以负责京城护卫。这些军队由汉人充当，共分有左、右、前、后、中五卫，每卫约一万人，隶属于枢密院。另外，为了防范汉军，忽必烈又从色目人中选拔壮勇者组成亲军，而以其族属之名为名，如有唐兀卫、观察卫、康里卫，阿速卫等亲军，这些由色目人组成的亲军日益比五卫亲军更加得宠。

镇戍军驻防全国各地，也统属于枢密院。兵种分为蒙古军（由蒙古各部族人组成）、探马赤军（由诸部族人组成的军队）、汉军（由四个等级中的汉人组成的军队）、新附军（南宋投降的军队）等。在布防上，以蒙古军驻防河南、山东、河北等腹地，探马赤军、汉军及新附军则多驻守在江、淮以南，并有一部分蒙古军参与驻防。此外，还有各地的一些乡军，如辽东的女真军、高丽军，云南的才白军，福建的畲军等，这些军队不离本土，负责本地区的防务。

上述所有军队隶属于枢密院或行枢密院，而枢密院或行枢密院直接听候忽必烈的命令，没有忽必烈的命令，一律不得擅自调发部队。军权集中于皇帝一人之手，这是中原历代帝王的作法，它为维护帝权，起着非常重要的作用。

汉蒙制并行

忽必烈采用汉法，但并非汉化，而是在有些方面是汉制与蒙古制度并行，因族而分，因地而治。

如在礼制上，忽必烈任刘秉忠、许衡、徐世隆等大兴礼乐，制订朝议。从1271年起，每逢皇帝即位、元正、大寿节以及诸王、外国来朝，册立皇后、皇太子，群臣上尊号以及郊庙礼成，都要行礼仪。所以，《元史》说："元之礼乐，揆之于古，固有可议，然自朝仪既起，规模严广，而人知九重大君之尊，至其乐声雄伟而宏大，又足以见一代兴王之象，其在当时，亦云盛矣。"①这是沿用了历朝旧制。但是，在宫廷内部和王室宗室之间，如祭祀天神、生育、丧葬、节日等场合，又沿行蒙古的礼。

在统治制度上，他一面沿用了历代帝王创立的制度，另一方面，又有意地保留了一些蒙古旧制，以保护本民族的贵族特权。如食邑制度、达鲁花赤的设置、蓄奴制、斡脱制（即官商制）、撒花制（即无事向百姓白要的钱，也叫撒花钱）等。在草原和内地两种不同社会环境的地区，忽必烈基本上是奉行一条以蒙古旧制治草原牧民，以汉制治内地汉民的政策。在一些其他民族居住集中的地区，又采用当地居民的传统方法治理，即在中央控制下的民族自治。如在刑法上，凡有犯罪，初期统由"扎鲁忽赤"（意为总断事官）审处，1272年改由汉人之刑交刑部处理，"扎鲁忽赤"专处蒙古公事，畏兀儿人刑交由北庭都护府审理，僧徒属宣政院，道徒属道教所，伊斯兰教属回回哈的所，基督教属崇福司。掌领的机关不同，执法也有所不同，以照顾各个民族的特殊权益。

除此之外，忽必烈还实行了一条蒙古族至上的民族压迫政策。他把全国人民划分为四个等级：第一等，是蒙古人，指原来蒙古族的各个部

① 《元史·礼乐志序》。

落。第二等，是色目人，指西域地区的各国人，如中亚、波斯到中国来的人。第三等，是汉人，指北方的汉人，契丹、高丽、女真人等。第四等，是南人，指原来南宋统治下汉族和其他民族的人民。忽必烈把人划为四等，是有意制造民族矛盾和差别，以达到统治全国人民的目的。如他把汉族分为汉人和南人，就是为了分裂瓦解汉人，削弱汉人的力量。这四个等级在政治待遇和法律地位上都是不平等的。蒙古人、色目人受到优待。汉人、南人受到歧视。如法律规定，蒙古人、色目人殴打汉人、南人，汉人、南人不得还报，汉人、南人杀人者处死，而蒙古人因斗殴致死人命者，只交一点银钱即可免罪。这种极不平等的民族压迫政策，是忽必烈游牧民族保守、狭隘思想的突出表现。

但不管怎样说，忽必烈入主中原以后，能够改变先祖践踏、毁坏中原文化、经济的野蛮劣性，注意吸收中原历代帝王治国思想中有用的东西，同时又保留了一些蒙古大国传统的统治方法，两者并举，分不同的民族，不同的地区，根据具体情况分别进行治理，从而巩固了他在中原地区的统治，维护了中华民族大国的统一，这是合乎历史发展趋势的。

劝农桑以富民

蒙古族是一个游牧民族，从成吉思汗开始，他们靠着铁骑利刃征服了中原、欧亚大部分地区。直到忽必烈即位之前，蒙古国汗王所考虑的还是军事征伐问题，而对于政治上的长久治安之计，还无暇顾及。他们在攻城掠地过程中，常常采取屠杀、掠夺、毁坏的政策，致使“两河山东数千里，人民杀戮几尽，金帛子女牛羊马畜皆席卷而去，室庐焚毁，城廓邱墟”①。蒙古族贵族还大肆夺取民田，有的竟达万顷、十万顷之多，而且“不耕不稼，谓之草场，专放孳畜”②，把大片良田变成牧地。

① 《鞑鞑款塞》。

② 《续文南通考》卷 1。

再加上贪官污吏“暴敛急征，使农夫不得安于田里”，严重地破坏了社会的农业生产。忽必烈登上皇位以后，面对着这种“遍地荒芜，民存无几”的残局，在改革政治制度的同时，又开始调整生产关系。其主要内容就是采取了北宋改革家王安石的耕种政策，保护农力，劝导农桑，鼓励生产，兴修水利，注意屯垦，大力发展农业经济。

保护农力　禁止扰民

首先是制止屠杀，保护农力。针对蒙古贵族在攻城掠地中，采取大肆屠杀降兵降民的政策，忽必烈从保护农业劳动力的需要出发，屡次下诏，命令大小三军各级将领，严禁屠杀无辜人民。他对诸将说：“朕闻汉人言，取人家国，欲得百姓土地，若尽杀百姓，徒得地何用？[①]”在1259年，忽必烈率兵攻打宋朝时，“既入宋境，分命诸将毋妄杀，毋焚人室庐，所获生口悉纵之[②]”。1274年，大将伯颜举兵伐宋时，忽必烈特意告诫他：“曹彬不嗜杀人，一举而定江南，汝今体朕心，古法彬事，毋使吾赤子横罹锋刃。[③]”这样，挽救了大量濒于死亡的人口，使一大批农业劳动力得以保护下来。据《元史》记载，南宋时户口为一千二百多万户，元朝灭宋后，得户一千一百八十四万户，可见南方人口大量地保护下来了。

其次是保护农田，禁止扰民。农田是发展农业经济的根本。忽必烈即位之后，多次颁布法令，禁止蒙古军队和蒙古贵族践踏农田，侵占农田作为牧场。如1262年，他下诏“禁诸道戍兵及势家纵畜牧犯桑枣禾稼[④]”。不久，又令“诸道路管民官，毋令军马、使臣入州城、村居、镇市，扰及良民”，“禁诸王、使臣敢有恃势扰民者，所在执以闻[⑤]”。1263年，

① 《元史》卷1。

② 《元史》卷157。

③ 《元朝名臣事略》卷2。

④ 《元史》。

⑤ 《元史》卷5。

又“诏阿术戒蒙古军，不得以民田为牧地①”。1270年，忽必烈又“申严畜牧损坏禾稼桑果之禁②”。1274年，“亦乞里带强取民租产、桑园、庐舍、坟墓，分为探马赤军牧地，诏还其民③”。如此诏令，频见于史册。仅在1262年，禁毁农桑，薄赋赈饥及兴利除害的诏令，就有十几道。在严令之下，不少蒙古贵族也逐渐改变了以良田牧马的牧法，改为将农田租给农民，收取租税的剥削方式。如当时的重臣李德辉，将其靠近水源的数千顷牧地改为良田，于其中“起庐舍、疏沟浍，假牛、种、田具与贫民二千家，屯田其中，岁得粟麦刍藁万计④”。从掠民田为牧地，到改牧场为耕地，采取租耕剥削，这是蒙古贵族在忽必烈严禁以田牧马诏令的迫使下，在剥削方式上的重大改变。1279年，兀里养合带提议征北京、西京车牛运军粮，忽必烈责备他说:“民之艰苦，汝等不问，但知役民，使今年尽取之，来岁禾稼何由得种？”遂令停止侵扰民力。

劝课农桑　成立村社

劝课农桑，鼓励生产，是历代有作为的帝王都十分注意的问题。忽必烈在即位之初的1260年，在“首诏天下”时就指出，“国以民为本，民以衣食为本，衣食以农桑为本”，要“崇本抑末”，劝课农桑。随之“命各路宣抚司择通晓农事者，充随处劝农官”。1261年，又成立劝农司，派遣八名劝农使到全国各地巡察。同时规定：“今后有能安集百姓，招抚逃户，比之上年增添户口，差发集办，各道宣抚司关部申省，别加迁赏”，否则，“定加罪黜”⑤。后来，忽必烈又提出：以“户迁增、田野辟、词讼简、盗贼息、赋役平”五项作为考核各级官吏的标准。1270年，又将劝农司改为司农司，后又改为“大司农司”，专管“劝课农桑”之

① 《元史》卷7。

② 《元史》卷163。

③ 《元史》卷8。

④ 《元史》卷163。

⑤ 《元章典》卷19。

事。在忽必烈“劝农桑以富民”政策的推动下，全国上上下下，各级官吏，都把发展农业生产做为一项重要的政务来抓。大司农司每年农忙季节，派出大批劝农大臣，到全国各地巡察、督导，如有官吏敢不重农事，耽误农时者，立报中央，革职查问，足见当时元世祖对农业生产的重视。

当时，有不少蒙古人移居中原后，靠官府放粮，从不参加农耕。针对这种情况，忽必烈“诏蒙古户种田”，对有马牛羊之家，官府停止供应粮食，分给耕地，自己耕种。这就使一大批游手好闲的第一等民族，回到农田里进行耕作。

为了发展农业，忽必烈还注意把农民组织起来，成立了农民“村社”。在此之前，北方民间就有“锄社”的农民互助组织。一般是“以十家为率，先锄一家之田，本家供其饮食，其余次之。旬日之间，各家田皆锄治”。如果“有病患之家，共力锄之，故无荒秽，岁皆丰熟”①。忽必烈发现这是一种较好的组织形式，于1270年，下令在北方汉地成立“村社”，规定五十家为一社，选年长、通晓农事者为社长。社长的职责是组织农民，督促农民及时耕作，开耕荒地，修治河道，经营副业等。凡种田者，必须将一块木牌立在田地旁边，上边写着“某社某人”，以便社长随时稽查。这种村社制度以后又被推广到全国各地，在组织和鼓励农民进行农业生产方面，起到了积极作用。

除此之外，忽必烈还非常重视总结农业知识，普及农业技术。为了发展农业生产，忽必烈积极提倡改进农业技术，总结农业知识，指导农民耕作。他命大司农司搜集天下古今所有的农桑之书，“芟其烦而撮其要”，编辑成《农桑辑要》一书。此书参考了《齐民要术》中的精华，又结合当时农业生产的实际经验编写而成。这本书中，“耕桑之术，畜孳之方，天时地利之所宜，莫不毕具”。1273年，忽必烈将此书颁布天下，命令全国各地官员大力推广和宣传。结果“用之则力省而功倍，刊行四方，灼有明效”，对发展农业生产起到非常好的作用。另外，于1280年，

① 《农书》卷3。

郭守敬还编制成了当时最先进的《授时历》，以后又有《农桑衣食撮要》和王祯的《农书》刊行，比较全面地总结了农业生产经验，使先进的耕作技术达到了大范围的推广。

综上所述，我们可以看到忽必烈在“劝农桑以富民”的思想指导下，采取了一系列发展农业的政策和措施，使这个素有“马背上的民族”之称的游牧民族，较快地接受了中原地区先进的农业生产技术，使全国各民族融合在一起，推动了农业生产向前发展。人口是最能反映一个朝代农业情况的。据统计，忽必烈在位35年，当时元朝政府掌握的全国人口达五千八百多万，同历代封建经济最繁荣的时期封建政府可掌握的人口总数五、六千万几乎持平。这说明元代的农业生产已有了相当的恢复和发展。这个“马上开疆”的民族，在“马下治国”方面同样也取得了举世震惊的成绩。

1294年正月22日，忽必烈走完了他八十年的人生历程，在元大都病逝。他在位35年，经他之手，创建了一个具有空前规模的东方大国。《元史·地理志序》中评论说:“自封建变为郡县，有天下者，汉、隋、唐、宋为盛，然幅员之广，咸不逮元，汉梗于北狄，隋不能服东夷，唐患在西戎，宋患常在西北。若元则起朔漠，并西域，平西夏，灭女真，臣高丽，定南诏，遂下江南，而在下为一。故其地北逾阴山，西极流沙，东尽辽左，南越海表”，使元朝成为中国封建社会历史上最为强大、昌盛的封建王朝。当时的外国人马可波罗评价忽必烈说：他是自“人类之祖阿聃以来，迄于今日世上从来未见广有人口、土地、财富的强大的君主”①。

忽必烈是中华民族历史上一位永远值得赞颂的帝王。

① 《罗可波罗游记》中册286页。

明太祖朱元璋

——从严治官　以宽理民

公元1358年正月4日，南京城中风和日丽，彩旗飘舞，呈现出一片欢腾景象。贫苦农家出身的朱元璋，满面喜悦而又不失威严地在百官口呼“万岁”声中，登上了奉天殿中的龙王宝座。从这一天起，在中国封建社会的历史上，又诞生了一个新的、统一的朝代——大明王朝。在即位的仪式上，朱元璋册立皇后、太子，大封文武百官，给功臣名将加官进爵，分授田庄，连死了的皇族也没有遗漏。此时的京师，欢欢喜喜，歌舞不断，新皇帝的周围聚集起一股朝气蓬勃的新势力。

朱元璋出身很苦。由于元末腐败，全国各地灾害连年，瘟疫流行。他很小的时候，父母、长兄都相继死去了。他要过饭，当过和尚，现在成了一国之君，心中高兴是很自然的。但他更多的是忧虑和思索：用什么样的方法来统治这么一个版图辽阔、人民众多的大国？

第二天，新皇帝召集文武百官上殿，商议朝政，中心论题是：原先曾是强盛的元朝为什么会灭亡？大明王朝的当务之急是什么？如何才能使大明政权长治久安？群臣各献己见。大臣刘基说道：“宋元以来，宽纵日久，当使纪纲政肃，然后方能实施新政。”另一位说：“元末腐败，多由政体弊端所致，弄得君不像君，臣不像臣，官法滥，刑法重，贼做官，官做贼。重布新法，当是朝廷治天下的原则。”朱元璋听后很受启发，他总结大家意见说：“元朝统一海内，建国之初，政治还算清明，后来贵戚擅权，奸邪得宠，任用亲旧，结为朋党，内外官吏贪婪无耻，于是法度松弛，纪纲日坏，造成土崩瓦解，不可救药。现在创业之初，必须严立法度，法度就是治理天下的根本。”

朱元璋紧紧围绕着这个问题，重布新法，在封建的政权机构、官吏制度、治民措施等方面，进行了一系列的改革。在他执掌皇权的31年间，这种改革从来没有间断过。

改革政权机构

明朝初年的政权机构，基本上沿用了元朝的制度。中央设中书省，有左、右丞相，统辖吏、户、礼、兵、刑、工六部。地方设行中书省，执掌地方军政事务。这是当时稳定社会的权宜之计。朱元璋每时每刻都在思考、筹划，准备重建一套新的政权机构。因为他看到元朝就是由于这种制度给葬送的。明初的一段实践，也充分证明元制必改，否则遗患无穷。朱元璋经过认真的谋划，决定采取先地方后中央的策略，对政权机构进行改革。

改革地方机构

首先改革地方政权机构。元朝的行中书省是从中央的中书省分设在地方的机构，中书省有什么官，行中书省也有什么官。它管一省的行政、军务、司法和经济，职权很大。到后来，行中书省长官利用职权，开始霸主一方，自作主张，中央根本指挥不动，俨然成为一个独立王国，从而造成了国家的分裂。朱元璋就是利用行中书省丞相起家的。他当时觉得权力越大越好，皇帝的牵制越小越好，到了具有一定实力之后，根本不把皇帝放在眼里。而现在自己做了皇帝，如果行中书省制度不改，难免会有不少人重走自己的老路。

1376年，朱元璋将行中书省改为承宣布政使司，简称布政司，但习惯上仍称省。布政司设左、右布政使各一人，只管一省的民政、财政。布政使是朝廷派驻地方的使臣，负责宣布皇帝的政策、法令，必须事事秉承皇帝的旨意，否则，随时可以罢免。另外，又设提刑按察使司，负责一省境内的刑法犯罪之事，其长官为按察使。还有都指挥使司，执掌军务，其长官为都指挥使。布政司、按察司、都指挥使司合称“三司”。三司互不统属，均属皇廷派出的三个机构，直接对皇帝负责，统属中央。这样，财政、行政和刑察、军务各自独立，互相牵制，大权收归中央，直接受中央控制。

省级以下的地方政府，分为两级：第一级为府，府有知府一人，掌一府之政。知府到任，多有皇帝亲赐给敕书，以加强权威。另设同知、通判，分管清匪、巡捕、农耕、水利、牧马等，还有推官，掌管刑名。与府同一级别的还有直隶州，即直接受省的领导，长官是知州，地位与知府平级。第二级是县，归府所辖。县有知县，掌一县之政；县丞，主管农、粮、马事；主簿，负责巡捕、盗贼之事。这种改革，使元朝设置的路、府州、县减化为三级，以便于统治。

改革中央机构

省一级的改革之后，把地方的民政、财政、军事、政法等控制大权，全都集中到了中央。中书省的职权越来越大，有时竟同皇帝发生冲突。这使朱元璋认识到：中央机构的改革也势在必行。早在洪武初年，有人给朱元璋上疏，列举了元朝灭亡的各种原因。朱元璋看后说道：“你说的都没抓住要害，元朝的灭亡在于委任权臣，下边情况不通过中书省便不能达到皇帝手中，上下蒙蔽，造成大臣擅权跋扈。”洪武十三年，此话果然言中，丞相胡惟庸在朝大权独揽，组织宗派，排除异己，毒死刘基，阴谋政变。朱元璋靠着直接控制的禁军和特务组织，才捕杀了胡惟庸及其党羽，当时被杀者达三万多人。朱元璋趁机废除了中书省和丞相制，对中央行政机构进行了彻底的改革。

废除了中书省之后，朱元璋提高原属中书省辖的六部权力，以六部治国。并且规定以后子孙不准设丞相一职，如有人敢奏请设丞相者处以极刑。这个规定在后来的帝王中，没有一个敢违背的。六部的分工是：吏部管全国官吏任命、考绩、升调、惩处；户部管农业、商业、盐铁等方面的税收和人力的征调；礼部管典礼、宗教、祭祀、教育、考试等；兵部管军队官员的任命、调动、升降和颁发军规军令；刑部管法律、审察和监狱；工部管工程制造、水利、交通等。各部直接对皇帝负责，彼此平列，上边总管是皇帝。这样，朱元璋即是皇帝，又兼行丞相职权，从而使他成为中国一千多年封建社会中权力最大的封建帝王。

废除了中书省和丞相后，大大小小的政务都全部集中到朱元璋的手中。为了处理政务，从清晨到深夜，他将绝大部分时间都花在处理政务和批阅公文上，就是吃饭时也在想着处理政务。每思得一事，就顺手写在纸上，缝在衣服上，事情记得多了，挂得满身都是，上朝后就把它一一处理了当。公务之多，仅 1384 年 9 月份，从 14 日到 21 日的 8 天时间，内外诸司奏札共一千六百六十件，计有三千三百九十一件事，他都亲自处理。侍臣怕他操劳过度，劝他注意休息，朱元璋说：“以往天下未安，我饥不暇食，倦不暇寝，奖励将帅平定天下，现在天下已定，四方无事，难道可以高居宴乐了吗？自古以来，人勤则国家兴，人怠则国家衰，我怎能闲逸呢？”不过，皇帝日理万机，总得有人辅佐。朱元璋废丞相后，便设置了殿（华盖殿、武英殿）、阁（文渊、东阁）大学士，使侍左右，以备顾问，但不能参与机务，仅是皇帝的私人秘书而已。

再接下来是军事机关的改革。将帅和军队之间的关系，历来是帝王最为伤脑筋的事情。打仗须有军队，军队须有统帅，但是，将帅拥有重兵，易产生骄悍、不易控制的状况。过去的帝王为解决这个问题，采取了“兵无常将，将无常兵”的措施。朱元璋将元朝统兵的枢密院改为大都督府，节制中外诸军务。但过了段时间，他仍觉得大都督府权太重，便又将其一分为五，即前、后、左、右、中军都督府，让他们互相牵制。都督府管理军队、军政，但必须听从兵部的命令。兵部有军令、铨选军官之权，却不能统率军队，都督府有统率部队的权力，却无权发兵、调兵。如有战事，皇帝下令，兵部传令，都督府率兵打仗。这样，兵权也统到了皇帝手中。

司法监察机关在原来叫御史台，专门审察、弹劾百官。朱元璋在洪武 15 年，改御史台为都察院，职权是纠刻百官，辨明冤枉。凡大臣奸邪、小人构党作威作福，百官猥茸贪污舞弊，乱变“祖宗法度”，都可随时举察。都察院设左右都御史，统辖 110 个监察御史。监察御史官职不高，权力很大，分布全国各地，对各级官员都有权力弹劾、告发。

设立锦衣卫

通过上述改革，使行政、军事、监察三大系统各自独立，互不统属，直接对皇帝负责。这就使皇帝的权力大大加强。即使这样，朱元璋还不放心，又专门设立了“锦衣卫”组织。

“锦衣卫”是中国封建社会历史上第一个最为系统的特务机构。朱元璋派自己的心腹做头领，专门秘密侦察大小官吏的不公不法之事，并随时向他报告。锦衣卫设有专门的法庭、监狱，具有侦察、逮捕、审讯等大权。洪武年间，锦衣卫系统的大小特务，遍布街坊路途，渗透各个系统，严密监视着朝内外的文武百官。博士钱宰被征调到南京编纂《孟子节文》，回到家中，信口吟诗曰：“四鼓鼕鼕起着衣，午门朝见尚嫌迟，何时得遂田园乐，睡到人间饭熟时？”负责监视的特务将此情报告朱元璋。第二天上朝，他对钱宰说：“昨天作的好诗！不过我并没有‘嫌’迟呢！将‘嫌’改为‘忧’字如何？”钱宰一听，吓得浑身发抖，连忙叩头谢罪。大学士宋濂在家请客，隔天，朱元璋问他：“昨天喝酒了吗？请的哪些客？吃的什么菜？”宋濂一一如实相告。朱元璋听后笑着说：“全对，没有骗我！”靠着特务组织，朱元璋把文武百官置于自己的严密控制之下。一些违法的官吏，大多都被及时发觉，予以惩处。丞相胡惟庸、开国大将蓝玉、李善长等，都是被特务举报诛杀的。其中还有朱元璋自己的亲侄朱文正、亲甥李文忠等，也分别以各种罪名加以捕杀。朱元璋不但派特务进行侦察，有时他自己还亲自侦察百官。如弘文馆学士罗复仁，为人质朴。一天，朱元璋突然跑到罗家。罗家在城外一个小巷子里，房子东倒西歪，屋里破破烂烂，罗复仁正在梯子上粉刷墙壁，一见皇帝突然到来，不知所措。朱元璋笑着说："大秀才怎能住这样的房子？"立即赏给了他一座大宅院。

经过一系列的政权机构的改革，朱元璋把全国的军政大权都集中到中央，最后归自己一人掌握，使封建皇权专制制度达到了最高峰。在他的苦心经营下，使自己的统治机构更加完善，威慑力量更加强大。朱元璋自己也认为这一套统治制度是极为严密的，是确保朱家王朝"万世一统"的最好的制度。他特地编订了一部《明皇祖训》，要求他的子孙必须世代遵守，不得改变。

以严治官

朱元璋出身农民之家，放过牛，种过田，要过饭，在民间度过了24年颠沛流离、饥寒交迫的生活。他目睹元末政治的腐败，深恨贪官污吏蠹政害民的可恶。因此，他登上皇位之后，一面任用官吏为自己的统治服务，一面用严刑酷法，惩治官吏队伍中的不法之徒。朱元璋对官吏管制之严，打击之重，诛杀之多，是中国历史所罕见的。

严治官吏

洪武初年，朱元璋召见文武百官，对他们说："我从前在民间时，看见州县官吏大多不爱恤百姓，他们往往贪财好色，饮酒废事，对民间的疾苦无动于衷，他们败坏政令，坑害百姓，加上灾荒，弱者无法生存，强者就起来造反，这都是由于贪官污吏造成的。因此，我恨透了他们。如今要严肃法纪，发现官吏贪污、虐待老百姓的，坚决治罪，决不宽恕！"为了巩固皇权的需要，朱元璋开始大力整顿吏治。他将对各级官吏的规定布告民间，号召全体人民对官吏进行监督。他下令说："凡是发现有贪赃害民的官吏，老百姓可以直接擒拿送至京师。如有胆敢阻挡者，即行灭家灭族。”他在《明律》中规定，如有人犯了死罪，大臣小官用巧言进谏，使之免除死刑者，处斩；如刑部及大小衙门的官吏听从上司主使，不按法律办事，徇私枉法者，也要处斩，并将其妻子充作奴婢，财产没收入官。朱元璋对贪污的官吏，处罪特别严重。

有一次，朱元璋外出视察，发现一个县令有贪污行为，便下令把这个县令给杀了，并将其皮剥下来，皮中塞满稻草，挂在公堂旁边。他说：“下一任县令只要抬起头来看到他的前任由于贪污，竟落得如此下场，便会触目惊心，不敢再胡作非为了。”不久，他正式下令规定，凡是官吏贪赃枉法者，赃一贯以下杖七十，每五贯加一等，至八十贯处绞刑。若赃至六十两以上银子者，要枭首示众，并处以剥皮实草之刑。当时的府、州、县衙门左边皆设立一庙，用来祭祀土地神，同时也是剥皮的场所，称为皮场庙。有不少公堂的两旁，都挂有装满稻草的人皮。朱元璋说：“官为百姓之父母，掌管一方之政务，如不从严治官，任其所为，将会上违天意，下失民心，灭亡就在眼前。”贪污“之弊端如不革除，要想施行善政，是根本不可能的”。连官吏因公乘坐官府的牲口车船，也对私人携带物品的重量作了具体规定，如果超出规定的重量，也要治罪。如乘坐官府牲口车船，除随身衣物外，附载私物不得超过十斤，每超过五斤，笞一十；超十斤加一等，最重至杖六十。朱元璋在称帝的三十余年里，先后惩办了数以万计的贪官污吏。仅在1376年内，将有罪官吏发往安徽凤阳屯田者，就达一万余人。

为了从严治官，从1385年至1386年间，朱元璋又三次编出《大诰》，其汇编了案例一万多件，都是惩治全国各地贪污官吏的案件和滥杀无辜百姓的记录。他将此件大量刊印，要求每户都要有一本。朱元璋在序言中说：“将害民的事例昭示天下，各级官吏敢有不务公而务私，在外贪赃酷民者，务必追究到底，加以惩处。”在整个洪武年间，对那些违法乱纪、贪污受贿的不法官吏，除去平常的连续不断的打击之外，还进行过几次大规模的清洗。其中以惩处郭桓一案的规模为最大。1385年，有人告发北平二司与户部侍郎郭桓勾结舞弊，贪污税粮，朱元璋派人查实，追出赃粮七百万石。朱元璋大怒，下令将六部左、右侍郎以下的官吏全部处以死刑。供词又牵连到各部政司的官吏，又杀了数万人。追赃还牵连到全国各地的一些富户，以至中产之家为此被弄得倾家荡产。像这样使用严刑酷法惩治贪官污吏，如此大规模地诛杀贪官污吏，可以说是从古以来所未有过的。

就是如此严厉地惩处贪官污吏，但贪官污吏还是不断出现，不能根绝，急得朱元璋跺着脚说："我欲除贪赃官吏，奈何朝杀而暮犯！今后犯赃的，不分轻重都杀了。"①洪武一朝，是中国封建社会历史上封建政权对贪污进行斗争最激烈的时期，诛杀贪官污吏也是最多的时期。贪官污吏虽然随杀随犯，旧杀新出，但朱元璋也下决心随犯随杀，新出新杀，决不手软。这样大规模的诛杀运动，一直到朱元璋死去才慢慢缓和下来。

朱元璋执法严厉，即使是皇亲贵戚、权臣名宦也决不放过。这在中国古代历代的封建帝王中也是少有的。他说："法不行，无以惩后。"法是天下之法，无论是谁犯了法，也必须依法严惩。在战争年代，朱元璋因粮食困难，为严明军纪，严禁酿酒。大将胡大海的儿子胡三舍犯了酒禁，朱元璋要严惩他。有人劝说朱元璋："现在胡大海正在绍兴打仗，杀了他的儿子，岂不会引起胡大海的反叛？"朱元璋说："宁可使胡大海叛我，不可使我法不行！"自己拔刀亲自杀了胡三舍。明朝建立之后，他的义子、亲侄朱文正，因"亲近儒生，胸怀怨望"，违法乱纪，朱元璋废了他的官职。重臣汤和有一个姓庸的姑夫，自以为有靠山，隐瞒常州的田土，不纳税粮，朱元璋指责他"不惧法度"，把他杀了。朱元璋的女婿、附马都尉欧阳伦，出使办事时，贩带私茶，也被依法处死。

由于朱元璋带头执法，从严治官，大张旗鼓地重惩贪官污吏，这对于杀减贪风，改良吏治，的确起到了一定的作用。据《明史·循吏传》的记载："一时守令畏法"，"吏治焕然丕变矣"。

---

① 刘辰：《国初事迹》。

抑制豪强

朱元璋从严治理官吏，目的是为了缓解官僚统治阶级同广大人民之间的矛盾，防止官逼民反。但是对农民的欺压除了官吏之外，还有那些富豪之家。朱元璋说："富民多豪强，故元时此辈欺凌小民，武断乡曲，人受其害。"①因此，在从严治官的同时，朱元璋也采取了一些抑制豪强的措施。

明朝初年，他多次召见富民，警告他们不准胡作非为，并让有的担任地方上的粮长小职，以示恩宠。然而，这些富民总是贪得无厌地欺压、剥削百姓，用各种手段兼并、霸占土地。特别是不少地主担任地方粮长官职后，利用皇上给予的权力，更加重了对农民的盘剥。朱元璋对这些人深恶痛绝。他采取了两种手段，第一是用严刑重法消灭"奸顽富豪之家"，不少人家被诛灭九族。如"三吴巨姓享农之利，而不亲其劳，数年之中，既盈而覆，或死或徒，无一存者"②，"皇明受命，政令一新，富民豪族，刬削殆尽"③。第二是采取汉朝刘邦"徙天下富户于关中"的策略，把大量的富户迁离本土，到京师或凤阳定居。如洪武二十四年，徙天下富民五千三百户到京师，后又移富民一万四千三百余户到京师。洪武三年，移江南富民十四万户到凤阳。这些富家豪族离开了原来的居住地，失去了原来的社会地位和政治地位，到了新地后，还必须承担各种差役。这样，减少了当地百姓所受的欺凌和压迫，打击了地主富豪的霸道势力。朱元璋后来告诉工部官员说："从前汉高祖这样做，我很不以为然，现在想通了。京师是全国根本，事有当然，确实不得不这样做。"④

另外，朱元璋对宦官的管理也是非常严格的。宦官本是皇帝的家奴，但由于他们同皇家朝暮相处，不少人参与朝政，窃取高官，成为最有权

---

① 《明太祖实录》卷 4。

② 《贝精江集》卷 19。

③ 《匏翁家藏集·莫处士传》。

④ 《明太祖实录》。

力的一股势力。汉、唐从强盛的顶峰走向衰败、灭亡，宦官的祸乱是一个重要原因。朱元璋对此是十分清楚的。特别是唐朝的宦官乱政，对朱元璋触动很大。唐朝后期的穆宗、文宗、武宗、宣宗、懿宗、僖宗、昭宗都是宦官所立，而顺宗、宪宗、敬宗、文宗均被宦官所杀。宦官专权骄横，引起皇帝和朝官们的强烈不满，史称“南衙北司之争”。“甘露之变”之后，宦官执掌朝政，大杀朝官，成为左右天下的一帮邪恶势力。朱元璋知道，这种人在宫廷里是少不了的，但必须从严限制他们。宦官只能做奴隶使唤，洒扫奔走，人数不可过多，也不可用作心腹耳目，做心腹，心腹病，做耳目，耳目坏。驾驭他们的办法，就是要使他们守法，守法就做不了坏事。不能让他们有功劳，一有功劳就难于管束了。不能让他们有文化，有文化便会思图不轨。朱元璋定下规距：凡是内臣（宦官）一律不许读书识字。又铸铁牌子于宫门旁边，上边刻着：“内臣不得干预政事，犯者斩。”所有的内臣不得兼外朝文武职衔，不许穿外朝官员的服装，官品不许超过四品，每月领一石米，穿衣吃饭公家管。并且规定，外朝各衙门不许同内臣有公文来往。这样，使宦官成为宫廷中名符其实的奴仆。这种对宦官的限制，同过去历代相比，可算是最为严格的了。

官吏队伍是政权的重要支柱。朱元璋在改革政权机构的同时，又采用法律、行政、组织等手段，从严治官，整肃吏治，防止官吏队伍的腐败。这对于政权的巩固，社会的安定，确实起到了好的作用。据说，当时全国城市，从京师到州、县，每天夜晚都有更夫巡夜高唱“创业难，守成更难，难也难”，以教育各级官吏，尽心守职。在乡村的黄昏，也派专人沿街敲木呼喊“和睦乡里，教训子孙，各安生理，毋作非为”，以教育乡民富户，奉公守法。这样，从上到下，从京师到乡村，都保持一种安定和谐的环境，从而使朱家皇权能够长治久安。

以宽理民

明朝建立初年，朱元璋在治理官吏方面，采取非常严厉的措施，而对于广大劳动人民，却采取了比较“宽”的政策。这同朱元璋自己的出身是很有关系的。

朱元璋是继刘邦之后中国封建社会又一位布衣出身而登帝位的人。他来自贫民，深知物力艰难，农民的辛劳。他说：“士农工商四业之民，算农民最为辛苦。他们勤苦劳作，难得休息。遇到丰收年头，还可以吃饱。碰到水旱灾害，则全家挨饿。我穿件衣裳，吃顿饭，总要想到种地织布的艰难劳累。”因此，他比较体恤民情，惜用民力，反对暴敛苛政。特别是明王朝刚刚建立时，经济萧条，大片田野荒芜，民多逃亡，城野空虚，当时的河南、山东地区，“多是无人之地”。直到洪武十五年时，晋府长史致仕桂彦良还说：“中原为天下腹心，号膏腴之地，因人力不至，久致荒芜。”百姓是国家之本，立国必先存百姓，只有让农民休养生息，从事农业劳动，国家才能富起来。朱元璋说:“百姓足而后国家富，百姓逸而后国安，未有民困穷而国家独富安者。”他刚即位之初，就把各地来朝的府州县官召在一起，对他们说：“天下刚刚平定，百姓财力都很困乏，像刚学飞的小鸟，拔不得羽毛，像新栽的树木，碰不得根枝，应该让他们休养生息，好好生产。”出于巩固政权的需要，朱元璋下决心推行“与民休养生息”的政策，大力恢复和发展农业生产。他采取的措施主要有如下几条。

减少徭役　宽松民力

历史上，不少王朝的覆灭多是由于当政者徭役繁重，滥征民力所致。因为百姓无法生活，就必然进行反抗。秦二世灭亡，唐末的黄巢起义，都是不可忘却的教训。1368 年秋天，明朝刚建立不久，准备从苏州、松江、嘉兴、湖州四府抽调民工到京城修筑城墙。户部侍郎杭琪对朱元璋说:“现在各地农民正在种麦，假使抽调来京师，往返路程和建城劳动，至少要两个月，既劳民伤财，又误了农时，而且农民还有制作战袄的任务，请皇上放宽日期。”朱元璋听后，立即表示同意，并说：“百姓的徭役只能用其一，而缓其二，怎能让两件事同时要他们完成呢？”随之下令，四府人民只制作战袄，不再承担修城徭役。洪武八年，要改修大内宫殿，他指示左右大臣："我现在只要求宫殿安全牢固就行了，不追求华丽奇巧，不必造亭台楼阁、花园苑囿，不能伤民之财，劳民之力。当初商纣王不爱惜民力，把宫殿修饰得极其华丽，于是天下大怨，身死国亡，这个教训要牢牢记住，并传后世子孙，世守为法。"他严格控制大规模的营建工程，地方上修建大型工程，一律要报他批准才能动工。凡是不急需的工程，要尽量缓建，能够安排在农闲时进行的工程，一定要放在农闲时节，不能耽误农时。

对于那些加重农民负担的吏设，朱元璋不惜动用法律给予制裁。据《大诰续诰罪除滥设》记载，"松江一府坊厢中，不务生理，交结官府者一千三百五十名，苏州坊厢一千五百二十一名，皆是市井之徒，不知农民艰苦，帮闲在官。吏有正吏、主文、写发；皂隶有正皂隶、小弓兵、直司；牢子有正牢子、小牢子、野牢子等名色，又有自名小官、帮虎等，不问农民急务之时，生事下乡，搅扰农业，芒种之时，栽种在手，农务无隙，此等游民赍执批文，直到农村，或就水车上锁人下车，或就手内夺去秧苗锁人出田，……于是城市乡村扰害人民。"朱元璋知情后下令加以清理，除正牢子和正役外，其他一概革除，如再有滥设吏役，祸害百姓者，斩！这样一下子就减少了四分之三危害农民的吏役，大大减轻了农民的负担。

朱元璋常说："农夫勤四体，种五谷，身不离农间，手不释农具，终年勤劳，不得休息。他们住的是茅草屋，穿的是旧布衣，吃的是粗饭菜羹，却担负着国家的经费。我们的衣食住行，都不要忘了农民的劳苦，取用要节制，不能让农夫遭受饥寒，更不能横征暴敛，让农夫受不了这种苦难。"如果不是出身于贫苦农民之家，一个封建皇帝是不可能说出这种话来的。

奖励垦荒　发展生产

元末战争期间，由于地主和官僚大量逃亡流散，他们霸占的土地有的回到农民手中，有的成为荒田。战争结束以后不少地主回返乡里，对农民进行反攻倒算。朱元璋下令，凡是战争中抛荒的土地，被他人耕垦后就成为耕垦者的产业，原来的地主不得再要，另由官府拨给同等数量的荒地作为补偿。对待那些无主的荒地，朱元璋则鼓励农民积极开垦。1368 年他下令：各处荒闲的土地，允许百姓开垦，永为己业，免除租税三年。过了两年又规定，北方郡县近城荒地，授予无业乡民耕种，每户给十亩，另给两亩菜地，有余力耕种的，不限亩数，全部免除三年租税。后来还规定陕西、河南、山东、北平等布政使司及凤阳、淮安、扬州、庐州等府，允许农民尽力开荒，官府不得征派赋役。许多逃亡的农民，得知这些规定后，纷纷回乡耕垦荒地，成为拥有小块土地的自耕农。

移民垦荒，是朱元璋采取的又一种措施。元末战乱不断，水、旱、蝗、疫接连出现，使河南、河北等地人民十亡七八，以至于“春燕归来无栖处，赤地千里少人烟”。朱元璋下令把一部分农民从窄乡移到宽乡，从人多田少的地方移到人少地广的地方。1375 年，迁苏州、松江、嘉兴、湖州、杭州等无地农民四千多户到凉州耕种，给耕牛、种子，三年不收租税；1376 年，又迁山西及真定（今河北正定）无田农民到凤阳垦荒；1392 年，迁广东番禺、东莞、增城二万四千多人到泗州（今江苏盱眙北）耕田。1383 年、1388 年，都有比较大规模的迁民垦荒记载。至今在河南、河北等广大地区还流传着这样的民谣：“问我祖先何处来，山西洪洞大槐树，问我老家在哪里，大槐树下老鸹窝。”洪洞县当时是人口稠密地区，明初有大量农民从这里移出，安置在河南、河北等地，大槐树和老鸹窝就成为农民惜别的家乡标志。据估计，洪武年间移民垦荒的人数达几十万户。

为了鼓励人民垦荒，朱元璋下令，不论是新地垦荒或是移民垦荒，政府都要给予优厚的条件，除了“永为己业”外，一律免租三年。有时还发给耕牛、种子。1395 年时还规定，山东、河南从 1394 年新开垦的荒田，不管多少亩，永远不收租税，有力气的尽其耕种。在一些应该征税的地方，也采取“薄赋”的办法。遇到有水旱灾害，常下诏蠲免。还规定农具一律不收税，商税一律三十取一，这是比较低的。洪武二十八年，他又令乡里百姓二十家或四、五十家结为一“社”，如遇到农忙时节，有的家户有疾病无力耕种时，村社要帮助其耕耘，以使田地不荒，民无饥窘。由于朱元璋积极鼓励农民耕种，致使田野开辟，百姓的日子渐渐好了起来。如饶州知州陶安，因大力贯彻朱元璋的垦荒旨意，使当地农民大得好处。百姓拿他初来时的情况和离任时的情况进行比较，歌颂他：“候来之初，千里榛芜；候去之日，百姓耕辟。”南丰的百姓也歌唱典史冯坚；“山市晴，山鸟鸣，商旅行，农夫耕，老瓦盆中洌酒盈，呼嚣隳突不闻声。”

制定册簿　均征租税

尽管朱元璋力求对农民实行宽松政策，但国家还是得征收租税、徭役。朱元璋比其他统治者的高明之处，在于他知道怎样能把对百姓的剥削限制在一定范围内进行，使“取之有制，用之有节”。他懂得“步急则蹶（摔跤），弦急则绝，民急则乱”。如果对百姓压榨得太狠，就会激起强烈的反抗。因此，他在征收租税、徭役上，尽量能够比较合理。

明初规定，农民有田一亩，征税粮五升三合五勺，有田一顷者，要出丁夫一人，每年在农闲时节赴京服役三十天。这比元末减轻了许多。但由于长期战乱，元代的户口和土地簿籍已大都丧失，不少地主豪族乘机隐瞒土地和人口，逃避租税和徭役，这就把负担转嫁到农民身上。为了使国家能真正按产业和人口多少来征收租税徭役，做到赋役比较合理，从1368年起，朱元璋开始在全国各地陆续展开了核实田亩、普查人口运动。

人口普查以户为单位，登记籍贯、姓名、年龄、丁口、田宅、资产以及所属的户类（如民户、军户、匠户等），这种户口登记册的封面是黄色的，因此叫黄册。为了编好黄册，与此同时又建立了农村的最基层组织单位。明代的县以下是乡，乡下是里、甲。凡乡以一百一十户为一里，推选丁粮多的十户轮流做里长，其余百户分为十甲，每甲十户，设一甲长。编制黄册以里甲为单位，每里编为一册，每册四份。一份上交户部，另三份分送县、府、布政使司各一份。黄册是征收赋役的依据。为了增加户数，朱元璋大量解放“驱口”。“驱口”是元代的产物，蒙古贵族把掠夺的百姓当成私产，随意驱使，不能独立参加生产，他们的子孙称为“驱口”。不少蒙古贵族拥有成千上万的驱口。朱元璋在 1372 年宣布：“以往由于兵乱，人民流散，因而成为人奴隶者，即日放还。一般农户不得收养家奴，贵族、功臣使用奴婢最多不能超过二十人。”违者要治罪。这样就使黄册上的人口数目大大增加，同时也解放了大量的生产力。

土地的普查与人口普查同时进行。明政府为了掌握全国土地的总数量，组织人力在全国普遍丈量土地，把每乡、每里甲、每户的土地分布状况、亩数、质量、方圆形状，绘制成册，以做为征收租税的又一个依据。由于册中的土地形状重重叠叠，状如鱼鳞，所以又叫鱼鳞册。

黄册、鱼鳞册编制以后，虽然从制度上更加严格地控制了劳动人民，但对于隐瞒土地、人口的地主豪族，以及逃避租税徭役的人，也是一种限制。由于社会各个阶层都相对平均地承担了封建国家的赋徭，因而也使农民的负担相对地减轻了一些。这样，农民的生产积极性有了提高，从而推动了社会生产力的发展。

由于朱元璋实行了一系列宽松的治民之策，使人民能够安居乐业，休养生息，经过二、三十年的时间，不仅医治了战争的创伤，而且使全社会的经济生活、生产力水平，都有了较快的提高。人口逐年大增，耕地面积不断扩大，农作物产量不断增加。除了粮食增产外，桑麻、棉花、果木等经济作物也有了较快的发展，同时也促进了手工业和商业的发展。明初的手工业以纺织、造船、矿冶等行业发展最为明显。如松江的棉布当时被称为“衣被天下”，苏、杭一带已有了丝织工业作坊，南京龙江造船厂已造出大型海船、战船、遮洋船等，后来郑和下西洋的海船，大部分都是龙江船厂制造的。

身先节俭，以训于下

在我国长期的封建社会中，有过一些帝王是曾经提倡勤俭节约的。

但有的是不能善终，有的是令天下节俭，自己奢侈。而明太祖朱元璋“身先节俭”，一生节俭，这在历代帝王中也是非常少有的。

天下臣民能否养成勤俭节约的习惯，并蔚然成风，关键要看最高统治者本人能否作出表率，带头节俭。朱元璋深明此理，他说：“所谓俭约，非身先之，何以率下？”如“上能崇节俭，则下无奢靡”。他自己从小过惯了穷苦日子，当了皇帝之后，仍然处处躬行节俭，过着非常俭朴的生活。每日早膳，只用蔬菜就餐，苑内不准种奇花异草，要种上蔬菜和果木树。他穿着的衣服也很陈旧，常常是几年不换上一件。睡的御床，色调浅淡，样式一般，还不如当时一个中产人家的卧榻。在营建应天新内城时，主管工程的大臣把图样送他审批，朱元璋把一些雕饰奇巧之处统统划掉，指示把历代帝王兴亡的故事，画在引人注目的墙壁上。在他的影响下，皇后、妃子也都很注意节约，穿的都是洗过多次的旧衣裳，从不乔装打扮，满身珠宝。他多次对臣僚说：“珠玉非宝，节俭是宝”。“千古之上，称盛德者，以尧为首，后世竞为奢侈，极宫室苑囿之娱，穷舆马珠玉之玩，欲心一纵，卒不可遏，乱由是起矣”。元朝的降将张昶暗中指使人上书朱元璋，劝他“及时娱乐”，朱元璋看后大怒，“焚其书”，说此人“是欲为赵高也”。陈友谅有一张缕金床，极为考究，江西行省将此床送给皇帝，朱元璋说：“这同孟昶的七宝溺便器有何两样？”下令将床焚毁。

朱元璋之所以从自己做起，严格履行勤俭节约，是出于巩固政权的需要。他虽然文化程度不高，但却细心钻研历史，研究历代帝王的治国之道，其中有一条非常重要的经验，就是“自古王者之兴，无不由于勤俭，其败亡，未有不由于奢侈”①。光帝王之家节俭不行，勤俭节约应该成为全社会的事情。因此，朱元璋决定在全国臣民中间，特别是臣吏中间，提倡节俭，狠刹奢侈浪费之风。

每当任命官吏时，他总是特地叮嘱他们，不要“增饰馆舍”，“竞为

① 《明太祖宝训》卷3。

奢侈”。用历史教训告诫他们：“居上能俭，可以导俗；居上而侈，必至厉民，独不见茅茨、卑宫，尧、禹以崇圣德，阿宫、西苑、秦、隋以失人心？”“元世祖在位，躬行俭朴，遂成一统之业；至庚申帝（即元顺帝）骄淫奢侈，饫粱肉于犬豕，致忽怒于神人，逸豫未终，败亡随至。”①这些历史的教训是万万不可忘记的。特别是对待那些跟随自己打天下的有功之臣，朱元璋更是反复告诫他们，要继续保持过去艰苦奋斗的作风，“勤身守法，勿忘贫贱之时，勿为骄奢淫逸之事”②。对于那些具有奢侈贪污行为的官吏，轻者训斥、施刑，重者杀头。有一次，一个散骑舍人穿着一件十分华贵的衣服，朱元璋问他：“这衣裳花费多少钱？”他回答：“五百贯。”朱元璋说：“五百贯，这是一个数口之家的农民一年的费用，你却用来做一件衣裳，如此骄奢，简直是太糟塌东西了。”立即命他将衣裳脱掉，不许再穿。又有一次，他看见两个宦官穿着新靴故意在雨中走路，顿时大怒，斥责他们说：“靴虽微，皆出民力，民之为此非旦夕可成，汝何不爱惜，乃暴殄如此！”③下令处以杖刑。前面所述以严治官的主要内容之一，就是严惩骄奢淫欲之徒。而对于那些廉洁奉公、勤俭朴素的官吏，朱元璋则厚加奖赏，以资鼓励。如大将徐达战功卓著，但从不恃功纵骄，一直住在一座破旧狭小的房子里，朱元璋立即让给其盖了一座宅院，并在空院门前立下牌坊，大加表彰。据说，朱元璋为了警戒自己，除了在宫廷内的墙壁上画历代帝王兴亡图之外，还在屏风上，特意将唐朝李山甫的《上元怀古诗》抄录下来。诗曰：

南朝天子爱风流，
尽守江山不到头。
总为战争收拾得，

---

① 《明太祖实录》卷106。
② 《明太祖宝训》卷3。
③ 《明太祖宝训》卷3。

却因歌舞破除休。
尧将道德终无敌，
秦把金汤可自由？
试问繁华何处在，
雨花烟草石城秋。

为了教育子孙不忘创业艰难，朱元璋还命人把自己的艰难经历绘画在宫殿里，并告诫子孙说：“富贵易骄，艰难易忽，久远易忘，后世子孙生长在深宫，只看到富贵，习惯于奢侈，不知道祖宗起家之艰难，现在你们要朝夕看看我的经历，不忘祖本。”为了创造一个艰辛劳作的环境，朱元璋命令儿子们周围的太监，要进行纺织，造麻鞋、竹藤，在宫廷内的空地耕种蔬菜，从小要他们看到劳动的艰辛。儿子们要是外出，近的一律步行，外出远的只能骑马走十分之七，步行十分之三。他说：“上有朴素节俭，帝业方可久传。后世子孙，必须世守为法。”

由于朱元璋大力提倡节俭，并身体力行，从自己做起，从皇室作起，严格要求各级官吏，狠煞奢靡之风，使明初的吏治比较清明，经济很快得到复苏，社会出现了新的转机。在此以后的永乐、洪熙、宣德三朝继续上升，从而形成了“明初盛世”的局面。

1398 年 5 月，71 岁的明太祖朱元璋离开了他亲手创建的大明王朝，安静地死去了。葬在南京城外钟山下，名曰孝陵。

朱元璋是中国帝王史上又一位杰出的帝王，他幼年丧失父母，逃荒要饭，受尽了人间辛酸，后又投奔军旅，横征天下几十年，最后终于登上了帝王宝座。在执政的几十年里，他躬亲庶政，整饬肃吏，休养百姓，提倡节俭，为中华民族的繁荣发展，做出的贡献是非常巨大的。他在自己的遗嘱里写道：“朕膺天命三十一年，忧危积心，日勤不怠，务有益于民，奈起自寒微，无古人之博知，好善恶恶，不及远矣。”①这一段话非常

① 《明太祖本纪》。

精辟地概括了他辛勤的一生。当然，朱元璋也有他残暴的一面，如诛杀功臣，镇压农民起义，大搞文字狱等，但不管怎样，他推翻元朝，统一全国，安定社会，发展生产的历史功绩，是永远值得肯定的。

清圣祖康熙

——以武治乱　科学兴国

翻开中国历代帝王史册，建立第一个封建王朝的秦始皇，冠居于群帝之首。皇权赫赫，威震千古。可从他登上帝位，到独掌权柄，曾经历了一场异常尖锐的夺权斗争，那就是智除号曰“仲父”、执掌朝廷重权的相国吕不韦，平息了嫪毒叛乱的阴谋。历史有着惊人的相似之处。到了封建王朝的最后一个朝代——清朝，年轻的康熙皇帝，为了独掌皇权，也采用当年秦始皇用过的手段，进行了一场“智除鳌拜”的斗争。

清圣祖康熙，是清朝的第二代皇帝，姓爱新觉罗，名玄烨，八岁丧父，同年登上帝位，十岁上又死了母亲。少年天子成了一个孤儿，其父顺治帝去世前曾遗诏，由索尼、遏必隆、苏克萨哈、鳌拜四位大臣共同辅佐康熙。但是，奸臣欺主年少，在少帝的周围很快出现了一股邪恶势力。

这股邪恶势力的首要人物就是辅政大臣鳌拜。鳌拜原在四名辅佐大臣中名列第四，但是，索尼年老早死，遏必隆早被鳌拜收买过去，苏克萨哈在康熙元年被鳌拜诬陷致死。从此以后，鳌拜在朝中大权独揽，专横跋扈，结党营私，陷害异己，根本不把年幼的皇帝放在眼里。朝中大事多由他说了算，稍不顺从他意，他就在皇帝面前挥舞拳头，大吵大闹。康熙早就想动手把这家伙除掉，但鳌拜手中握有重权，在各个部门里都安插有他的亲信，弄不好会天下大乱，葬送整个大清的基业。少年康熙，聪敏过人，他表面上不动声色，读书学习，研究历代帝王治国之道，而实际上，已经开始筹划铲除鳌拜集团的准备。古人云，欲擒故纵。康熙对鳌拜也是这样。他一直对鳌拜表现出非常顺从尊重的样子，并不断给他加封"一等公"、"太师"的尊号，用以麻痹鳌拜。据说，有一次有人密告康熙，鳌拜久不上朝，密谋不轨。康熙立即带人直奔鳌拜府邸。鳌拜府邸的卫士见皇帝驾到，急忙要去禀报，被康熙喝住。康熙和侍卫径直进入鳌拜寝殿。鳌拜见皇帝突然来临，神色顿时紧张起来，忙行叩见之礼。康熙用眼色让侍卫搜查鳌拜的睡床，翻开席子，只见一把杀人的匕首露出闪闪寒光。鳌拜见状，有点狗急跳墙的样子，正要发作，不料康熙帝却意外地笑笑，说道："刀不离身，是咱们满人的故俗，辅政大臣时时不忘祖训，实在可嘉可奖！"箭拔弩张的紧张气氛才迅速缓和下来。从这次以后，康熙帝才终于下决心除掉鳌拜。

几天以后，康熙传谕要鳌拜到御花园观赏牡丹。鳌拜像往日一样，大摇大摆地入午门，过太和殿，正要向御花园走去，迎面碰见了康熙皇帝。他赶快上前叩拜。没料到康熙却严厉喝斥他结党营私，陷害忠良，图谋不轨的罪行，并立即命令一帮训练有素的摔跤能手，迅速将其捕获。接着公布了他的三十条大罪状，投入监狱，与此同时，康熙以迅雷不及掩耳之势的手段，逮捕处决了鳌拜的一大批死党。以鳌拜为首的这股丑恶势力，终于从政治舞台上被铲除下去。这一年，康熙皇帝才刚刚十六岁。从此以后，正如康熙皇帝自己所说的那样："今天下大小事务，皆朕一人亲理。"大清的历史，在康熙皇帝的统治下，翻开了新的一页。

武力平叛　维护统一

平定“三藩”

“三藩”，指因带领清兵入关，镇压农民起义起家，投靠清政府的三个汉族军阀。一个是镇守云南的平西王吴三桂，一个是镇守福建的靖南王耿精忠，还有镇守广东的平南王尚可喜。

“三藩”之中，吴三桂的势力最大，也最为跋扈。他在云贵经营十多年，手中军事力量雄厚，兵员达十余万之多。云、贵地区是他控制的独立王国。当时清廷给云、贵二省督抚的敕书，都要写入“听王节制”四个字，吴三桂可随意题补官吏，号曰“西选”。凡朝廷所选的文武官员到云南，都被其收买帐下，为己所用。在经济上，他垄断了地方财权，财政收支中央户部不得过问。同时，他还大肆兼并土地，不仅将云南明代黔国公沐氏的田庄全部据为己有，还将已归农民耕种的明代卫所军田占为己有。盘踞在广东、福建的尚可喜、耿精忠，也都是各霸一方，大搞独立王国，根本不听清廷的调遣。“三藩”的存在严重地威胁着清朝政权的统一，同时，清廷每年还要供给他们二千余万两黄金的兵饷，在经济上也给清廷带来了沉重的负担。因此，康熙帝不得不考虑撤藩的问题。

撤藩的机会终于来了。1673 年 3 月，尚可喜因年老请归辽东老家养老，并让他的儿子尚之信继承平南王爵位，留守广东。年轻的康熙皇帝抓住这一时机，只同意尚可喜回辽东养老，不同意尚之信留守广东，并决定撤藩。这一消息很快传到了云南和福建。吴三桂和耿精忠为了试探康熙皇帝的真意，也故意分别上书请求撤藩。康熙帝收到他们的上书后，召群臣商议。不少大臣慑于吴三桂的军威，怕引起大乱，皆主勿撤，只有少数大臣主张撤藩。康熙帝力排众议，断然下令撤藩。他说：“三桂

① 《清史稿》卷 269。

等蓄谋久，不早除之，将养痈成患。今日撤亦反，不撤亦反，不若先发。”①果然，撤藩令下达以后，吴三桂在1673年11月率先举行叛乱。他杀了云南巡抚朱国治，自称“天下都招讨兵马大元帅”，蓄发，易衣冠，发布檄文，倡言“兴明讨虏”，呼清廷为满酋。吴三桂想以恢复明朝作幌子，来招拢人心。但其背叛明朝的行为早已昭昭在人耳目，因此，响应的人极少。1674年3月，耿精忠响应吴三桂，在福州举行叛乱。1676年2月，尚之信也在广东开始叛乱。再加上其他与吴三桂有联系的汉族将领也纷纷开始叛乱，一时之间，叛乱之火几乎燃遍了大半个中国。

叛乱的消息传到北京，清廷举朝震动。一些大臣竟然请诛主张撤藩的诸臣，以讨好吴三桂。康熙帝熟读史书，深知这是腐儒之见。汉景帝时虽然杀了主张削藩的晁错，“七国之乱”依然不止，现在岂能再蹈历史覆辙？他说：“撤藩出自朕意，他人何罪？”①并立即开始布署兵力，武力平叛。他先是捕杀了吴三桂留在北京的长子和孙子，以表平叛的决心，接着下令停撤平南、靖南二藩，以孤立吴三桂；三是调遣八旗精兵驻守湖北荆州，阻止叛军渡江；四是派兵进入江西，切断吴三桂与耿精忠的联系；五是稳住西北局势，先以精兵击败陕西提督王辅臣，然后又恢复他的官爵。这样，吴三桂完全陷入了军事上的孤立。

年轻的康熙帝在这一重大事件面前，毫不慌乱，善于谋略，表现出卓越的军事才能。吴三桂没有多长时间，已感到不可取胜，便授意达赖喇嘛向康熙上奏，如果吴三桂战败，希望康熙帝免其一死。如果清军战败，莫如裂土罢兵。康熙闻此大怒，拍案驳斥：“朕为天下人民之王，岂容裂土罢兵！”②他“夜以继日地召开会议”，“以令人难以置信的勤奋处理政务，发布了一系列卓越的诏令”，③经过长达8年的武力征讨，终于于1681年，全部平息了“三藩”叛乱。

---

① 《清史稿·明珠传》。

② 《清圣祖实录》。

③ 《康熙帝传》。

统 一 台 湾

台湾自古以来就是中国的领土。三国时期孙权就派将军卫温进驻台湾。元代，中国政府在澎湖列岛设立巡检司，专门管理台湾和澎湖诸岛。可是到了明末，荷兰殖民者趁大陆混乱之机，派兵占领台湾，统治了38年之久。直到清初，民族英雄郑成功才赶走荷兰侵略者，收复了台湾。郑成功死后，其子郑经据守台湾。郑经是个酒肉昏庸之徒，他企图把台湾从大陆分裂出去，胡说："台湾远在海外，非中国版图"，①向清廷提出："请照琉球、高丽（朝鲜）等外国例，称臣进贡，不剃发登岸"。②康熙对这种分裂祖国的言行非常愤怒，当平定三藩之乱的军事行动取得决定性胜利的时候，年轻的康熙帝立刻作出了"宜乘机取澎湖、台湾"，使台湾重新回归祖国的重大战略决策。

恰好1681年郑经在台湾死去，由其子郑克塽继位。理学家李光地建议康熙乘机进军台湾，福建总督姚启圣也向康熙上疏，报告郑经死后台湾内乱的情况，也认为"机不可失"，应立即统一台湾。康熙帝一面下令在福建沿海集结兵力，打造船只，一面命福建水师提督施琅充分作好准备，制定作战计划。为了首攻必胜，康熙帝花了整整两年时间进行准备。当时朝中也有不少大臣反对武力进攻台湾，主张"天下太平，凡事不宜开端"。还有的干脆提出放弃台湾，把台湾重新送给西方殖民主义者。康熙帝力排众议，于1683年批准了施琅的作战计划。就在当年6月16日，施琅率领战船三百艘，和经过多次水战演习的两万多士兵，从福州出发，挥师直捣台湾的门户——澎湖岛。两军在澎湖海域进行了七天七夜的激烈海战，清军终于击溃了郑克塽的守军，占领了澎湖岛。这时，台湾的郑克塽集团人心惶惶，有人主张投降，有人主张外逃，有人主张抵抗。正在这时，康熙帝指示前线的施琅，展开政治攻势，力争

① 《台湾外记》卷下，19页。

② 《清圣祖实录》卷109。

和平解放台湾，转告郑克塽等人，“从前抗违之罪，尽行赦免”，并且保证他们归降后给予从优待遇。由于康熙英明及时的决策，使郑克塽率部投降了清朝。1683 年 8 月，施琅率部进驻了台湾。消息传到北京，当时正是我国传统的中秋佳节，康熙帝欣喜万分，挥笔写下了一首诗：

万里扶桑早挂弓，
水犀军指岛门空。
来庭岂为修文德，
柔远初非赎武功。
牙帐受降秋色外，
羽林奏捷月明中。
海隅久念苍生困，
耕凿从今九壤同。

台湾统一以后，康熙对前来投降的郑氏政权的官员将士，采取了宽大政策。他下令说：“尔等从前抗违之罪尽行赦免，仍从优叙录，加恩安插。”不久，郑克塽被授为正黄旗汉军公，康熙帝还特别下诏说，郑克塽祖父郑成功、父郑经不是“乱臣贼子”。可以归葬南安。

为了加强对台湾的管辖，康熙在台湾正式设立了一府三县，隶属于福建省。同时，在台湾设总兵一员，副将两员，驻兵八千。并不断将沿海一带的居民移迁台湾，大大加强了大陆与台湾的联系，使台湾成为捍卫我国东南海疆的一座坚固的堡垒。

亲征噶尔丹

祖国的西北地区，幅员辽阔，风景秀丽，有无垠的草原，白云般的羊群。早在三千多年以前的周穆王，就已派使臣在那里管辖政务。公元前 50 年，汉朝在包括伊犁河流域在内的广大地区设置西域都护府，代表中央行使主权。唐代著名诗人李白就出生在西域。到了明朝，以蒙古族为主体的元朝被推翻以后，蒙古便分成三大部：漠南蒙古、漠北喀尔喀蒙古和漠西厄鲁特蒙古。三大蒙古部落，一直受明朝统辖。而到了清初，在厄鲁特蒙古中，有一个部族叫准噶尔，居住在新疆北部的巴尔喀什湖以东、天山以北一带。他们由于受沙皇俄国的操纵、指使，公然开始分裂祖国的活动。以噶尔丹为首的叛乱分子，勾结西藏的大农奴主头子第巴桑杰，掀起了反对清朝中央政府的叛乱。公元1690年，噶尔丹率领二万多叛军从呼伦河一带南下，攻入内蒙古地区，很快就打到离北京只有几百华里的乌珠穆沁。一时间，叛乱的黑风席卷了西北广大地区，我国的国家统一和民族团结又受到了严重的威胁。

对于噶尔丹的叛乱活动，要不要加以平叛，在清廷大臣中争论非常激烈。有人认为，西北地区“荒凉落后”，以放弃不治为好，出军征战，不一定能战得过噶尔丹。连当年曾为康熙帝出谋统一台湾的李光地，也用《易经》给康熙算了一个所谓不吉利的卦，想用宗教迷信阻止康熙前去平叛。一时间，反对康熙出征的人在朝廷内形成了多数，“举朝皆以为难”。

在这有关于国家的统一与分裂的重大问题上，年轻的康熙帝目光远大，态度坚决，他驳斥了“弃地不治”的论调，认为只有武力平叛，才能“永息战争”，只有“捣其巢穴”，“方为万年之计”。姑息养奸，必将引起天下大乱，生民涂炭。他对李光地说：“噶尔丹发动叛乱，自蹈危机如有什么凶卦的话，也只会应在他的身上，无我的不利。”①公元1690年6月，康熙帝毅然决定，御驾亲征。

1690年8月，两军在离古北口四百多华里的乌兰布通相遇。噶尔丹将成万头骆驼缚足俯伏于地，驼背上加以箱垛，蒙上湿毡，排长队，形成“驼城阵”，自立其中，企图阻挡清军进攻。康熙帝命令清军用炮火猛击“驼城阵”。经过一番激烈拼战，噶尔丹大败而逃，主力几乎被清军全歼。噶尔丹诡计多端，他为了保住性命，立刻态度改变，向康熙帝修书乞降，假惺惺地跪在达赖喇嘛所送的威灵佛前，赌咒发誓，保证

① 《康熙政要》卷21。

“请安进贡”，永不反叛。但是，康熙帝看穿了噶尔丹的阴谋，他向将帅指出：“噶尔丹不可信任，如不加防备，万一有事就要后悔。”

果然，到了 1695 年，噶尔丹又率领三万人马沿克鲁伦河大举向南进犯，并扬言他身后有沙俄撑腰，已从俄国借了六万鸟枪兵。面对这又一次烧起的叛乱战火，43 岁的康熙帝决定举行第二次亲征。他运筹帷幄，分兵三路：一路由黑龙江将军萨布素率军防范东翼；一路由抚远大将军费扬古率军西进，切断噶尔丹的归路；一路由自己亲自率领，直迎叛军主力。沿途“行走四月有余，日进一餐，五更起行，至晚方歇，遇沙地则下马步行”①，先后行走几千华里。有的大臣见征战如此艰苦，跪在康熙面前，苦苦哀求康熙帝回京。康熙坚决表示：“粮虽尽，朕必啮雪穷追，断不回师。”并在征途上写下了著名的《瀚海》一诗：

四月天山路，
今朝瀚海行。
积沙流绝塞，
落日度连营。
战伐因声罪，
驰驱为息兵。
敢云黄屋重？
辛苦事亲征。

字里行间，表达了康熙帝为了平息叛乱，维护祖国统一，不辞征战辛劳的无畏气概和战斗精神。

当年 5 月，康熙帝率领的中路军与叛军主力在克鲁伦河遭遇。战斗刚一打响，叛军全军溃散，仓惶而逃。康熙帝率军穷追不舍，连赶 5 日，叛军逃至昭莫多时，与费扬古的西路军相遇。经过一番激战，噶尔丹主

① 《东华录》康熙 81。

力几乎被歼灭殆尽，噶尔丹只带数骑逃去。为了消除隐患，康熙帝抓住战机不放，1697 年又进行第三次亲征，噶尔丹在清军的重兵包围之中，众叛亲离，自己也一病死去。至此，噶尔丹在沙俄支持下发动的这场分裂祖国的叛乱，终于被康熙帝平息下去了。

康熙帝在危难中登上帝位，在清除鳌拜后才独掌权柄，他为了维护国家的统一，平定“三藩”，统一台湾，平息噶尔丹叛乱，在历次战争中表现了他卓越的军事才能和无畏的战斗精神。因此人们说他，虽然不像历代开国君主那样，流血拼命，新开基业，却也雄才大略，武功盖世。

察吏安民　恩威并施

改革政制　察吏安民

清朝的国家行政机构，基本上是沿用了明制。但为了加强中央集权，康熙帝在个别地方也做了不少重要改革。

清朝初年，在中央仍然以内阁作为政府的中枢机构，以内阁大学士作为宰辅，但实际上内阁的实权已远不及明代。太宗皇太极时曾设立文馆，这是清内阁的最原始组织。到了 1636 年，皇太极改文馆为内三院，即内国史院、内秘书院、内弘文院。顺治帝时，又改内三院为内阁。顺帝死后，清廷以恢复祖制为名，又将内阁改回为内三院。康熙九年（1670 年）清廷仍按照明制改内三院为内阁，内阁大学士官从一品，是清代最高官员，犹如历代的宰相，地位极崇。特别是清代承袭明代的票拟制度，即内阁有权代替皇帝预先阅看官员的题本奏本，并且提出处理意见，写在一张小纸上，然后送皇帝裁决执行。这本是一种非常重要的权力，清初在沿用明朝的内阁票拟之制时，为了防止内阁专权，在内阁之外，又设有议政王大臣会议，全由满族大臣组成。凡军国机要重务可不经过内阁票拟，而经由议政王大臣会议来策划方案，最后由皇帝裁决。而康熙帝为了加强皇权专制，在内阁和议政王大臣会议之外，又专设一个“南书房”，作为自己的私人智囊机构，咨询政务，考察官吏，凡一切特颁诏旨，皆由“南书房”翰林撰拟。这就使内阁之权力大为削弱，议政王大臣会议的权力也受到牵制。

在地方行政机构方面，康熙也做了一些改革。总督、巡抚系明中叶以后设立的地方高级官员，明初地方机构是三司分立，即管钱粮的布政使司，管刑罚的按察使司和管军队的都指挥使司，互不统属，直接归口中央。明中叶之后，阶级矛盾日益尖锐，为了绥靖地方，加强横向联系，收统一指挥之效，便陆续设立了总督、巡抚。但在当时并不是常设的地方机构，多因事而设，多寡不定，事毕复命，职亦撤消。清承明制，又做了发展。督抚成了地方固定的最高官员。明代中原地区封建制为两京（南、北直隶），十三省，清初改南直隶为江南，又分江南为江苏、安徽，分湖广为湖北、湖南，分陕西置甘肃，初步形成了十八省，每省设一巡抚，一、二省设一总督。总督为正二品，加尚书衔者为正一品，“掌综治军民，统辖文武，考核官吏，修饰封疆”，权力极大。巡抚为从二品，加侍郎衔者为正二品，权力仅次于总督，“掌宣布德意，抚安齐民，修明政刑，兴革利弊①”。总之，督、抚受皇帝委托，全面负责地方一切政务，是远离朝廷的地方霸主。康熙帝当时的工作重心放在对地方官吏的考查治理方面。

康熙帝亲政之后，不少地方的督抚贪污、勒索、压榨人民的行为，已非常严重和普遍。特别是他们中间有不少人同中央的一些大臣相勾结，搜刮民财，买通京官，贿赂腐败之风严重危及清朝政权。《清圣祖实录》中记载说：“民生困苦已极，大臣长吏之家日益富饶，民间情形虽未昭著，近因家无衣食，将子女入京贱鬻者不可胜数。”“地方官吏谄媚上官，苛派百姓，总督、巡抚、司道又转而馈送在京大臣，以天生有限之物力，民间易尽之脂膏，尽归贪吏私囊。”康熙为制止这种腐败之风，严令：凡督、司道官员与在京大臣各官，彼此谒见、馈送，因事营求，以及派家人“问候”、来往者，将行贿者及受贿者“俱革职”，官员本人不知其事者降二级，但将经手此事的两家家人“俱正法”②。如此严禁之后，情况有所好转。

① 《历代职官表》卷50。

② 《清圣祖实录》卷83。

为了肃整吏风，康熙帝扶植清官，严惩污吏。他知道，在贪风盛行的世道，赃官得利，清官受欺，为官清正者极其艰难。帝王要想澄清吏治，必须大力扶植清官。康熙扶植的第一位清官是广西罗城知县于成龙。于在任知县时，“洁己爱民”、“任事练达”，不久升为四川合州知州，后任黄州府知府。康熙十四年秋天，黄州“大饥”，于成龙自己吃粗糠菜叶，发放官粮，救活“数万人”，受到人民爱戴。后升任江防道员、福建按察使。赴任离职时，“民遮送至九江，凡数万人，哭声与江潮相乱”。惜别之情，非同一般。任按察使时，被荐为“廉能第一”，又任布政使。几年后，又升任直隶巡抚。上任后，为政清廉，劾奏污吏。康熙为了表彰其政绩，亲自在懋勤殿召见他，赞扬说：“尔为当今清官第一，殊属难得。”不久又提升为江南江西总督。于成龙深感皇恩，到江南后，诫属吏，剔积弊，常常化装私访，考察官吏，了解民情。于成龙本人身为高官，每天吃粗米、青菜，被江南人称为“于青菜”。遇到水旱之年，以屑糠杂米为粥，不仅“举家食之”，并常以此招待属吏，告诉他们：“如法行之，可留余米赈饥民也”①。有不少贪官污吏陷害于成龙，多以假言劾奏，吏部也令于退官休息。康熙帝特诏留任，并兼任江苏、安徽两巡抚事。康熙23年，于成龙去逝，将军、都院等大僚看他的遗物，“惟笥中绨袍一袭，床头盐豉数器而已”。康熙闻讯，非常感动，特谕为“天下廉吏第一”，并御书“高行清粹”四字为祠额，大力表彰。类似这样的人还有格尔古德、范承勋、王骘等人，都是在康熙的扶植下名著一时的清官。

惩治贪官污吏，是康熙帝同时采用的一种手段。在智除鳌拜之后的三个月，康熙帝一次就革职、降级、休致的在京满汉官吏“不合政道”者83人。平定“三藩”后，处斩了贪污遗产、兵饷的侍郎宜昌阿和广东巡抚金儁。康熙三十六年，山西、宁夏、甘肃发生民变，大量百姓被迫逃入山中。出现这种现象主要是地方官吏苛政暴虐，搜刮民财太厉害。康熙帝闻知十分震惊。5月12日，令将山西百姓极为痛恨的原巡抚温保

① 《清朝野史大观》卷5。

及布政使甘度革职，严拿至京，交刑部审处。7 月 23 日，又将甘肃巡抚郭洪革职交刑部，“问拟枷啧，命发黑龙江当差”。在不到几个月时间内，康熙将山西、甘肃等地的巡抚及部分布政使、按察使予以撤换，以惩贪官，安定民生。特别是这些地方的督抚全由满人充当，如此大规模地处置满族高级官员，足以表明康熙惩治贪官的决心之大。第二年，康熙又将山东巡抚李炜、直隶巡抚沈朝聘、云贵总督王继文、山西新任巡抚倭伦、四川布政使卞永式、山西太原知府赵凤诏等高级官吏，有的撤职，有的休致，有的杀头。对那些勒索小民、不关心民间疾苦的高级官吏大开杀戒，严惩不贷，有力地制止了贪风的盛行。在严惩的同时，康熙帝不断发布谕旨，告戒“各该督抚”，“洗心深虑，正己率属，凡有贪污害民官员，不时查参；地方应革积弊，尽行革除。如该督抚仍照前因循，专恃虚文塞责，徇庇属员，或被科道纠参，或被受害人首告，将该督抚等一并从重治罪”。

通过采取断然措施，奖廉惩贪，扶正抑邪，特别是康熙自己勤于政事，清廉节俭，率先垂范，作风严谨，使康熙一朝的政风大为改善。

恩威并施　慎用汉官

清朝，满族是高贵的民族。而满人入关，定都北京之后，面对的是广大中原地区众多的汉民。特别是汉民地区经济发达，文化层次较高，如何治理中原百姓？康熙确是花费了一番脑子。他认为要统治汉民，必须采取一定的策略。首先要控制好汉族士大夫知识分子，这些人知识渊博，才思敏捷，口笔犀利，连当年的秦始皇也不得不采用“焚书坑儒”的暴力手段来对付他们。康熙对待这些人，采取了恩威并施，又拉又打，以拉为主，同时又加以防范的策略。

清顺治帝时，各省总督巡抚几乎全是由满人贵族担任。满汉官员职务相同，品级却悬殊很大，极不平等。如同为大学士，满人为一品，而汉人则为五品。站班序列先满后汉，而汉人大学士与满人亲王议事，往往还得下跪。这种民族歧视和待遇上的不平等，使不少汉官心怀怨望，苟且推委，不去尽心尽力为清廷效力。康熙帝为了安抚汉官，从形式上取消了明显的歧视，宣布“满汉一体”。首先划一品级，只要职掌相同，不分满人汉人，大小官员，品级一律相同。官品一致，对于减少汉族官吏的不满情绪，充分调动绝大多数汉官的积极性，起到了一定的效果。康熙采用这一策略，不仅拉拢了大量的汉族官吏尽心尽力为他服务，同时，对那些自恃地位高贵，与朝廷时有所抗的满族高级官吏，也起到了一定的牵制作用。康熙一朝，连督抚一级的封疆大臣，汉族人也多于满人，至于府州县一级的知州、知县则几乎全是汉人。地位提高以后的汉人官吏，往往比那些满人官吏更加效忠于清廷。

康熙为了大量笼络汉族士大夫，于1678年，决定特开“博学鸿儒科”，选拔才华出众之士，开局纂修《明史》。“博学鸿儒科”是康熙帝总结我国古代科举制度新创立的特别科目。早在两汉时期，多由丞相、列侯、州郡推荐贤良方正之士入官。隋文帝杨坚，首开科举，“凭文取人，专主章句”。至唐太宗时，科目增多，难度增大，故有“三十老明经，五十少进士”的俗语。“进士”是最难一科，元朝、明朝时，科举仍以进士为主，并专以八股文取士，士子考中为举人、进士，“只须习熟讲章，摹拟墨套”，便升入仕途做官。这一考科难免会引起人们对明朝的怀念。因此，康熙帝一方面沿袭常规的科举旧制，网罗汉族士子，另一方面又通过推荐的办法，敦请名节之士出仕任职。所谓“鸿儒”，指博学能文之大儒，关于此科具体的推荐办法，康熙向吏部部署如下：“自古一代之兴，必有博学鸿儒振起文运，阐发经史，润色词章，以被顾问著作之选。朕万几余暇，游心文翰，思得博学之士，用资典学我朝定鼎以来，崇儒重道，培养人才。……凡有学行兼优、文词卓越之人，不论已仕、未仕，令在京三品以上及科道官员，在外督、抚、布、按，各举所知，朕将亲试录用。”①1679年，康熙一次就在体仁阁钦试被荐的博学鸿儒143人。最后录用彭孙遹等五十人为翰林，皆入史馆，纂修《明史》。同时又吸

① 《清圣祖实录》卷71。

收大量的汉族知识分子编纂各种图书，著名的《古今图书集成》达一万卷，是我国最大的一部类书。

康熙十六年，设置了“南书房”。这既是为了分散内阁、议政王大臣会议的权力，同时也是笼络汉族官吏的一种手段。在南书房当值的官员最初由翰林院挑选，大多是撰拟谕旨，陪皇帝吟诗写字，后来不断扩大权力，使南书房成为考察人才、议商国事的机构，而在这个机构中供职的大多是汉族中的博学之士。如高士奇，出身汉族贫苦之家，徒步来到北京，以教书糊口，因写得一手好字，颇有学识，被康熙偶然发现，擢补翰林，入南书房当值，因而平步青云，名声大噪，步步高升，官至礼部侍郎。

但是，康熙帝对待汉族官僚士大夫知识分子，还有防范和高压的一手。如他曾直言不讳地说：“朕临御多年，每以汉人为难治。”为此，他特别告诫子孙：“国家承平日久，务须安不忘危。”因此，他经常派一些心腹之人分赴全国各地，监视地方官吏和当地人民。李煦、曹寅在江宁织造任内就负有这种使命。他们不断用密折向康熙报告江南各地民情和官场情况，督抚等人员的举动更是监视的重点。特别是那些身居要职的汉族官员，康熙对有关这些人的密报，朱批多是：“此事要密，倘有人知，尔灾非浅矣”等。谨慎、防范之心，昭然可见。

清代最严酷的文字狱，也是肇始于康熙。这是康熙在重用汉官，弘扬中原文化的同时，又采取的一种专制手段，用以震慑汉官。康熙一朝的文字狱大小不下十余次，最为著名的有两起：一起是“明史狱”。浙江乌程（今吴兴）人庄廷鑨，买得邻居明朝大学士朱国桢写的明史遗稿，邀集名士加以编辑，并增补了明末崇祯一朝事，定名为《明书》，作为自己的著作。书中有直书清朝先人的名字，指责明将降清为叛逆，又不用清朝年号，而且用南明永历等朝的年号。书编成之后，庄廷鑨死，其父庄允城为之刊行。后被人告发，康熙大怒，令捕庄允城入狱，庄廷鑨被掘墓开棺焚骨。凡为此书作序、校阅、刻书、卖书、藏书者，全被处死。先后被此文字狱牵连杀头者达七十余人，被充军边疆者达数百人。另一起是:"南山集狱"。方孝标曾到云南做吴三桂的官，后来降清，著有《滇黔纪闻》。戴名世见此书,在所著的《南山集》中加以引用,被认为有"大逆"之语。其实二人的著作并无什么诋毁清朝的，只是方孝标书中说到南明永历政权未可称为伪朝，戴名世书中提到南明弘光帝及其年号，又揭露了康熙帝杀掉明太子的真相，结果此文字狱也波及数百人，戴名世被斩首，方孝标已死被戮尸，两家男子十六岁以上者均被处死，女眷被没收为奴婢，方氏同族人都被充军黑龙江。

总之，康熙帝对汉族官吏士大夫知识分子，恩威并施，软硬兼用，以拉为主的策略，是成功的。它缓和了汉满之间原先激烈的矛盾冲突，巩固了以满族贵族为主，联合汉族地主阶级的封建专政制度，从而使大清王朝的统治更加稳定。

吸收西学　科学兴农

康熙帝之所以被称为是一位杰出的封建帝王，不仅因为他智除鳌拜，平定三藩，统一台湾，恩威并施，驾驭汉官，还因为他推崇科学，吸收西洋文化，注意用科学知识来发展农业经济，振兴中华民族。他本人无论在数学、天文、历法、地理、农学、医学、经学、史学、诸子百家、书法、诗画等方面，几乎都有所研究，而且还写出了八、九十篇关于自然科学方面的论著。纵观中国两千多年的封建帝王史册，像康熙帝这样关心科学、多才多艺的封建帝王，实属罕见。

天文历法

中国是一个农业国家，古来以农为本。因此历朝都非常重视天文历法，经常组织专人观察、研究，不断修订，故多能保持其准确性。到了明朝，承用了元朝的《授时历》，可常常测时误差达两、三个小时，推算节气常差一时。大学士徐光启等人建议吸收西洋科学，改进历法。崇祯帝采纳，命传教士汤若望入历局掌推算，修成《崇祯历书》一百三十多卷。但新历未及推行，明朝就被清灭亡了。

清朝初年，依然决定执行汤若望的新历法。到了康熙初年，旧派人物杨光先反对汤若望及其新历，受到不少大臣支持。康熙帝对这一科学问题无法判断对错，只好同意恢复旧历法。但他认为，这是一个科学问题，必须以科学态度来对待它。1668 年，他派人携带杨光先等人编制的历书，去向比利时传教士南怀仁征求意见。南怀仁指出杨的历书有“种种误差”，不可再用。但杨光先并不认错，自以为非常正确，西洋人的话未必可信。康熙毅然派人到观象台观察测验，最后确认南怀仁的历法是科学的。杨光先盲目排斥西洋历法，不改旧历差错，不称其职，康熙下令将其革职，任命南怀仁为钦天监监副，复用汤若望的历法，并委托他改造观象台仪器，进行气象科学方面的研究。南怀仁不负帝望，在改造仪器的同时，写出了《新制灵台仪象志》十三卷，续完了汤若望未完之书《康熙永年历法》三十二卷。

康熙帝深知气象历法对农业生产的重要性，他不但在北京设立了若干气象站，而且还命令各省逐月逐日做当地的气象记录，并缮写清楚按时向中央报告，以供中央气象机构进行综合研究。康熙自已还经常亲自审阅各地的气象报告，进行综合比较。当时，他对各地上报气象记录要求甚严。由于皇帝亲自抓这项工作，使气象科学研究在康熙一朝有了很大发展。直到今天，由康熙朝开始积累的浩瀚的清代气象资料，已成为中国气象史研究的巨大宝库，引起中外许多专家、学者的注意和重视。今天，北京古观象台上八件巨大的天象仪器中的天体仪、黄道经纬仪、赤道经纬仪等六件，就是康熙时期吸收西方先进的科学知识，结合中国古代的科学知识创造出来的。

数　学

康熙帝在数学科学方面，也有着相当的研究。他曾对大臣们说：“尔等惟知朕算术之精，却不知朕学算之故。朕幼时，钦天监汉官与西洋人不睦，互相参劾，几至大辟。杨光先、汤若望于午门外九卿前当面睹测日影，奈九卿中无一知其法者。朕思己不知，焉能断人是非？固自愤而学焉！”①

康熙为了学好数学，经常在宫殿里请一些懂得自然科学的传教士教他学习数学。据记载，传教士张诚、徐日升、白晋、安多等人，都常进宫向康熙讲数学。有时天天进去讲。康熙还向西方人学习欧几里德几何学，常常连续几个小时学习几何定律，演算习题，并指示有关人员将已被利玛窦译成汉文的《几何学原理》前六卷译成满文，供自己和一些满族高级官员学习。他还学习过法国数学家巴蒂的《实用和理论几何学》一书，并且验证它与欧几里德几何学的差别。他亲自在故宫的庭院中试验过半圆仪，并在算盘上进行运算，速度比传教士用西方的方法运算得还快。他还向传教士学习对数，能熟练地用对数进行演算，用对数表分析三角。他请传教士教他测量日晷投影的方法。他亲自审校过译成汉文或满文的西方数学著作。康熙不仅自己努力学习数学，而且还亲自向大臣们讲授数学知识。如他召见编辑算学诸书的官吏陈厚耀时，向他讲述数学的开方、定位、假设等方法。他认识了当时最负有盛名的大数学家梅文鼎，并把梅氏的孙子梅瑴成调到北京，让他编写数学书籍，康熙还向他讲述数学上的借根法。为了验证数学的科学性、准确性，提高政府官吏学习数学的热情，康熙三十一年，他把大臣们召集到御座前，向他们讲解太极图，然后用数学知识一一加以验算，结果都相吻合。又命人取日晷表，放到乾清门外的太阳光下，康熙自己计算出正中午日影所到的位置，命人画上记号，到了中午，日影果然同康熙计算出的位置完全复合。群臣大哗，不少人从此开始热衷于数学的学习。

为了加深对数学的研究，康熙晚年，在北京的畅春园设立了“算学馆”。还召集了一批数学家编辑一部《数理精蕴》，此书不但收录了中国历代数学精华，同时也囊括了明末以来传入的西方数学，至今仍不失为一部很有价值的数学丛书。

---

① 《家训格言》86页。

医　学

顺治十八年正月，清王朝的第一代皇帝福临去世，年仅24岁。这位年轻的皇帝是死于当时认为十分可怕的天花。临终时，遗命第三子、八岁的玄烨为皇太子。玄烨可以得立，一个重要的原因就是他已出过天花，不致于再因这种可怕的疾病而早死。可他的脸上留下了不太显眼的痘痕。正是因为这样，康熙帝从小就十分注重医学。

他对太医院官说："历代医家，虽多著述，各执已见，若难经及痘疹诸书，未能精思，极论文义，亦未贯通，朕甚惜之。……尔等可取医材载籍，酌古准今，博采群言，折衷定论，勒成一书，以垂永久。"①经过一段时间的研究发掘，发现当时在全世界无法预防的天花疾病，在我国的古代，却早已有了防治的方法。就是把患者的痘痂研成细粉，用湿棉花蘸上这种"痘苗"，塞在健康人的鼻孔里，使接种者发生一次轻微的感染，从而获得对天花的免疫力。康熙帝知道后十分高兴，他立即以皇帝的权威下令全面推广种痘法。首先在自己的孩子和一些亲贵子女中进行，后来又在蒙古族中推行，这种方法保护了大量的少年儿童不致死于天花疾病。这是康熙帝在中国古代医学上的一个重要贡献。

康熙帝不仅重视中国传统医学，也十分注重吸收西洋医学知识。他四十岁时得了一次疟疾，被西方的传教士范若翰进献的"金鸡纳"治好，他病愈后很快推广金鸡纳。他每逢外出，总是随身带一些金鸡纳，赐给一些地方官吏。康熙自己经过钻研医学，可以用中医、西医的方法给人看病。在他随身携带的药品中，既有西药，又有中药。用中西医结合的方法治疗疾病，康熙帝也可谓是最早者之一。医学是一门科学，必须摒弃迷信巫术。1689年春天，一个叫王来熊的人向康熙献上一本《炼丹养身秘书》，康熙斥之谓此书"皆妄诞不足信"，"欺愚民而已"，下令将这本巫师的害人之书"掷还之"。②解剖医学的书籍在明末已传入中国，

① 《东华录》康熙三十五。

② 《东华录》康熙四十三。

但不少人出于中国传统观念，不肯接收这种医学研究的方法。康熙帝令法国传教士巴多明将法国人皮理的《人体解剖图》译成满文、汉文，自己首先了解这门学科。他对巴多明说："身上任何细小部分，必须详加逐译，不可有缺。朕所以不惮麻烦，命卿等详译此书者，缘此书一出，必大有造于社会，人之生命或可挽救不少。"①

康熙作为一名帝王，能够如此开明，破除中国传统礼法，努力吸收西洋医学知识，在当时确是一种不寻常的举动。

农　业

中国是一个农业大国，历朝帝王一般都比较重视农业。"天子籍田"的仪式，"重农为本"的诏令，屡见于史册。但是，像康熙帝那样，自开一块农业试验田，对农作物进行观察、分析，培养优良品种，采取科学方法种田的帝王，却实为少见。

"御稻种"的发现、培养与推广，是康熙帝在农业方面的一个了不起的贡献。他自己说："丰泽园中有水田数区，布玉田谷种，发至九月始刈获登场，一日循行阡陌，时方六月下旬，谷穗方颖。忽见一科高出众稻之上，实已坚好。因收藏其种，待来年验其成熟之早否。明岁六月时，此种果先熟。从此生生不已，岁取千百，四十余年以来，内膳所进，皆此米也。其米色微红而粒长，气香而味腴。以其生自苑田，故名御稻米。"这种稻从发现、培养成功到大面积推广，前后经过了几十年的时间。他先是自己试验了十多年，后又在承德避暑山庄小面积推广。到了康熙五十四年，开始向江南大面积推广，可见态度之严谨。这种稻生长周期短，米粒饱满，在江南可以一种而连收双季。当时在苏州、江宁等地推广时，康熙特意派有技术的农民李英贵前去指导。当时苏州一带的稻谷成熟一般需要一百四十五天左右，而"御稻种"成熟期最短是七十天，这就使收割后可以连种第二季。由于一年可连种两季，使稻谷产量大增。

---

① 后藤末雄《康熙大帝与路易十四》。

新稻种的发现，康熙本意是要解决广大农民的吃饭问题，决不仅仅是为了“御用”。如他曾说:“朕每饭时，尝愿与天下群黎共此嘉谷也。”然而，由于当时的官僚们把持“御稻种”，此米被上层人物享用。《红楼梦》第五十三回和七十五回中提到的“御田胭脂米”和“红稻米粥”就是指康熙培养的御稻种。

康熙除在农业上培养新品种外，还大力推行垦荒耕植的政策。他说:“凡水陆之地，无一处不可以养人。惟患人之不勤不勉耳。诚能勤勉，到处皆可以耕凿以给妻子也。”由于他常在承德居住，看到塞北大量的土地荒置，便命人开垦一块地试种，结果“有禾苗高达七、八尺，穗长一尺五寸”。随之他下令在塞北开垦耕种。没有多长时间，荒凉的塞北大地出现了勃勃生机，康熙帝每到一地，都要认真研究当地的土壤和气候，“备知土脉情形，教本处人树各种之谷。历年以来，各种之谷，皆获丰收，垦田亦多，各方聚集之人甚众。即各山壑中成大村落矣”。他还写诗记述说：

沿边旷地多，弃置非良策。
年来设屯聚，教以分阡陌。
春夏耕耨勤，秋冬有蓄积。
霜浓早收黍，暄迟晚刈麦。
土固有肥硗，人力变荒瘠。
山下出流泉，屋后树豚栅。
行之无倦弛，定能增户籍。
古来王者治，恐亦无以易。

对于农业来说，蝗虫是水、旱之外的另一种灾害，自古以来，农民饱受其害。为了有效地灭蝗，康熙经过大量的调查、研究，写出了一篇《捕蝗说》，根据蝗虫生长的每个阶段，提出了相应的灭蝗办法。如冬天掘地，冻死蝗卵；春天“除之于稚弱之时”。如果这两个机会错过，则在夜间燃火一堆，在火边挖坑，蝗虫扑火，群聚而来，人们一边焚烧，一边埋蝗。当时，有人认为蝗虫是上天派下来的，天意不可违。康熙帝怒曰："捕蝗弭灾，全在人事。……令申饬各州县官亲履陇亩，如某处有蝗，即率小民设法耨土覆压，勿致成灾。"身为封建帝王的康熙破除迷信，以人力灭蝗，为农业的发展起到了好的作用。

公元1722年11月13日，康熙皇帝因病结束了他轰轰烈烈的一生。

他在晚年曾给自己的一生做了如下评价："历观史册，……如朕在位之久者甚少。朕临御至二十年时，不敢逆料至三十年；三十年时，不敢逆料至四十年，今已六十一年矣。……而欲致海宇升平，人民乐业，孜孜汲汲，小心谨慎，夙夜不遑，未尝稍懈。数十年来，殚心竭力，有如一日，此岂仅'劳苦'二字所能概括耶！……朕自幼读书，于古今道理粗能通晓。又年力盛时，能挽十五力弓，发十三把箭，用兵临戎之事，皆所优为。然平生未尝妄杀一人。平定三藩，扫清漠北，皆出于一心运筹。户部帑金，非用师赈饥，未敢妄费，谓此皆小民脂膏故也。①"此言虽有溢美之处，但康熙帝天资英武，雄才大略，轰轰烈烈六十一年的帝王生涯，在中国的历史上写下的篇章也将是千古永存的。

---

①《清实录》卷300。